新时代新征程
大学生革命文化教育研究

欧阳秀敏 著

本书为国家社会科学基金项目"中国共产党百年青年革命文化教育的经验与启示研究"（21XDJ024）的阶段性成果

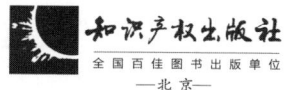

知识产权出版社
全国百佳图书出版单位
—北京—

图书在版编目（CIP）数据

新时代新征程大学生革命文化教育研究/欧阳秀敏著. —北京：知识产权出版社，2023.5

ISBN 978-7-5130-8670-7

Ⅰ.①新… Ⅱ.①欧… Ⅲ.①大学生—思想政治教育—研究—中国 Ⅳ.①G641

中国国家版本馆 CIP 数据核字（2023）第 017702 号

责任编辑：罗　慧　　　　　　　　责任校对：王　岩
封面设计：乾达文化　　　　　　　责任印制：刘译文

新时代新征程大学生革命文化教育研究

欧阳秀敏　著

出版发行	知识产权出版社有限责任公司	网　　址	http://www.ipph.cn
社　　址	北京市海淀区气象路 50 号院	邮　　编	100081
责编电话	010-82000860 转 8343	责编邮箱	lhy734@126.com
发行电话	010-82000860 转 8101/8102	发行传真	010-82000893/82005070/82000270
印　　刷	三河市国英印务有限公司	经　　销	新华书店、各大网上书店及相关专业书店
开　　本	720mm×1000mm　1/16	印　　张	20.75
版　　次	2023 年 5 月第 1 版	印　　次	2023 年 5 月第 1 次印刷
字　　数	308 千字	定　　价	98.00 元
ISBN 978-7-5130-8670-7			

出版权专有　侵权必究

如有印装质量问题，本社负责调换。

序　言

大学生革命文化教育是一个"老话题"，也是一个顺应新时代发展变化而须深入探析的"新课题"。论其"老"，是因为从本质上看，中国共产党自孕育与诞生以来就已根据不同历史时期的发展需要，逐步探索并不断丰富着开展青年学生革命文化教育的科学理论与实践活动。言其"新"，是因为党的十八大以来，随着"中国梦""社会主义核心价值观""四个自信""时代新人""初心使命""党史学习教育""两个相结合""历史自信""人类文明新形态"等诸多新时代与新命题的提出，加之"00后"大学生进入大学校园后呈现的新景象，以及数字经济技术和全媒体传播模式的新发展，都使新时代大学生革命文化教育的价值定位、对象特征、领域载体、实践目标等在一定程度上发生了变化。

因此，如何基于守正创新的原则，以理论深度与实践维度的融合统一处理好新时代新征程上大学生革命文化教育中"变"与"不变"的关联问题？如何围绕新时代新征程的新形势、新使命和新要求，把牢中国共产党对意识形态工作的领导权？如何增强新征程上大学生对革命文化的认同意识、历史自觉与践行能力？如何基于革命文化的生成机理引导大学生坚定文化自信和历史自信？如何立足"00后"大学生的成长特征与成才需要，以革命文化教育理论与实践探索的创新，助力高校立德树人根本任务的高质量发展，从而真正培养出具有文化自信和历史自信，以及既可堪担为人民谋幸福、为民族谋复兴之大任，又胸怀"国之大者"的时代新人？这些显然都是新征程上大学生革命文化教育所面临的现实性问题，这些问题都具有理论解析的必要性和实践探索的紧迫性。

我的学生欧阳秀敏博士的《新时代新征程大学生革命文化教育研究》一书，是她在博士学位论文的基础上，继续拓展学习和深入思考，且紧随形势变化与时代需要而认真充实、修改和打磨的一部具有一定学术含量的专著。该书认为从本质上看，新时代新征程的大学生革命文化教育应当在聚焦实现中国式现代化、中华民族伟大复兴和人的自由全面发展这三大目标的基础上，解答好"培养什么人"、"如何培养人"和"为谁培养人"的根本问题。为此，该书主要从新时代新征程大学生革命文化教育的理论基础、时代创新、现实境况、归因分析和实施路径等方面加以阐释。

第一，在理论基础的梳理上，作者主要利用发生学的基本原理，从源头上探索了马克思恩格斯文化教育思想和列宁无产阶级文化教育思想的理论品格、核心要义和价值旨归，并基于此，进一步系统梳理了在中国共产党百年历程的不同历史时期，中国共产党人结合不同时代的发展需要和历史任务的演变，提出关于革命文化教育的重要论述。由此，以理论的一脉相承性，为推进新时代新征程大学生革命文化教育研究奠定坚实的论证基础。

第二，在时代意蕴的把握上，作者秉持历史传承与时代创新相统一的论证逻辑，主要运用历史比较分析法，既简要分析中国共产党在百年发展历程中开展大学生革命文化教育的基本做法，又以历史脉络纵横交错的思维逻辑，将党的青年学生革命文化教育有机融于新时代新征程的现实特征与实践目标之中，重点指出在新时代新征程的新局势下我国大学生革命文化教育的新旨归、新趋向、新要求和新原则。

第三，在现实境况的分析上，作者主要运用实证调查法，对新时代新征程上大学生革命文化教育的认知、认同、自信、践行以及具体的教育情况展开调查研究，归纳并提出了其中所存在的现实问题。基于此，再对存在的问题进行了系统的归因分析。整体上看，作者用翔实的图表和数据，客观且清晰地展现了新征程上大学生革命文化教育的基本现状、主要问题和制约因素，切实既做到了"立足实际、数据说话、图表呈现"，也保障了数据资料的真实性与丰富性。

第四，在实施路径的建构上，作者秉承宏观、中观、微观相统一的逻辑升华了问题体系，不仅注重基于"两个大局"的总体框架，自觉考量中国之问、世界之问、人民之问、时代之问的宏观之辨，而且融合辨析新时代新征程大学生革命文化教育的理论基础、时代意蕴、现实问题、归因分析等内容，并坚持基于"时移备变"的理念，强调要通过打造革命文化教育的"全课程"育人体系、"多样式"实践平台和"常态化"教育模式，以此构建新时代新征程大学生革命文化教育的具体路径。

总而言之，新时代新征程大学生革命文化教育，是一项融合着"古"与"今"、"内"与"外"、"魂"与"体"、"显"与"隐"、"主"与"次"等辩证逻辑的系统性工程，这一工程具有重要的理论和实践的意义，是既能够彰显时代价值，又极有必要深入探析的"新课题"。

本书作者现为高校思想政治理论课教师，曾有多年的学生辅导员工作经历，直接从事思想政治教育教学和革命文化教育研究工作多年，获得过"第五届福建省高校青年教师教学竞赛思想政治理论课组一等奖""福建省高校青年教学能手""福建省五一巾帼标兵""三明市教学能手"等称号，对思想政治教育工作尤其是大学生革命文化教育具有深刻的体悟、经验和洞察。因此，本书可以说既是作者对其多年教育教学及研究工作的科学凝练，也是对新时代新征程大学生革命文化教育问题的系统阐释。期望欧阳秀敏博士继续在教学工作和学术研究领域努力奋进、勤于思考、勇攀高峰，继续取得更大的成长与进步！

是为序。

潘玉腾

2022 年 6 月 21 日

目 录

导 论 ·· 1
  第一节　问题的提出 ··· 3
  第二节　国内外研究现状综述 ·· 10
  第三节　研究的思路、方法和创新点 ···························· 25

第一章　文化自信与革命文化概述 ····································· 31
  第一节　文化与文化自信的内涵释析 ···························· 33
  第二节　革命与革命文化的概念界定 ···························· 42
  第三节　革命文化的主要特征 ·· 46
  第四节　革命文化与相关概念的辨析 ···························· 49

第二章　革命文化教育的理论基础 ····································· 55
  第一节　马克思恩格斯的文化教育思想 ························ 57
  第二节　列宁的无产阶级文化教育思想 ························ 70
  第三节　中国共产党人的革命文化教育思想 ················ 82

第三章　新时代新征程大学生革命文化教育的创新路向 ···· 113
  第一节　新时代新征程大学生革命文化教育生成新旨归 ···· 115
  第二节　新时代新征程大学生革命文化教育呈现新趋向 ···· 124
  第三节　新时代新征程大学生革命文化教育具有新要求 ···· 136
  第四节　新时代新征程大学生革命文化教育需要新原则 ···· 149

第四章　新时代新征程大学生革命文化教育的现实样态
　　　　——基于福建省 7 所高校的调查 ………………………… 159
　　第一节　新时代新征程大学生革命文化教育现状的调查设计 …… 161
　　第二节　新时代新征程大学生革命文化教育的数据分析 ………… 165
　　第三节　新时代新征程大学生革命文化教育的主要问题 ………… 180

第五章　新时代新征程大学生革命文化教育问题的归因分析 ………… 195
　　第一节　经济市场化改革进程中大学生革命文化教育面临挑战 …… 197
　　第二节　文化多元化发展进程中大学生革命文化教育面临挑战 …… 204
　　第三节　教育数字化转型进程中大学生革命文化教育面临挑战 …… 213

第六章　新时代新征程大学生革命文化教育的具体路径 ……………… 221
　　第一节　打造革命文化教育"全课程"育人体系 ………………… 223
　　第二节　创设革命文化教育"多样式"实践平台 ………………… 239
　　第三节　构建革命文化教育"常态化"发展模式 ………………… 251

结　论 ……………………………………………………………………… 277

附　录　新时代新征程大学生革命文化教育现状调查问卷 …………… 283

主要参考文献 ……………………………………………………………… 291

后　记 ……………………………………………………………………… 322

导　论

革命文化是中国特色社会主义文化的重要组成部分，为中国人民坚定文化自信和历史自信夯实了鲜红底色。党的十八大以来，习近平总书记在多个场合多次表明，要遵循客观的教育规律和运用科学的教育方法，达到"使红色基因渗进血液、浸入心扉，引导广大青少年树立正确的世界观、人生观、价值观"❶的育人目标。因此，基于新时代新征程的新使命、新形势和新旨归，坚持以守正创新为基本原则，推进新时代新征程大学生革命文化教育，是"弘扬革命文化"❷、传承红色基因和培养担当民族复兴大任时代新人的现实需要。

第一节　问题的提出

党的十八大以来，随着"文化自信"这一时代命题的提出，革命文化及其教育成为理论界、政治界、教育界等领域普遍关注的热点，新时代新征程大学生革命文化教育也由此呈现新的发展趋向和新的培养旨归，并使新时代新征程大学生革命文化教育研究具有了新的理论价值与实践意义。

一、命题的"出场"与时代的"召唤"

以习近平同志为核心的新一届党中央对"文化自信""革命文化""革命文化教育"等命题的提出、阐释与丰富，历经了不断明确其价值内涵和逐步建构其理论框架的发展过程。

（一）文化自信：新时代新命题的"出场"

革命文化是"文化自信"的重要资源，"文化自信"命题的"出场"

---

❶ 习近平. 论党的宣传思想工作[M]. 北京：中央文献出版社，2018：26.
❷ 习近平. 高举中国特色社会主义伟大旗帜　为全面建设社会主义现代化国家而团结奋斗：在中国共产党第二十次全国代表大会上的报告[M]. 北京：人民出版社，2022：43.

推进了"新时代革命文化教育"命题的提出。因此,理解"文化自信"命题"出场"的基本脉络,是把握新时代新征程大学生革命文化教育命题之时代价值的重要前提。党的十八大以来,习近平总书记对"文化自信"命题的阐述,呈现由浅入深和不断强化其价值意蕴的总体态势。

首先是命题的提出与阐释。2014年2月24日,在以"培育和弘扬社会主义核心价值观、弘扬中华传统美德"为主题的中共中央政治局第十三次集体学习会上,习近平总书记阐明要"增强文化自信和价值观自信"。❶由此,"文化自信"这一新时代的命题宣告"出场"。同年3月的两会上,习近平总书记在参加一些代表团评议时指出,在坚持道路自信、理论自信和制度自信的基础上,最根本的还是文化自信,从而既进一步阐明了"文化自信"的命题意蕴,又初步构建了"四个自信"的内在逻辑。自此以后,习近平总书记在文艺工作座谈会,以及参加澳门大学学生座谈会、第二届"读懂中国"国际会议、哲学社会科学工作座谈会等场合,又多次提到"文化自信"这一时代命题及其与"道路自信""理论自信""制度自信"的辩证关联,他强调:"我们说要坚定中国特色社会主义道路自信、理论自信、制度自信,说到底是要坚定文化自信。文化自信是更基本、更深层、更持久的力量。"❷习近平总书记的这一论断既表明了坚定道路自信、理论自信和制度自信的本质是文化自信,又更进一步确证了"四个自信"的理论意蕴。

其次是命题的丰富与深化。2016年7月,在建党95周年庆祝大会上,习近平总书记进一步指出要坚持"四个自信",而且"中国共产党、中华人民共和国、中华民族是最有理由自信的"❸。从此,正式确立了"四个自信"的理论命题。不仅如此,在这次大会上,他还首次阐明了文化自信的构成内容,表明中国特色社会主义文化由中华优秀传统文化、革命文化和

---

❶ 习近平. 把培育和弘扬社会主义核心价值观作为凝魂聚气强基固本的基础工程 [N]. 人民日报, 2014 – 02 – 26 (01).

❷ 习近平. 习近平谈治国理政(第2卷)[M]. 北京:外文出版社,2017:339.

❸ 习近平. 在庆祝中国共产党成立95周年大会上的讲话 [N]. 人民日报, 2016 – 07 – 02 (03).

社会主义先进文化这"三大文化"共同构成，并且这"三大文化"共同积淀"着中华民族最深层的精神追求，代表着中华民族独特的精神标识"❶。在此基础上，习近平总书记进一步深入指明了"文化自信"是"更基础、更广泛、更深厚的自信"❷。2016年11月，在中国文联十大、中国作协九大的开幕式上，习近平总书记再次强调，"坚定文化自信，是事关国运兴衰、事关文化安全、事关民族精神独立性的大问题"❸，从而进一步升华且丰富了文化自信的理论内涵和价值意蕴。

再则是命题的凸显与强化。2017年10月，在党的十九大报告上，习近平总书记不仅再次阐明文化自信的内容构成，而且明确提出"没有高度的文化自信，没有文化的繁荣兴盛，就没有中华民族伟大复兴"❹，就此正式从实现中华民族伟大复兴的高度，强调文化自信这一时代命题的重要价值。党的十九大以后，习近平总书记还在敦煌研究院座谈会、全国民族团结进步表彰大会、全国抗击新冠疫情表彰大会、党的十九届六中全会等多个场合多次强调文化自信的内涵要义和时代意蕴。2022年10月，党的二十大报告，立足新征程的使命目标，明确强调要"推进文化自信自强，铸就社会主义文化新辉煌"❺，由此，进一步激发了社会各界对"文化自信"命题的生成逻辑、科学内涵、时代特征、价值意蕴的持续性解读，"文化自信自强"与"马克思主义中国化时代化""意识形态领导权""社会主义核心价值观""中华民族伟大复兴""文化软实力""文化自信教育""历史主动精神培育"等时代课题的逻辑关系，也因此成为社会各界关注和讨论的热点。

---

❶ 习近平. 在庆祝中国共产党成立95周年大会上的讲话［N］. 人民日报，2016-07-02（03）.
❷ 习近平. 在庆祝中国共产党成立95周年大会上的讲话［N］. 人民日报，2016-07-02（03）.
❸ 习近平. 习近平谈治国理政（第2卷）［M］. 北京：外文出版社，2017：349.
❹ 习近平. 决胜全面建成小康社会 夺取新时代中国特色社会主义伟大胜利［M］. 北京：人民出版社，2017：41.
❺ 习近平. 高举中国特色社会主义伟大旗帜 为全面建设社会主义现代化国家而团结奋斗：在中国共产党第二十次全国代表大会上的报告［M］. 北京：人民出版社，2022：42.

(二) 革命文化教育：新时代新征程新形势下强化的新命题

革命文化以承上启下的作用贯通新时代中国特色社会主义的文化发展总体脉络，是文化自信的重要内容之一。一百多年来，中国共产党始终将开展革命文化教育作为思想政治教育的一项重要工作来抓。随着"文化自信"命题的"出场"，"革命文化教育"的命题再度得以强化，并且随着新时代新征程新形势的新变化，越发呈现逐步明晰其概念表述、深化其育人价值和确定其教育要求的发展态势。

首先是对革命传统文化教育实践的坚持与规约。进入新时代后不久，中国共产党便在各类文件中明确规定要坚持从挖掘各大革命纪念日的育人内涵，从举办庄重庄严的群众性纪念活动，从拓展和强化爱国主义教育基地建设，从积极有效地实施红色文化旅游等维度"开展革命传统教育"❶。不仅如此，我国各类教育法规及文件还坚持从贯彻立德树人根本任务和保障教育质量发展的维度，阐明要从大、中、小各学段的课程教材建设着力，加强"中华优秀传统文化、革命传统、法治意识和国家安全、民族团结"等内容的教育❷，由此，既弘扬党的思想政治教育工作的优良传统，又契合"中国梦""社会主义核心价值观""四个自信"等新时代命题的教育要求，推进了革命传统文化教育实践的有序开展。

其次是对"新时代革命文化教育"命题的明确与强化。2017年2月中共中央、国务院印发的《关于加强和改进新形势下高校思想政治工作的意见》指出，要"加强革命文化和社会主义先进文化教育，深化中国共产党史、中华人民共和国史、改革开放史和社会主义发展史学习教育"❸，自

---

❶ 中共中央办公厅印发《关于培育和践行社会主义核心价值观的意见》[N]. 光明日报，2013-12-24 (01).

❷ 中华人民共和国教育部. 教育部关于印发《教育部2017年工作要点》的通知 [EB/OL]. (2017-01-25) [2017-05-07]. http://www.moe.gov.cn/srcsite/A02/s7049/201702/t20170214_296174.html.

❸ 中共中央国务院印发《关于加强和改进新形势下高校思想政治工作的意见》[N]. 光明日报，2017-02-28 (01).

此，"新时代革命文化教育"的命题基本得以明确。2017年5月，在习近平总书记考察中国政法大学并发表重要讲话的基础上，中共教育部党组及时下达了《中共教育部党组关于深入学习贯彻习近平总书记在中国政法大学考察时重要讲话精神的通知》，再次强调要"切实加强中华优秀传统文化和革命文化、社会主义先进文化教育"❶，要以此引导青年师生坚定"四个自信"。2017年10月，在党的十九大报告中，习近平总书记更是强调要"继承革命文化"❷。基于此，中共中央、国务院、教育部又先后印发文件强调，要持续深入地开展革命文化教育，要坚持以此不断增强大学生的政治信仰、道德素质和价值引领。

最后是对新时代新征程革命文化教育价值的肯定与升华。在阐明"新时代革命文化教育"命题的基础上，习近平总书记进一步结合新时代新征程的发展需要，充分肯定和升华了革命文化的育人价值。例如，2019年3月，在学校思想政治理论课教师座谈会上，习近平总书记强调，革命文化和社会主义先进文化，都"为思政课建设提供了深厚力量"❸。不仅如此，2019年11月，在十九届四中全会上他也强调，要坚持做到积极弘扬中华优秀传统文化、革命文化和社会主义先进文化，坚持以此"促进全体人民在思想上精神上紧紧团结在一起的显著优势"❹。2021年11月，在党的十九届六中全会上，习近平总书记再次强调，"党坚持以社会主义核心价值观引领文化建设"❺，使社会主义先进文化、革命文化、中华优秀传统文化始终具有铸魂育人的价值，为提升社会凝聚力和向心力，以及为新时代党和国家各项事业的发展提供了强大的思想支撑和精神力量。2022年10月，

---

❶ 中共教育部党组. 中共教育部党组关于深入学习贯彻习近平总书记在中国政法大学考察时重要讲话精神的通知［EB/OL］.（2017-05-08）［2017-06-07］. http：//www.moe.gov.cn/srcsite/A12/s7060/201705/t20170508_304006.html.
❷ 习近平. 决胜全面建成小康社会 夺取新时代中国特色社会主义伟大胜利——在中国共产党第十九次全国代表大会上的报告［M］. 北京：人民出版社，2017：23.
❸ 习近平. 用新时代中国特色社会主义思想铸魂育人 贯彻党的教育方针落实立德树人根本任务［N］. 光明日报，2019-03-19（01）.
❹ 中国共产党第十九届中央委员会第四次全体会议公报［M］. 北京：人民出版社，2019：6.
❺ 中共中央关于党的百年奋斗重大成就和历史经验的决议［N］. 光明日报，2021-11-17（01）.

在党的二十大报告的第八部分，习近平总书记再次阐明要坚持马克思主义在意识形态领域的指导地位，要持续"以社会主义核心价值观为引领，发展社会主义先进文化，弘扬革命文化，传承中华优秀传统文化"，要不断满足人民群众日益增长的精神文化需求，深刻表明了新时代新征程坚持革命文化教育，既是坚定文化自信自强的重要基础，也是夯实意识形态领域根基和满足人民精神文化发展需要的重要支撑。

综上可见，新时代新形势的新发展，使"革命文化教育"这一中国共产党的优良传统，不仅再度被肯定而且成为十分契合时代发展需要的重要命题，"新时代新征程革命文化教育"命题，也因具有新的价值定位和实践要求，而成为需要深入剖析和系统建构其理论品格和科学路径的新命题。

二、命题的理论旨趣与实践价值

大学生革命文化教育，是中国共产党思想政治教育和青年工作的一项重要内容。加强新时代新征程大学生革命文化教育，使大学生在明确革命文化的生成机理和时代价值的过程中，自觉自愿地弘扬革命文化，这对于传承红色基因，筑牢意识形态阵地，提升新征程上大学生的历史自信和历史主动精神，以及保证我国高等教育坚定正确的政治方向、坚持科学的理论指导，坚决强化理想信念、"中国梦"、社会主义核心价值观、"四个意识"、"四个自信"、"两个维护"、"中国式现代化"等内涵教育，特别是对切实培养助力中国式现代化事业高质量发展和担当民族复兴大任的时代新人而言，都具有重要的意义。

（一）理论意义

一是推进革命文化相关理论研究向纵深发展。本研究力求秉承理论、历史与实践相统一的论证逻辑，在分析理论基础、明确时代意蕴、考察现实问题、剖析制约因素、提出具体对策的基础上，全面展开对革命文化及其教育问题的研究，这将具有两个方面的理论意义。一方面，本研究既有利于阐明革命文化生成与发展的理论渊源，又能从理论层面解析革命文化在"三大文化"（中华优秀传统文化、革命文化、社会主义先进文化）中的价值地位，厘清革命文化与中华优秀传统文化、社会主义先进文化的辩证关系，从而可深化革命文化对于坚定"四个自信"，以及提升"历史自觉""历史自信""历史主动"等精神的学理认识。另一方面，本研究在融合马克思主义、文化学、历史学、政治学、传播学、社会学、教育学、心理学、符号学等多学科理论的基础上，从纵深维度阐释了革命文化的发生机理、时代创新、本质内涵、育人价值和实施路径，因此可使革命文化教育理论的研究更具系统性、深刻性、现实性和科学性。

二是促进高校思想政治教育范式的时代性转换。基于新时代新征程的新形势，加强大学生革命文化教育，能够激励广大教育和科研人员立足新征程高质量发展的需要，既自觉增强"四个意识"、坚定"四个自信"、做到"两个维护"、践行"两个确立"和弘扬社会主义核心价值观，又在加强中国特色社会主义文化建设上，能更系统、全面、深入地挖掘革命文化在高校思想政治教育中的新功能与新价值，从而不仅为思想政治教育学科拓展创新性的研究空间，还能不断推动研究理论和范式的时代转换，由此进一步丰富和创新高校革命文化教育方法论，也推进高校思想政治教育教学的学科发展。

（二）现实意义

本研究的现实意义，一是有利于引领新时代大学生明确党的初心和使命，坚定"四个自信"、做到"两个维护"、践行"两个确立"和升华历史主动精神。中国共产党是先进文化的引领者和践行者，党自成立之初就领导中国人民在实现中华民族伟大复兴的革命斗争实践中，以马克思主义为理论指导，在文化自觉中自省，在文化复兴中自信，从而创造和形成了革命文化。因此，在对革命文化及其教育实践进行研究的过程中，坚持结合百年党史说清中国共产党自创立以来的初心与使命，以及党的百年初心与使命的理论渊源与时代价值，切实有利于新时代大学生更加明确中国共产党"不忘初心、牢记使命"的灵魂和根本，有利于维护我国意识形态领域安全，有利于激励大学生不断增强爱国主义情怀和坚定历史自信，从而更能以历史主动精神坚决地为实现中国式现代化和中华民族伟大复兴而贡献青春力量。

二是有利于构筑新时代大学生成长成才的精神支柱。新时代大学生，尤其是"00后"大学生的成长历程和他们所处的现实环境，使他们深受网络文化和国内外各种错误社会思潮的影响，也使他们的精神世界或多或少地具有"个人主义""享乐主义""怀疑主义""虚无主义"的倾向，甚至不少大学生还奉行"屌丝""佛系""丧""躺平"等亚文化，在学习、生活和精神上，表现出颓废、沮丧、空虚等状态。加强新时代新征程大学生革命文化教育，一方面有利于以中国共产党人的精神谱系，从宏观上引导大学生以思想和行动的自觉将个人成长与国家命运紧密联系起来，增进对国家、民族、中国共产党、中国特色社会主义和"中国梦"，以及对马克思主义、理想信念、社会主义核心价值观、"四个意识"、"四个自信"、"两个维护"、"两个确立"的认同、坚信和践行。另一方面能从微观上，激励大学生逐步确立实干有为、顽强奋斗和敢于担当的价值追求，引导他们在面对复杂的现实世界和虚拟的网络世界时能够形成科学的鉴别与批判能力，从而做到坚持民族精神和时代精神的统一，做到以正确的价值观为导向，坚持把个人的奋斗目标与共产主义远大理想相结合，自觉自愿担负起为人民谋幸福、为民族谋复兴、为世界谋大同、为人类谋发展的伟大使命。

第二节　国内外研究现状综述

针对不同群体开展革命文化教育是中国共产党的优良传统。因此，自建党以来，特别是改革开放之后，学界对革命文化及其教育实践的相关内容进行了多角度、多方位、多层次的研究，并逐步呈现话题升温、内容深化、视角开拓、方法多元的研究态势。

一、国内研究现状

进入新时代以来，随着"文化自信""新时代革命文化教育"成为重要的时代命题，理论界和学术界再度掀起了研究"革命文化"和"革命文化教育"的热潮。必须强调的是，由于概念界定上的纠结和混乱，当前学界在对革命文化及其教育实践相关问题进行研究的过程中，仍广泛使用"红色文化""革命传统文化""红色革命文化"等表达，从研究内容和总体框架上看，这些研究所表述的内涵与"革命文化"的概念界定基本重合。

（一）关于革命文化的研究

对革命文化这一命题展开研究是推进革命文化教育研究的重要前提。当前学界对于革命文化的研究，主要围绕革命文化的内涵界定、文化层次、价值功能等方面展开。

1. 内涵界定方面

合理的概念界定是认识事物的基本前提，更是开展科学研究的重要起点。对于革命文化的概念，当前学界存在较大分歧，归结而言，其最主要的区别是在时间界限的划分上，体现为：一是认为革命文化就是中国共产党在革命时期创建的文化形态，从时间范畴上其等同于新民主主义文化。持这种观点的学者普遍认为，革命文化的概念，虽然不是毛泽东首次提出和使用，但其是由毛泽东在《新民主主义论》中通过对"民族的科学的大众的文化"的化约式提炼与升华而实现了对"革命文化"概念的创新性发展。因此，目前学界将革命文化与新民主主义文化直接画等号的学者不乏其人。比如刘润为（2013）、田克勤（2016）、梁化奎（2016）、郑自立（2016）、陈先达（2017），等等。其中梁化奎就明确表明："所谓'新民主主义文化'实质上就是'革命文化'，换言之，所谓'革命文化'亦就是'新民主主义文化'。"❶ 二是认为革命文化是起源于五四运动,并在中国共产党领导人民进行革命、建设和改革的伟大实践中形成与发展的文化形态。持这类观点的学者基本认为,革命文化在革命、建设和改革各个时期的发展势态不同,表现特征不一,并未完全成型,体现为革命文化虽以五四运动为源头,但集中发展于新民主主义革命时期,繁荣发展于"文化大革命"时期,并在改革开放后仍以延续或超越原先的模式持续性地发展与推进。部分学者还基于意识形态斗争和"主流文化"的范畴,指出革命文化是一种会随着中国革命、建设和改革的特定需要而呈现与时俱进式发展,并逐步完成"主流文化"地位建构的文化形态。比如魏本权认为,革命文化生成于新民主主义革命时期,但到了"文化大革命"时期才发展成为"主流文化",而且这种"主流"地位一直延续发展,改革开放以来更随着马克思主义中国化的持续推进而进一步延续发展。❷ 李维意认为,革命文化在革命、建设和改革的实践中生成,"是中国特色社会主义文化的红色基因"。❸ 除此之外,还有不少学者更偏向于从本质属性上着力,阐释革命文化的内涵,他们纷纷强调,因为革命文化具有政治性、革命性、先进性、民族性、阶级性、人民性、科学性等特征,所以从主导思想、核心内容、价值目标,以及精神形态上可以明确肯定,革命文化就是"一种先进的政治文化"❹。总而言之,由于所立足的文献资料和研究方法的差异,导致学者对革命文化内涵的理解存在一定程度的偏差,也导致至今学界对革命文化的内涵界定仍没有一个明确的概念阐析。因此,挖掘更权威的文献资料和运用更科学的分析方法阐释革命文化的基本内涵,仍是当前乃至今后学界需要深入探讨的一个问题。

---

❶ 梁化奎. 概念的张力与边界——"革命文化""红色文化""党史文化"辨析 [J]. 前沿, 2016 (11): 76.

❷ 魏本权. 从革命文化到红色文化: 一项概念史的研究与分析 [J]. 井冈山大学学报 (社会科学版), 2012 (1): 16-18.

❸ 李维意. 中国共产党革命文化的本质内涵、精神价值和自觉弘扬 [J]. 河北大学学报 (哲学社会科学版), 2022 (11): 8.

❹ 李康平. 中国革命文化基本问题研究 [J]. 马克思主义研究, 2015 (7): 122.

2. 文化层次方面

马克思主义文化结构理论认为,人类文化由物质文化、制度文化和精神文化共同组成。关于革命文化的层级结构,学界普遍倾向将革命文化分为物态文化、制度文化、精神文化三个层面。从现有的成果分析,学界对革命文化物态、制度和精神这三个层面的研究已各有秋千。

第一,对革命文化物态层面的研究。沙健孙(2014)、贾旭东(2018)、吴晓荣(2018)、韩晗(2022)等对革命文物的内涵界定及其现实价值进行了研究。比如贾旭东从梳理和解析革命文物概念的维度切入,不仅论证了革命文化概念的历史沿革,而且还对客观理解革命文物概念提供了界定思路,表明应从科学界定"革命"一词的内涵,从实现中华民族伟大复兴的历史任务,从采用属加种差的方法入手界定革命文物的内涵。❶ 学界关于革命文物内涵、特征、价值的研究对科学理解革命文化物态层面的属性和基本范畴提供了良好的思路。此外,不少学者还坚持基于具体历史时期的具体革命案例,通过广泛梳理革命遗址、名人故居、革命标语、革命报刊、革命漫画等革命文物,对革命文化物态层面的理论属性、基本特征和现实价值等展开了研究。譬如,张友南、肖居孝、罗庆宏等编著的《中央苏区的红色文化》一书,不仅收集并整理了大量中央苏区时期的革命标语,而且还重点围绕这些革命标语和《红色中华》报刊展开论述,阐明了中央苏区革命标语的时代特点和历史作用。进入新时代以来,随着现代化信息技术和革命文物传播手段的日新月异,不少学者还立足新时代的发展特征和现实需要,努力基于信息技术、人工智能、数字媒介的发展和运用,探析了将革命文化物态资源与数字信息技术相融合,以实现对革命文化遗址、遗迹、遗存等物态资源的价值重塑和有效传播。例如,梁军、陈丽娇立足视觉重构理论的核心要义,阐明了红色文化数字化传播的时代

---

❶ 贾旭东. 革命文物概念及其界定[J]. 北京师范大学学报(社会科学版),2018(6): 141–145.

价值、现实困境和以视觉重构理论优化红色文化数字化传播的科学路径。❶边媛在分析中央苏区档案数据多源整合的基本缘由与客观条件的前提下，探析了以数字人文项目为纽带，对数据结构进行整合，从而再现历史场景的实施路径。❷不仅如此，一些学者还坚持融合传播学、社会学、心理学、科技伦理学等学科内涵，从深化对虚拟仿真、数字化游览、在线直播、云技术运用等维度，增强了对革命文化遗址、遗迹、遗存进行挖掘、开发、利用、展览的理论探索和路径建构，使革命文化物态资源的研究具有现实的理论和实践意义。

第二，对革命文化制度层面的研究。文化制度层面的内涵，主要表现为理论、政策、制度、风俗，是"思想观点凝结而成的条例、规矩等"❸形态。因此，对于革命文化制度层面的研究，目前学界主要是围绕中国共产党所制定的政策、纲领、决议等内容展开论析。例如丁俊萍、王建南从《古田会议决议》研究入手，挖掘《古田会议决议》中的从严治党思想内涵，以求为推进全面从严治党提供有益启示。文章认为，《古田会议决议》最大的特点是把思想建党作为从严治党的根本，是把"党内教育问题"列为"红军党内最迫切的问题"，并单独作为一个部分写进决议。❹这一研究对深化党的自我革命内涵和为加强新时代全面从严治党研究都提供了有益借鉴。赵福超从历史学的角度出发，通过梳理文献，研究了《遵义会议决议》产生的原因、时间及内容，并对党史学界争论较大的传达时间、地点、传达者等情况进行研究，且阐明了自己的观点。❺易凤林的《革命文化制度探索：中国苏区教育研究》一书，梳理了党在苏区建设时期颁布的

---

❶ 梁军，陈丽娇. 视觉重构理论下红色文化数字化传播策略［J］. 思想教育研究，2020（1）：140–143.

❷ 边媛. 面向数字人文的中央苏区档案数据多源整合的动因、条件与路径研究［J］. 档案学研究，2022（5）：102–108.

❸ 张岱年，程宜山. 中国文化精神［M］. 北京：北京大学出版社，2015：4.

❹ 丁俊萍，王建南. 从古田会议决议看毛泽东思想建党和制度治党相结合的思想［J］. 毛泽东研究，2017（2）：67–77.

❺ 赵福超. 中央红军传达《遵义会议决议》考证［J］. 吉首大学学报（社会科学版），2014，35（S2）：18–20.

诸如"识字运动的办法""消灭文盲决议案""教育行政纲要"等教育方针政策，并主要从历史学、政治学、社会学等多学科视角，研究了苏区革命教育制度的形态、特征、历史作用及启示等内容。❶ 这些关于革命文化制度层面的研究，对深入理解革命文化的基本要义，以及对加强革命理论建构等都积淀了较好的研究基础。

第三，对革命文化精神层面的研究。精神是文化体系的核心，主要体现为"思想、意识、观念，等等"❷。长期以来，理论界和学术界对革命文化精神层面的研究一直都比较活跃。总体而论，专著、学位论文、期刊文章，基本是利用"个案研究""比较研究""综合研究"这三种方式，论析了革命文化精神层面的内涵、理论、价值等内容。首先，所谓个案研究，即针对革命文化中具体的某种精神而展开的研究。例如在论著方面有吕延勤、赵金永的《红船精神》（2017），张金锁的《延安精神》（2017），李佑新的《抗战精神》（2017），费金辉、徐东升的《沂蒙精神》（2018），叶桉、杨海贵、王炳林的《八一精神》（2019），周敬青《不负人民：解码建党精神》（2022），等等。在学位论文和期刊文章方面，近年来，学者们针对各种革命精神进行了丰富的研究。比如肖唤元、于洋从剖析伟大建党精神的生成理路、文化根基和现实基础等内容入手，阐明了建党精神的深刻内涵，并提出要从机制设计、传播形式、红色资源、社会氛围等方面协同推进，形成传承和弘扬伟大建党精神的合力。❸ 马琳琳、王晶认为，"红船精神"凝聚着中国共产党的初心与使命，应当将"红船精神"中的首创精神、奋斗精神与奉献精神与新时代的发展紧密结合，使"红船精神"成为实现中华民族伟大复兴的精神武器。❹ 其次，不少学者还运用比较研究的方法，对不同的革命精神进行了对比性分析。比如李红勇、周琰培比较了"八一精神"与"长征精神"内涵上的异同，强调"八一精神"与

---

❶ 易凤林. 革命文化制度探索：中国苏区教育研究 [M]. 南昌：江西人民出版社，2014.
❷ 张岱年，程宜山. 中国文化精神 [M]. 北京：北京大学出版社，2015：4.
❸ 肖唤元，于洋. 中国共产党建党精神的生成逻辑、理论内涵及弘扬路径 [J]. 理论建设，2022（2）：68-75.
❹ 马琳琳，王晶. 让"红船精神"闪耀新时代的光辉 [J]. 人民论坛，2019（18）：118-119.

"长征精神"一脉相承,二者具有一致性又有差异性,表明继承和弘扬"八一精神"与"长征精神"对实现中华民族复兴这一伟大事业而言具有重要的现实意义。❶再者,一些学者运用了综合研究的方法,从整体上把握了革命精神的理论品质、价值定位、结构功能、生成逻辑、演化规律等内容。比如杨少华的《引领时代前行的永恒动力——中国共产党革命精神研究》一书,以马克思主义革命观为理论指导,较为系统地梳理了中国共产党革命精神的生成机理、历史渊源、实践逻辑和演化规律等内容,基本构建了研究中国共产党革命精神的科学体系,具有较高的学术价值。❷杨峻岭立足新民主主义革命的历史背景,综合分析了革命精神的发展历程,阐明革命精神既是中国共产党优良传统和作风的集中体现,也是我们党宝贵的精神财富,具有重要的时代价值。❸王易基于百年党史的宏观视野,以细腻微观的笔墨剖析了中国共产党精神谱系的基本内容、精髓要义和赓续传承的科学路径,这一宏微观并进的论证逻辑和整体的内容体系,既深化了对中国共产党革命精神谱系研究的理论深度,也为立足现实需要论析革命精神谱系的弘扬路径提供了良好的研究范式。❹

3. 价值功能方面

文化是一种既"由人而成"又"以文化人"的实践过程,其本质在于实现对人的感化,具有重要的价值功能。因此,关于革命文化的价值功能尤其是德育功能历来也是学者们关注的重点和学界讨论的热点。从现有成果分析,其研究内容主要集中在如下几个方面:一是关于革命文化价值功能的分析与界定的研究。陈世润等(2009)、钟利民(2010)、张长虹

---

❶ 李红勇,周琰培. 八一精神与长征精神的内涵比较与现实意义 [J]. 江西科技师范大学学报,2016(4):25-32.

❷ 杨少华. 引领时代前行的永恒动力——中国共产党革命精神研究 [M]. 北京:人民出版社,2015.

❸ 杨峻岭. 新民主主义革命时期中国精神的历史发展及其主要特征 [J]. 思想理论研究,2014(6):46-50.

❹ 王易. 中国共产党精神谱系的百年流变、精髓要义及赓续发展 [J]. 马克思主义研究,2021(5).

(2015)、张文等（2016）立足政治、经济、文化、教育等视角，阐明革命文化具有政治、经济、文化、德育以及强军等方面的价值功能，其中育人价值是学界最为普遍的探讨。学者们纷纷表示，革命文化的育人价值集中体现为革命文化在爱国主义教育、理想信念教育、改革精神和创新能力教育、高尚情操和优良作风教育、社会主义核心价值观教育等方面所具有的积极的精神引领和正向引导的作用。二是对影响革命文化价值功能实现因素的研究。王金华（2012）、傅书华（2012）、徐贵耀（2016）等提出，由于革命文化资源开发不足、理论研究不够深入、传播方式不当，加上应对西方错误社会思潮的能力还不强等都在一定程度上影响着革命文化价值功能的实现。三是对革命文化价值功能转化路径的研究。提出问题的目的在于解决问题，因此，如何科学挖掘和利用革命文化的价值，也是学界探讨的重点和热点。不少学者表示，随着网络新媒体的兴起，革命文化价值功能的转化在面临机遇的同时，也陷入了全新的挑战。面对新形势下的新情况审视革命文化价值功能有效实现的问题，可以立足新技术革命的现实发展，对革命文化内容的传播实现数字化展览；或者是通过开发革命文化产品，制作红色网络动漫、红色网络游戏等，实现革命文化价值与文化产业发展的有效对接和良性互动。还有不少学者表示，为了充分发挥革命文化的价值功能尤其是德育功能，为了系统整合和管理革命文化各相关要素，使之有序、科学地运行，从政府管理、全民参与、制定法规、加强合作、理念更新、方法创新、建立制度、强化社会文化和党的建设等方面实施推进是极为必要的。例如程彪、张荣荣、王春林认为，当前要通过建设社会主义文化、加强党的建设、培育社会主义核心价值观、打造"红+绿"的红色旅游等方法实现革命文化时代价值的成功转化。❶ 上述成果为明确新时代革命文化的价值定位、功能结构和时代转化等内容，提供了丰富的资料，也奠定了较好的研究基础。

---

❶ 程彪,张荣荣,王春林. 革命文化的历史性内涵与时代价值［J］. 理论探讨,2019（3）：50-54.

（二）关于大学生革命文化教育的研究

改革开放以来，伴随全球化、市场化、网络化和文化多元化的深入发展，国内外社会环境发生了诸多变化，不少大学生的理想信念和价值追求受到了多方冲击，个别青年学生的爱国主义和民族精神也因受西方错误社会思潮的影响而日渐弱化。基于此，如何有效应对历史虚无主义等错误思潮的侵蚀？如何科学引导大学生继承和弘扬革命文化？如何以革命文化激发大学生的奋斗精神、团结意志、理想信念、初心意识和使命担当？这些问题都促使学界自改革开放以来越来越将大学生革命文化教育作为持续关注的研究热点。从现有研究成果分析，进入新时代以来，学术界和理论界对大学生革命文化教育的研究，总体呈现从相对独立和单线发展的状态，逐步走向注重实证化分析、强调跨学科发展和提升学理性阐释的研究态势。

一是更加突出对大学生革命文化教育必要性的研究。党的十八大以来，随着习近平总书记对革命文化论述的不断丰富，学界普遍强调当前开展大学生革命文化教育更加具有必然性和必要性。比如张首先（2011）、魏法汇（2017）、孔祥慧（2019）、仝华（2019）等表示，当代大学生成长在经济全球化、文化多样化、价值多元化时代，加上大学生自身的认知态度、情感归属、心理状态等方面尚未成熟，在各种外在因素，尤其是当下流行的消费文化、娱乐文化、时尚文化等非主流文化的强烈冲击下，一些大学生不可避免地对红色文化产生了认同危机，他们的理想信念模糊了、社会责任感下降了、艰苦奋斗精神淡化了，而这些"虚脱"的精神元素恰好是红色文化的本质内容和价值指向。❶ 因此，基于实现中华民族伟大复兴的使命目标，有效加强大学生的思想政治教育工作，极有必要从革命文化中提取精神基因，因为党的革命精神不仅是实现中华民族伟大复兴中国

---

❶ 张首先. 红色文化的价值资源与当代大学生的文化认同［J］. 思想政治教育研究，2011（3）：77–79.

梦的精神动力，而且是大学生思想政治教育工作的重要资源。

二是更加强调对大学生革命文化教育的理论研究。对革命文化教育路径的探索，历来是学术界关注的重点，而且当前这类研究可谓成果丰硕。然而，这些研究普遍存在对革命文化教育理论阐释及对路径建构的学理分析不足的问题。针对这一问题，近年来，不少学者开始尝试融合多学科理论解析革命文化教育实践活动，使近年来大学生革命文化教育研究愈发呈现重视理论解读的发展趋势。譬如马静在《红色文化教育理论与实践研究》一书中，主要运用了文献研究和实证研究的方法，基于马克思主义经典文献，以及教育学、文化学与心理学的理论阐释对红色文化教育相关的问题进行了梳理和解析，并在现状分析的基础上，提出要分群体、分层次开展红色文化教育的路径。❶ 徐永健、李盼利用政治心理学、教育学、社会学等基本原理，解析了红色文化资源与大学生思想政治教育的内在关联，也在理论解读的基础上提出了加强大学生红色文化教育的具体路径。❷ 虽然，上述这些成果所论及的"红色文化"的界定与"革命文化"的概念在内涵与外延上存在一定程度的差异，但其所呈现的理论阐释方向和基本范式对开展新时代新征程大学生革命文化教育研究也具有一定的借鉴意义，不过当前这类研究仍存在对路径建构所依托的理论阐释不清和学理融合生硬等问题。

三是更加强调基于受众视角研究大学生对革命文化的认同与践行。党的十八大以来，随着社会各界对学生主体地位的不断强调，学界也愈发明确要立足大学生的成长特征与成才需要，研究大学生对革命文化教育的认同与践行问题，并正逐步形成如下两类研究趋向：其一，立足大学生心理发展特征探析革命文化教育的价值及路径。比如，孟凡锐阐释了革命文化对大学生心理健康教育的导向作用、激发作用、锻造作用、推动作用，表明要基于革命文化的重要价值，切实以贴近大学生心理的教学方式、实践

---

❶ 马静. 红色文化教育理论与实践研究 [M]. 天津：南开大学出版社，2015.
❷ 徐永健，李盼. 试论红色文化资源与大学生思想政治教育的内在关联 [J]. 思想教育研究，2016（12）：84-88.

方法、话语体系引导大学生健康成长。❶ 李霞博士表明，在中国持续推进改革开放的环境下成长起来的大学生，普遍具有独立性、选择性、多变性、差异性等特征，应遵循大学生认知心理、情绪心理、群体心理、网络心理等发展特点，从加强课堂组织、完善内容建构、创设教学情境、加强价值疏导等维度用好红色文化资源，开展好大学生革命文化教育。❷ 其二，立足大学生成长方向探析革命文化教育的价值及路径。党的十八大以来，中共中央、国务院、教育部等有关部门本着对大学生关心关爱的初心，既继承中国共产党始终关爱青年和引领青年成长成才的优良传统，又切实结合新时代发展需要，多次发布了与新时代青年成长成才密切相关的各类文件，为当代大学生的成长指明了方向。基于此，不少学者将革命文化与青年学生的成长方向相结合，不仅阐明革命文化对引领青年成为堪担民族复兴大任时代新人的重要价值和理论意义，而且还提出要从深入挖掘革命文化的育人力量，从贴近学生成长方向的维度着力，"用革命精神中蕴含的革命信念和精神品质强化大学生的精神标识"❸，以及提升他们的使命意志。概言之，当前学界基于大学生的成长特征、规律和需求的视角，研究大学生革命文化教育的论著总体上还趋于起步阶段，总体成果也较少，具有一定影响力和较高学术水平的研究成果还尚不多见，研究的针对性、系统性、学理性和科学性都还有待于进一步加强。

综上而论，目前国内学界对新时代大学生革命文化教育相关问题的研究已取得一定的成果，并应新时代新征程的新形势和新要求而呈现逐年升温的研究趋向，但其中不少论著还存在框架内容相似、学理建构不足、路径分析含糊等问题。

---

❶ 孟凡锐. 革命文化融入大学生心理健康教育的价值探索与路径分析 [J]. 公关世界，2021（20）：102.
❷ 李霞. 论红色资源在思想政治教育中的应用 [D]. 长沙：中南大学，2013.
❸ 白永生. 新时代高校文化育人研究 [D]. 桂林：广西师范大学，2020.

二、国外研究现状

囿于政治体制、文化背景和意识形态等因素的差异,国外学界有针对性地研究中国共产党革命文化的成果几乎未见。从现有成果分析,国外学界对与革命文化相关的"革命"及"中国革命历史"的研究主要集中在如下几个方面,这些成果为开展革命文化教育研究也提供了有益借鉴。

(一)对革命理论的研究

西方学界真正将"革命"一词当成术语,开始关注和创建革命理论学说,并使"革命学"成为国际学术界有意义的一个分支是在法国大革命之后。这类论著有威廉·H. 布兰察德的《革命道德:关于革命者的精神分析》、古斯塔夫·勒庞的《法国大革命与革命心理学》、埃克里·霍弗的《狂热分子》,等等。从现有研究成果分析,西方学界普遍认为,革命是因社会系统功能失调和民众的实际需求无法得到满足,而迫使民众以暴力的手段推翻现行政治制度的一种重要手段,其积极的功能体现为可促使传统社会向现代社会转型。例如汉娜·阿伦特在《论革命》一书中分析了革命的意义和人们"一代又一代前仆后继"❶地进行革命的原因,明确表明革命是一种以暴力手段解放被压迫群体,从而缔造全新政体的重要手段。

(二)对中国革命历史的研究

事实证明,包括埃德加·斯诺、费正清、默尔·戈德曼、本杰明·史华慈、米歇尔·卢克、珍妮·德格拉斯、哈里森·索尔兹伯里等在内的诸多外国记者、作家、学者都对近代中国革命历史进行过一定的记载或研究。一是在传记方面。比如美国记者埃德加·斯诺的《西行漫记》、尼姆·威尔斯的《续西行漫记》、哈里森·福尔曼的《北行漫记》等,这些书籍反映了在新民主主义革命时期,中国的政治领袖、红军将领、八路军

---

❶ [美]汉娜·阿伦特. 论革命 [M]. 陈周旺,译. 南京:译林出版社,2007:23.

战士、妇女革命者、少先队员、儿童团员等情况,对于研究中国共产党革命文化的形成和发展具有重要的参考意义。二是在专著研究上。自 1949 年中国共产党执政以来,国外对中国共产党革命的关注不断升温,也产生了一些有影响力的专家和研究成果。比如被誉为第三代革命研究中里程碑式的著作——《国家与社会革命:对法国、俄国和中国的比较分析》一书。该书作者主要采用了历史比较分析法,在比较法国、俄国和中国各自革命的历程和特征的基础上,肯定了中国共产党带领中国人民进行革命斗争并实现胜利、建立国家的功绩。书中不乏对"三三"制、延安整风运动等革命制度的研究,以及对"全心全意为人民服务""艰苦朴素""不屈不挠"等革命精神的阐述。❶ 此外,比如法国学者谢诺的《中国历史(1840—1949)》、美国记者 G. 斯坦因的《红色中国的挑战》、英国勋爵林迈克的《未知战争:1937—1945 年的华北》、美国记者哈里森·索尔兹伯里《长征——前所未闻的故事》等论著也都对中国共产党领导的革命有过一定的论述。

(三) 对中国共产党革命领袖的研究

从现有成果看,外国学者中也有不少对包括毛泽东、周恩来、邓小平等在内的中国共产党的革命领袖进行研究的专家,并形成一些在国际社会上具有一定影响的文章与论著。比如德国学者托马斯·卡朋在大量阅读和考证文献的基础上,着力研究了 20 世纪 30—40 年代,中国革命历程中毛泽东个人以及毛泽东思想的发展。澳大利亚尼克·奈特除了发表了几十篇关于毛泽东及毛泽东思想的论文,还有多部相关的论著。在其中一本代表作《再思毛泽东:毛泽东思想的探索》中,尼克·奈特通过广泛收集由毛泽东执笔的论著,并结合中国革命的历史特点,以一个外国学者的客观视野,重新审视了毛泽东思想中具有争议的内容,这对研究中国共产党革命

---

❶ Theda Skocpol. States and Social Revolutions, A Comparative Analysis of France, Russia and China [M]. Cambridge: Cambridge University Press, 1979.

及其所创造的革命文化而言,具有重要的参考价值。❶ 还有英国著名学者迪克·威尔逊的《周恩来传》一书运用大量翔实可靠的史料展现了为中国革命和新中国建设而顽强拼搏、鞠躬尽瘁的周恩来。❷ 日本从1936年就开始了对瞿秋白的研究,并且持续至今,形成了诸如新岛淳量的《鲁迅与瞿秋白》、植田渥雄的《瞿秋白的知识分子观》、白井澄世的《试论五四时期格伯森生命主义——以瞿秋白为中心》等诸多文章与专著。❸

总之,虽然由于意识形态、国情特色、政治制度、文化体制等方面的差异,国外学界专门研究中国共产党革命文化及其教育问题的成果几乎未见,但国外学界对革命理论、中国近代历史、中国共产党革命斗争史、中国共产党革命领袖等内容的论述,对本书的研究都具有重要的参考价值。

三、研究现状评析

综上可见,当前国内外学界已对中国革命历史、革命文化和大学生革命文化教育等问题进行了较为丰富的研究,但就总体而言,研究还存在以下几个方面的问题:

第一,对理论解读的广度和深度还不足。总体上看,当前学界对革命文化及大学生革命文化教育问题的研究,还普遍停留在感性认识的层面,而且从内容上看相似或者重复的研究较多,对革命文化及革命文化教育等问题还普遍缺乏科学而系统的学理分析,对革命文化的发生机制、本质内涵、历史演进、精神品质、演化规律、运行逻辑、实施路径等内容的理论挖掘不深,自说自话的现象较为严重,研究缺乏深刻性和说服力。因此,对革命文化及大学生革命文化教育理论的广度与深度还需要深入挖掘和全面建构。

---

❶ [澳] 尼克·奈特. 再思毛泽东:毛泽东思想的探索 [M]. 闫方洁, 等译. 北京:中国人民大学出版社, 2014.
❷ [英] 迪克·威尔逊. 周恩来传 [M]. 封长虹, 译. 北京:国际文化出版公司, 2013.
❸ 张宏. 日本的瞿秋白研究综述 [G] //瞿秋白研究文丛(第六辑). 北京:中国文联出版社, 2012:198-204.

第二，对革命文化自信问题的研究还不够深入。中华优秀传统文化、革命文化和社会主义先进文化是坚定文化自信的主体内容。当前，虽然学界基本能秉承与时俱进的研究理念和问题意识，开始逐步立足文化自信视域进行大学生革命文化教育研究，但总体上学界对革命文化自信教育的研究成果还不够丰富，这类研究中虽然如苏剑、王刚、马孟庭、项久雨、吴海燕、顾榕昌等学者已从理论探析和路径建构上进行了一定程度的努力，但主要还存在两个方面的问题：一是大学生的主体地位不够明显。当前学界对革命文化自信教育的研究更倾向于从研究者视角审视革命文化与文化自信的内在关联，以及革命文化自信的实施路径。从成果上看，学界还未能系统分析新时代大学生的总体特征、成长规律和发展需求，并基于此以习近平新时代中国特色社会主义思想为指导，构建出正确引导大学生明确革命文化的理论品质、时代价值、精神内涵的有效路径。二是国际传播意识不强。当前学界对革命文化如何"走出国门"，如何秉承文化自信自强心理讲好中国革命故事，如何从革命文化国际化传播的视角加强新时代大学生革命文化自信教育等问题，均还缺乏科学而系统的研究。换言之，加强大学生革命文化自信教育的研究尚有较大的学术空白地带。

第三，对革命文化及其相关问题研究的方法还不够丰富。当前学界对大学生革命文化及其教育的研究，仍主要是采用文献分析法，总体上对实证调查法、系统分析法和历史发生学等研究方法运用得还不多，而且比较明显的不足还在于对革命文化教育问题的现实关怀不深，体现为即使运用了实证研究法，但一些研究更倾向于陈述问题和罗列数据，对问题的归因分析缺乏多学科审视的科学方法，进而造成一些研究的路径建构缺乏足够的科学性。

总而言之，当前理论界和学术界对革命文化、革命文化教育等问题的研究，在概念界定、理论解析、时代价值及实践路径等问题上，学术共识和学术争鸣的现象尚未形成，对其中的理论基础、现实境况、实践原则、客观规律等重要问题尚未引起足够的重视。此外，如何基于新时代大学生的成长特征探析新时代革命文化教育的理论、规律、路径、国际化传播等问题已成为当前学界的研究热点,但对于这些问题的研究,学界的理论解析和路径建构研究总体较弱,还存在较大的学术探索空间。因此,深入探析革命文化及其教育的理论意蕴、本质内涵、历史观照、时代价值、现实问题和制约因素,坚持以丰富的内容和科学的方法引导新时代大学生形成对革命文化的认知、认同、自信与践行,可使新时代大学生在理论与历史、现实、未来的有机统一中,更加坚定信仰、信念和信心,更加明确中国共产党的初心与使命,也更能坚信"中国式现代化"和"人类文明新形态"的价值意蕴。总之,开展新时代新征程大学生革命文化教育研究,是具有重要的理论意义和实践意义的时代课题。

第三节 研究的思路、方法和创新点

本研究坚持理论逻辑、历史逻辑与现实逻辑的统一,以深入挖掘理论、内蕴历史观照、阐明时代指向,系统把握现在和正确直面未来的研究思路,融合多种研究方法开展新时代新征程大学生革命文化教育研究,以此力求从推进理论和实践发展的维度实现创新。

一、研究思路

本研究以"提出问题—分析问题—解决问题"的论证思维和研究思路,重点梳理了以下五个方面的内容。

一是解析理论基础。利用发生学研究方法,通过从源头上系统梳理马克思主义经典作家关于文化教育的相关论述,以及中国共产党人关于革命文化教育思想的历史发展与主要意蕴,由此,为开展新时代新征程大学生革命文化教育奠定理论基础。

二是剖析时代依据。主要利用文献研究法、系统分析法、历史比较法,既简要观照中国共产党自建党以来,坚持开展青年学生革命文化教育的历史传统,又基于新时代新征程的新形势,以历史比较法和系统分析法相统一的原则，重点解析新时代新征程大学生革命文化教育的新旨归、新趋向、新要求和新原则，阐明新时代新征程大学生革命文化教育的创新路向，以此为探析新历史条件下大学生革命文化教育的现实问题和归因分析提供更直观的时代依据。

三是审视现实境况。在重点剖析新时代新征程大学生革命文化教育创新向度的基础上，再紧密结合其中所体现的新形势、新要求、新特征、新旨归、新趋向等要素，研究设计调查问卷，并基于此开展实证调查和进行数据统计，全面分析我国新时代新征程大学生革命文化教育实践已取得的成效和存在的主要问题。

四是阐明制约因素。在审视新时代新征程大学生革命文化教育现状，尤其是剖析其中存在的主要问题的前提下，先从客观因素上审视，通过解析理论、剖析数据和分析案例，阐明经济市场化、文化多元化和教育信息化等客观性因素，在给革命文化教育带来发展机遇的同时，也在一定程度上影响了大学生的成长成才，制约了大学生革命文化教育的实效。再从主观因素上考量，注重结合新时代"00后"大学生的成长特征、成才需求、成长环境等主观原因，表明父母、师长、朋辈，以及新时代"00后"大学生自身的特征，也会在一定程度上影响新时代新征程大学生革命文化教育的实效。

五是阐明具体路径。继续坚持以问题意识为导向，不仅从宏观上立足"两个大局"的总体框架，自觉辨析中国之问、世界之问、人民之问、时代之问的体系，而且从中观上融合大学生革命文化教育的理论基础、时代创新、现实问题、制约因素等内容，更在微观上紧扣新时代"00后"大学生的个性需求、心理接受规律、成长成才规律等要素，提出要打造"全课程"育人体系、创设"多样式"实践平台、构建"常态化"教育模式。由此，以优化问题系统和推进新时代新征程大学生革命文化教育高质量发展为导向，使革命文化之"盐"真正溶于滋养大学生一生成长的生命之"汤"中。

二、研究方法

（一）文献分析法

本研究力求广泛搜集和总结马克思主义经典作家、党和国家领导人关于革命、革命文化、青年学生革命文化教育的诸多论述，还有党以革命文化教育青年学生的历史资料，以及发生学、符号学、社会学、教育学、心理学、政治学、文化学等多个学科的相关文献。在此基础上，坚持利用文献分析法，提炼和归结出具有客观性、系统性和科学性的理论认识和实践依据。

（二）历史分析法

本研究运用历史分析法，不仅梳理了革命文化及其教育理论的发生机理和基本阐释，而且还注重对党的革命文化教育实践考察，将历史纵横交错的思维逻辑融合于新时代新征程大学生革命文化教育的研究之中，即在比较分析中阐明了中国特色社会主义进入新时代之后的诸多新变化，凸显了新时代新征程大学生革命文化教育的创新向度，从而为开展新时代新征程大学生革命文化教育提供科学的时代依据。

（三）社会调查法

新时代新征程大学生革命文化教育，是以中国特色社会主义进入新时代，以及实现中国式现代化任务的开启为现实前提，以引导大学生继承和弘扬革命文化、明确初心使命、坚定文化自信自强和堪担复兴使命等为根本宗旨而展开的研究。因此，厘清新时代新征程大学生革命文化教育的现实境况，是立足时代需要和坚持问题意识，以及强化研究的理论与现实意义的关键所在。本研究积极运用社会调查法，在把握新时代新征程大学生革命文化教育整体现状的基础上，结合观察研究法、历史研究法、案例分析法，对所收集到的资料进行分析、比较、综合和归纳，从而发现问题、明确问题、剖析问题。

（四）系统分析法

对新时代新征程大学生革命文化教育的研究，既在宏观上受到政治、经济、文化等多种社会性因素的影响，又在微观上受到教师主体、学校管理、家庭状况、学生个人性格、心理特征等多种个体性因素的影响，而且在宏观和微观系统之间又有着密切且复杂的关联。因此，本研究坚持整体性、局部性、关联性相统一的原则，采用系统分析法，既从整体上牢牢把握所研究的问题，又对涉及的各要素进行细致分析，由此形成对蕴藏于其中的目标、特征和原则的科学认识，并且找准解决问题的方法。

三、创新之处

（一）运用马克思主义文化教育理论解析大学生革命文化教育的本质

本研究尝试基于发生学的研究视野，从源头上探索了马克思主义文化教育思想，指出马克思主义文化教育理论的价值旨归在于通过对无产阶级进行共产主义思想教育，通过不断激活无产阶级的阶级意识，从而实现以人的精神解放助力物质解放，进而在物质和精神的有机统一中推进人的自由全面的发展。基于对马克思主义文化教育理论的解析，本研究进一步认为大学生革命文化教育的本质应是在马克思主义文化教育理论的指导下，既要以革命文化自信自强夯实中国共产党意识形态领导权，又要紧扣新时代新征程大学生的成长特征与成才需求，坚持以伟大的革命精神助力立德树人实践，由此切实帮助大学生成为德智体美劳全面发展的社会主义建设者和可靠接班人。

（二）以对"青年学生"群体的聚焦性研究丰富新时代新征程大学生革命文化教育的时代意蕴

现有的研究成果中虽已有部分关于中国共产党以革命文化引导青年成长成才的历史考察，但总体上聚焦"青年学生"这一群体的研究成果尚不多见，不仅如此，学界也更倾向于抽取革命、建设和改革各历史时期中的一段时间或者某个事件进行论述。本研究努力聚焦"青年学生"这一群体，不仅坚持以历史与现实相统一的研究逻辑，审视新时代新征程大学生革命文化教育的创新向度，而且在比较分析中简要梳理了中国共产党在革命、建设和改革的不同历史时期，一以贯之地以革命文化引领青年学生成长成才的理论发展和基本实践，由此更直观更系统地为新时代新征程大学生革命文化教育夯实历史根基和提供时代依据。

（三）努力阐明新时代新征程大学生革命文化教育的现实样态

现有的研究普遍致力于革命文化教育内容、意义、路径的探讨，对新时代新征程大学生革命文化教育现实问题的阐释也多是停留于主观臆断上。本研究不仅认为在继承党的革命文化教育历史实践的基础上，新时代新征程大学生革命文化教育的背景、目标、特征、原则等要素，会随着新时代新征程的新形势在一定程度上生成新的实践指向，而且随着这些要素的新变化，大学生革命文化教育也呈现新的问题。为此，本研究采用社会调查法，通过抽样调研和进行数据统计，阐明并剖析了新时代新征程大学生革命文化教育的新问题，由此更精准更科学地建构了更契合新时代新征程发展需要的大学生革命文化教育的路径。

第一章

文化自信与革命文化概述

从逻辑上看，概念是形成判断、推理和论证的基本要素。对任何问题的研究，其起点都必然是从根本上清晰界定所涉及的基本概念，因为如果概念晦暗不明，就"不仅无法确证问题本身是否存在"❶，更无从做好研究。因此，客观梳理文化、文化自信和革命文化的科学内涵，正确辨析革命文化、红色文化、党史文化等相关概念的区别，有助于在正确把握革命文化这一核心概念及其特征的基础上，为科学开展新时代新征程大学生革命文化教育研究奠定坚实的论证基础。

第一节 文化与文化自信的内涵释析

革命文化不仅是人类文化发展过程中形成的一种文化形态，而且是文化自信的重要内容。由此可见，对"文化"和"文化自信"概念的廓清，是把握"革命文化"内涵的前提性问题。

一、文化的基本定义

文化及其作用是学界普遍关注的问题，但人们迄今为止却并没有形成关于文化内涵的公认界定。长期以来，"文化"都是一个与"文明"紧密联系，又相对狭小的概念范畴。正如"人类学之父"爱德华·泰勒所言："文化或者文明，从其广泛的民族学意义来说，是包括全部知识、信仰、艺术、道德、法律、习俗以及作为社会成员的人所掌握和接受的任何其他的才能和习惯的复合体。"❷ 在东西方语境中，不论是从古希腊时期就具有的以"paideia"（智力或教育）、"ethos"（精神或气质）、"tropos"（样式）等来表示文化观念的词汇，还是中国最早将"文"与"化"二字合用，以

---

❶ 胡海波，郭凤志. 马克思恩格斯文化观研究 [M]. 北京：中国书籍出版社，2012：5.
❷ [英] 爱德华·泰勒. 原始文化 [M]. 连树生，译. 桂林：广西师范大学出版社，2015：1.

阐明"关乎天文，以察时变；观乎人文，以化成天下"❶之道理的语句中，都明显呈现文化与人类活动、思想和人类社会发展的密切关联，表明人是文化形成和发展的主导要素。因此，要形成对文化内涵的科学界定，就必然要牢牢基于人类的物质创造和精神生产的活动而展开。

（一）广义上的文化是人类生存和发展的一切对象化活动及其结果

文化是人类为了生存和发展而对自然界进行的对象化活动的产物，在其广义上是物质、制度和精神这三个层次的统一。马克思说："一个种的整体特性、种的类特性就在于生命活动的性质，而自由的有意识的活动恰恰就是人的类特性。生活本身仅仅表现为生活的手段。"❷ 这一论断阐明，物种的存在及其特性与它的生命活动的形式密切相关。动物因其活动器官的构造决定了其是在本能地适应自然的过程中维持生存，而人类的大脑、四肢的构造和发育却有助于人类在自然界面前，利用工具改造自然以实现自身的生存和发展。也正由此，实践成为人对于自然界的本质力量的对象化活动，是构成人类特有的生命活动的方式，甚至人类只有在改造自然界的过程中，"才真正地证明自己是类存在物。这种生产是人的能动的类生活。通过这种生产，自然界才表现为他的作品和他的现实"❸。这说明人类的实践活动，一方面在改造自然的过程中创造性地扩展了人的对象化世界，因为在这一过程中，人类实践活动中的思维、目的、方法和性质，使自然界成为人类对象化活动的"作品"，被改造的自然界也由此呈现"人化"的色彩。另一方面人在改造自然的同时也在改造着自身。人类只有通过能动地改造自然，才能在创造性的实践中能动地提升自己的生命形态、本质能力和观念意识，才能使自己变成自然界的"现实"，并真正发展成为有意识的"类存在物"。概言之，被"人化"的自然界和人在改造自然时所呈现物质、行为和精神生产的制度、价值和结果，就形成了文化广义

---

❶ 高亨. 高亨著作集林（第2卷）[M]. 北京：清华大学出版社，2004：244.
❷ 马克思恩格斯文集（第1卷）[M]. 北京：人民出版社，2009：162.
❸ 马克思恩格斯文集（第1卷）[M]. 北京：人民出版社，2009：163.

上的概念，即人类实践活动本身以及这种活动的方式及其成果的总和。

（二）狭义上的文化是指人的精神生产活动及其结果

精神属性是文化的内在核心，是文化狭义上的概念。历史唯物主义表明，人和动物的区别在于人不仅具有自然属性和社会属性，还具有精神属性。马克思指明，精神属性使人类在改造自然和开展社会活动的实践中，"懂得按照任何一个种的尺度来进行生产，并且懂得怎样处处都把内在的尺度运用到对象上去"❶，使人类的生命活动在按照"美的规律"的创造中，变成人类自己的意志和有意识的对象化活动。马克思的这一论断深刻说明人类的实践活动是人的理性思维之于自然改造和社会活动的客观结果，人的实践活动集中表现为人的精神意志的生产活动。具体而言，首先，从文化的物质形态上看，作为人类实践活动创造物的文化，其实质就是人类在遵循生产力和生产关系发展规律的基础上，自觉地将内在的精神意志以"创造物"的形式体现出来，使文化的物质形态中客观凝结着人类精神意志的本质内核。其次，从文化的制度形态上看，人类在实践过程中发展形成了人与人之间的关系，而人与人之间的沟通、交往、分工、合作等彰显社会性质的行为又均是在客观存在的基础上人的精神意志的反映，这正如马克思所言："凡是有某种关系存在的地方，这种关系都是为我而存在的；动物不对什么东西发生'关系'，而且根本没有关系；对于动物来说，它对他物的关系不是作为关系存在的。因而，意识一开始就是社会的产物，而且只要人们存在着，它就仍然是这种产物。"❷ 因此，反映着人和人之间关系的制度层次的文化形态中也就固然凝结着人类思想"律动的脉搏和活的灵魂"❸。最后，从文化的精神形态上看，人的精神意志的形成来源于实践，但又对实践有着巨大的反作用。诚如马克思所言，人类实践活动的水平，"已经在多么大的程度上变成了直接的生产力，从而社会生

---

❶ 马克思恩格斯文集（第1卷）[M]. 北京：人民出版社，2009：163.
❷ 马克思恩格斯文集（第1卷）[M]. 北京：人民出版社，2009：533.
❸ 张岱年，程宜山. 中国文化精神[M]. 北京：北京大学出版社，2015：2.

活过程的条件本身在多么大的程度上受到一般智力的控制并按照这种智力得到改造"❶。文化的精神层面的形态是人的思想、信念、情感、意识、欲望等思维方式和价值观念的反映，深刻表明在自然因素和社会存在面前，人是一种具有精神需要的存在物。综上可见，从狭义上理解，文化归根结底就是人类在生命活动的发展历程中，追求内在精神自觉、自由活动的过程，即文化的内在本质就在于它的精神性。❷

（三）整体上文化是一个传承发展的动态系统

除了有广义和狭义之分，文化本身还是一个具有传承性和创造性的"共时态"的演化体系。文化之所以具有传承性和创造性，主要是因为人类生命活动的历史进程并不是仅仅只蕴含人类生殖繁衍的内容，而是一个在人类繁衍生息的历程中融合着包括文化在内的诸多要素共同传承和发展的系统，且呈现积累性、规则性、创造性和超越性的特征。正如马克思所阐明，人类的物质创造和精神生产活动是人类代代传承的结果，人类"前一代传给后一代的大量生产力、资金和环境，尽管一方面这些生产力、资金和环境为新的一代所改变，但另一方面，它们也预先规定新的一代本身的生活条件，使它得到一定的发展和具有特殊的性质"❸，而且也正是由于文化的积累性、传承性和创造性的特征，使文化因地域和时代的不同而在空间和时间的维度上呈现民族性和时代性的特征，并在一定程度上促进了文化发展一元性和多元性的需求与统一。这主要体现为：一方面，文化的传承性造就了具有共同民族心理和价值观念的民族认同，使文化呈现具有民族色彩的特点。文化的民族性对于传承民族优势、凝聚民族力量、增强民族自信心等都具有重要的作用。另一方面，文化的创造性特征是在文化适应时代发展的需要中促发和生成的。马克思和恩格斯指明，人类在遵循自然界和社会发展规律的基础上，积极发挥主观能动性的根本目的是要在

---

❶ 马克思恩格斯文集（第8卷）[M]. 北京：人民出版社，2009：198.
❷ 胡海波，郭凤志. 马克思恩格斯文化观研究 [M]. 北京：中国书籍出版社，2012：22.
❸ 马克思恩格斯文集（第1卷）[M]. 北京：人民出版社，2009：544-545.

满足人类物质和精神需求的基础上，实现人类自身的自由全面发展。然而，每个时代都具有各自的时代特征和发展诉求，而时代特征和发展诉求又决定着人类在文化实践中必须对已然不能够适应时代发展需要的文化进行科学创新，因为唯此才能保证在遵循客观自然和社会发展规律的基础上，使文化各要素在融合民族性与时代性的统一中，代代传承并创新、代代创新且传承，从而使人类及其文化的发展始终保持并呈现为一个不断发展的动态系统，这个系统最终统一于人类自由全面发展的终极旨归。

二、文化自信的核心要义

文化自信具有丰富的内涵，它以文化自省和文化自觉为前提条件，是人们对自己生活中所存在的文化的自我省思和知觉，即"生活在一定文化中的人对其文化有'自知之明'"❶，并在此基础上形成的对自身文化充满信心和肯定的心理。文化自信具有反对"西方文化优越论"和激发民族自觉性、认同感、自信心等价值意蕴，具有内容体系多元性、内在灵魂抽象性、价值旨归人本性等鲜明特征。

（一）"三大文化"是文化自信的主体内容

文化自信生成的首要前提是文化自身的内容体系、价值边界和呈现形态等具有令人崇尚和信服的丰富内涵。习近平总书记在党的十九大报告中旗帜鲜明地阐明，中华优秀传统文化、革命文化和社会主义先进文化在自成体系的传承发展中，不仅构成中国特色社会主义文化的有机整体，而且以其丰富的内涵底蕴、独特的魅力优势和强大的生命力，构成了文化自信合理性和必然性的主体内容。

首先，中华优秀传统文化是文化自信的丰厚底蕴。习近平总书记指出："优秀传统文化是一个国家、一个民族传承和发展的根本，如果丢掉

---

❶ 费孝通. 文化与文化自觉［M］. 北京：群言出版社，2016：195.

了,就割断了精神命脉。"❶ 在5000多年的文明发展中孕育而成的中华优秀传统文化拥有丰厚的物质遗产和精神积淀,是中国特色社会主义文化扎根和生长的深厚沃土,这集中体现为中华优秀传统文化既凝聚着中华民族的"根"与"魂",又在时间长度和空间广度上为中华文化积淀了深厚的底蕴,成为文化自信最根本、最深层、最永恒的历史根基。其一,在时间长度上,中华优秀传统文化绵延发展、从未间断,其不仅随着丝绸之路广泛走向世界各地,而且外来的艺术、物产、思想等也大量传入中国。公元3—13世纪中国一直保持着让西方人望尘莫及的文化发展水平,这在时间广度上奠定了中国人民感知中华优秀传统文化博大精深的自信心理。其二,在空间的广度上,中华优秀传统文化形态各异、内容丰富。中国自古地大物博、人口众多,不仅江河流域广泛,而且物产资源丰富、风土人情迥异,使中国人民在政治、经济、教育、伦理、道德、文学、艺术等方面创造了内容丰富、体系庞大、灿烂辉煌的文化成就,为人类文明的发展作出了巨大的贡献,也从空间维度上为中国人民坚定文化自信奠定了深厚根基。总而言之,中华优秀传统文化根脉相传,中华民族在深层的文化积淀中形成强大的民族凝聚力、旺盛的生命力和伟大的创造力,这使中华儿女的精神血脉里长期流淌着天人合一、天下为公、自强不息、厚德载物、以民为本、革故鼎新、实事求是、知行合一等价值信念,使中华儿女即使面对国破家亡的灾难,也仍然能够始终坚定对国家富强、民族振兴和人民幸福的追求、担当与自信。

其次,革命文化是文化自信的鲜红底色。中国共产党领导中国人民在近代救亡图存的历史使命中创造了革命文化,奠定了文化自信的鲜红底色。革命文化上承中华优秀传统文化,下启社会主义先进文化,实现了中华文化不忘本来、吸收外来和面向未来的接续态势。具体而论,一方面,革命文化实现了对中华优秀传统文化的创造性转化和创新性发展。在救亡

---

❶ 习近平. 在纪念孔子诞辰2565周年国际学术研讨会暨国际儒学联合会第五届会员大会开幕会上的讲话[N]. 光明日报,2014-09-25(02).

图存的时代诉求中，中国共产党义无反顾地领导中国人民在马克思主义指导下进行了伟大的革命斗争。在这一过程中，中国共产党始终态度鲜明地强调："我们是马克思主义的历史主义者，我们不应当割断历史。从孔夫子到孙中山，我们应当给以总结，承继这一份珍贵的遗产！"❶ 从而开展了将马克思主义基本原理与中国革命具体实际、与中华优秀传统文化相结合的积极实践，推动了革命文化对中华优秀传统文化的创造性继承和发展。另一方面，革命文化是社会主义先进文化的源头。革命文化用具体的革命实践和成功经验为新中国的建设和改革找到了科学理论、正确方向、强大力量和伟大精神，在政治立场和发展方向上奠定了中国特色社会主义文化的鲜明底色。概言之，革命文化不仅挽救了中华优秀传统文化的传承发展，而且确立了对马克思主义的理论遵循、对共产主义事业的目标追求、对人民幸福的理想信念，更使中国人民在经历了半殖民地半封建社会的摧残后，能够在鲜红底色的衬托下，以更有骨气的姿态自信地屹立于世界民族之林。

最后，社会主义先进文化是文化自信的实践底气。社会主义先进文化是以马克思主义为指导，以社会主义核心价值观为灵魂的当代中国的新文化，其既凝结着中华优秀传统文化和革命文化的历史积淀，又在新时代的文化创新中呈现主动融入世界文明的现实意义，是能够立足新时代国内外的发展现状而坚定文化自信的底气所在。毛泽东说："一定的文化（当作观念形态的文化）是一定社会的政治和经济的反映，又给予伟大影响和作用于一定社会的政治和经济；而经济是基础，政治则是经济的集中的表现。"❷ 这一论断表明，任何文化形态的生成和发展都固然依托于经济基础的构建。新中国成立以来，马克思主义中国化的发展进程在革命、建设和改革的实践中不断推进，为中国特色社会主义政治、经济、文化的发展提供了科学的实践指导，使我国的综合国力不断增强，而且在不断强化与世界各领域共商共建共享的合作中拥有了更主动的话语权。对于这一趋势，

---

❶ 毛泽东选集（第2卷）[M]. 北京：人民出版社，1991：534.
❷ 毛泽东选集（第2卷）[M]. 北京：人民出版社，1991：663-664.

美国著名政治家塞缪尔·亨廷顿曾在他的《文明的冲突与世界秩序的重建》一书中指明："根据大多数估计，中国经济将于 21 世纪早期成为世界上规模最大的经济。"❶ 2010 年以来随着中国成为世界第二大经济体，中国的政治和经济的国际影响力愈发提升。基于此，中国更加注重与外来文明互鉴交融，形成和传播了独具魅力的中国风格、中国价值和中国精神，从而切实以政治和经济的发展促进了社会主义先进文化的繁荣兴盛，更以社会主义先进文化的繁荣兴盛夯实了文化自信的实践底气。

（二）社会主义核心价值观是文化自信的内在灵魂

社会主义核心价值观是中国特色社会主义文化精髓的深刻凝练，是文化自信的本质与灵魂。习近平总书记指出："一个民族、一个国家的核心价值观必须同这个民族、这个国家的历史文化相契合，同这个民族、这个国家的人民正在进行的奋斗相结合，同这个民族、这个国家需要解决的时代问题相适应。"❷ 习近平总书记的这一论断说明社会主义核心价值观不仅基于历史和现实的维度，通过重构中华优秀传统文化和革命文化的现实意蕴，彰显社会主义先进文化的时代风采，而且以高度凝练的词汇表达了中国精神、中国价值、中国立场等科学内涵，决定了文化自信的方向和性质，铸就了文化自信的思维定力和价值尺度。一方面，社会主义核心价值观以对文化内容的价值规约确保了文化自信的性质和方向。习近平总书记指明社会主义核心价值观"是文化软实力的灵魂、文化软实力建设的重点。这是决定文化性质和方向的最深层次要素"❸，其不仅是实现中华民族伟大复兴事业的精神动力，而且在国家、社会和个人的有机统一中生动彰显了全体中国人民共同的价值追求，凝聚着中华民族一脉相承和绵延发展的文化精神和价值信念。因此，社会主义核心价值观以其高度凝练的价值

---

❶ [美] 塞缪尔·亨廷顿. 文明的冲突与世界秩序的重建 [M]. 周琪，等译. 北京：新华出版社，2010：84.

❷ 习近平. 习近平谈治国理政（第 1 卷）[M]. 北京：外文出版社，2018：171.

❸ 习近平. 习近平谈治国理政（第 1 卷）[M]. 北京：外文出版社，2018：163.

规约决定了文化选择的立场、取向和理念,对于从精神内核的塑造上增强文化主体坚定文化创造的正确性质和方向,以及在文化创造实践中推进文化创新创造的发展活力等都具有重要的意义,既是文化主体对文化内容自省、自觉、自豪、自信的价值标准,也是文化自信的内在灵魂。另一方面,社会主义核心价值观决定文化自信的生命活力。历史和现实都证明,作为中国特色社会主义文化的精神基因,社会主义核心价值观一旦真正内化于人们的心灵,便能促使人们形成正确的价值观念、思想追求、人文精神,从而引导人们以正确的道德规范约束自己的行为,并能在践行社会主义核心价值观的过程中进一步升华价值信念,进而以其"稳定性和长期性的作用,铸就人们创造文化的抗争耐力和思维定力"❶,决定文化自信的生命力、凝聚力和感召力。

(三)人民是文化自信的价值主体

人民既是文化价值的创造主体,又是文化自信的价值主体。马克思主义认为,人民是包括政治、经济和文化在内的一切社会价值的创造者,但在阶级剥削的社会中,作为异化劳动的牺牲品,人民创造的价值并不能为人民所占有,他们被无情地剥夺了享有和实现一切价值的自由和权利。中国封建社会历经两千多年,其间勤劳的中国人民用双手创造了灿烂的文化,但这些文化只为地主阶级服务。近代以降,随着西方列强用坚船利炮炸开了中国的大门,在战乱频仍的苦难里,劳动人民仍然是创造社会一切物质财富和精神财富的主体,但也仍然是处于最底层的、最受剥削的群体。他们不仅肉体上摆脱不了工具性的悲惨命运,而且在文化思想上还被迫成为帝国主义者、资产阶级和地主阶级操控的对象,甚至在帝国主义文化侵略的奴役中,深深陷入了文化自卑的思想泥淖。恩格斯说:"文化上的每一个进步,都是迈向自由的一步。"❷ 由此,以实现人的自由全面发展

---

❶ 周银珍. 社会主义核心价值观:文化自信的灵魂 [J]. 红旗文稿,2018(5):39.
❷ 马克思恩格斯文集(第9卷)[M]. 北京:人民出版社,2009:120.

为根本宗旨的中国共产党，不仅在马克思主义指导下领导人民通过伟大的革命、建设和改革的实践改变了中国人民备受奴役和剥削的生存困境，而且在实现文化的创造性转化和创新性发展的过程中，切实解答了实现文化发展和文化自信"为什么人"的问题，这正如毛泽东所言："自从中国人学会了马克思列宁主义以后，中国人在精神上就由被动转入主动。从这时起，近代世界历史上那种看不起中国人，看不起中国文化的时代应当完结了。伟大的胜利的中国人民解放战争和人民大革命，已经复兴了并正在复兴这伟大的中国人民的文化。"❶ 自此，中国共产党不仅带领中国人民从文化自卑的思想泥淖中逐渐站了起来，而且指引着中国人民在坚持文化发展的正确方向中坚定着文化自信的应然状态，从而以高度的文化认可度、认同感和自信心，激励中国人民在世界文明的交流互鉴中以更有骨气、更具底气的姿态自信地屹立于世界民族之林。

概言之，文化自信是对道路自信、理论自信、制度自信的拓展和提升。文化自信是以中华优秀传统文化、革命文化和社会主义先进文化为主体内容，内蕴着社会主义核心价值观的本质和灵魂，是广大人民在中国共产党的领导下，对"三大文化"内容的整体内涵、发展优势和价值影响的自觉认知、理解、悦纳、践行，以此形成对马克思主义理论品格、中国共产党的正确领导、中国特色社会主义文化和制度的生命力，以及对实现中国式现代化和中华民族伟大复兴等时代任务充满信心的精神状态。

第二节 革命与革命文化的概念界定

革命文化，不是将"革命"和"文化"的概念进行简单拼凑，从深层次上看，其应是理论逻辑、历史逻辑和实践逻辑的辩证统一。

---

❶ 毛泽东选集（第4卷）. 北京：人民出版社，1991：1516.

一、革命的基本概念

在东西方语境中,对"革命"一词的界定既有异同点又有相同点。在中国的语言体系中,"革命"一词,最早见于《易经》。"天地革而四时成,汤武革命,顺乎天而应乎人,革之时大矣哉"❶,这一论述既蕴藏着"君权神授""修德配天""改朝换代"的历史意蕴,又表明了"革命"是一种人们为了顺应德性、道义、天命和民心而利用暴力或变革的手段所进行的社会运动。质言之,它蕴含着先民们遵循天道观念而进行的变革政治、经济和文化的社会运动,具有鲜明的宗教性、伦理性和正义性。在西方语境中,革命(Revolution)一词最早是指群星的"循环""环绕""旋转"❷,直到18世纪,在欧洲启蒙运动中,人们才逐步将"革命"的定义引申为摆脱旧事物的束缚而须付出变革性努力的过程。随着"法国大革命"的爆发,西方语境中的"革命"又具有了人们以暴力手段夺取并建立新政权的新内涵。19世纪之后,伴随社会经济和技术的发展,"革命"一词又进一步从政治意蕴向其他语境延伸,用于指包括政治、经济和文化等领域在内的社会上"一切性质或结果的根本改变"。❸ 基于此影响,马克思和恩格斯不仅坚持立足矛盾观和发展论,认为矛盾、对抗与变革是历史发展的根本动力,而且始终将"革命"一词所内蕴的变革性、批判性、创造性与颠覆性的意蕴融入唯物史观的理论框架之中,他们既指出"全部问题都在于使现存世界革命化,实际地反对并改变现存的事物"❹,又阐明"整个历史也无非是人类本性的不断改变而已"❺,更强调实现自由全面发展是人的本质属性,人们应当对各类阻碍人的自由和解放的束缚性因素进行积

---

❶ [魏]王弼,撰,[晋]韩康伯,注.周易注疏[M].北京:中央编译出版社,2013:113.
❷ 陈建华."革命"的现代性:中国革命话语考论[M].上海:上海古籍出版社,2000:9.
❸ 杨少华.引领时代前行的永恒动力——中国共产党革命精神研究[M].北京:人民出版社,2014:20.
❹ 马克思恩格斯文集(第1卷)[M].北京:人民出版社,2009:527.
❺ 马克思恩格斯文集(第1卷)[M].北京:人民出版社,2009:28.

极的"革命"。因此，在马克思主义的理论语境中，"革命"一词，具有鲜明的正义性，其既指无产阶级以暴力的手段推翻资产阶级剥削与统治的政治革命，又蕴含着广大无产阶级为了最终实现自由全面发展而在夺取政权和建立无产阶级专政后，逐步对不适应新的生产力发展的生产关系进行改造的社会革命。其中，"政治革命"是"社会革命"的基础和前提，"社会革命"是"政治革命"的延展和旨归。

总而言之，在东西方语境中，"革命"一词都明显具有正义性，都呈现与人类活动、思想和社会发展的密切关联，充分说明了人是促发革命的主导要素，"革命意味着人自身的创造"❶，即革命的本质是人类为了最终实现物质和精神解放的目标，而对政治、经济和文化等领域的各类不适应自由全面发展旨归和现实发展需要的阻碍性因素进行抗争、变革和改造的运动。

二、革命文化的内涵界定

革命文化是中国共产党在新民主主义革命时期，"坚持把马克思主义基本原理同中国具体实际相结合、同中华优秀传统文化相结合"❷ 而创造的一种内蕴着革命物质、革命制度和革命精神等要素的文化形态。

第一，革命文化蕴含着马克思主义为人类的解放事业而斗争的理论品格。毛泽东曾指出，从鸦片战争开始，一直到五四运动前夕，在一个漫长的时期里，"中国人没有什么思想武器可以抗御帝国主义"❸，一直到马克思主义在中国开始传播，才让近代以来就奋力探索救亡图存道路的中国人找到了科学的救国方案。从此，中国共产党人在马克思主义指导下，不仅将目光始终聚焦在最广大人民的生存境遇上，而且逐步明确了实现共产主

---

❶ ［美］罗伯特·查尔斯·塔克. 马克思主义革命观［M］. 高岸起，译. 北京：人民出版社，2012：28.
❷ 习近平. 在庆祝中国共产党成立100周年大会上的讲话［M］. 北京：人民出版社，2021：13.
❸ 毛泽东选集（第4卷）［M］. 北京：人民出版社，1991：1514.

义的坚定信念。"没有革命的理论,就不会有革命的运动"❶,在马克思主义的指导下,中国共产党领导广大中国人民立足新民主主义革命的伟大实践,既坚决夺取和巩固意识形态领导权,又坚持以革命理论、革命政策、革命精神等科学要素助力革命实践的发展,由此形成了以马克思主义为真理遵循,坚持为广大人民夺取物质和精神世界的自由解放而斗争的革命文化。

第二,革命文化是在马克思主义指导下创造性汲取和发展中华优秀传统文化的结果。作为中华民族的"根"与"魂",中华优秀传统文化中内蕴着中华民族"天下为公""自强不息""以民为本""为政为德""革故鼎新""实事求是""躬行实践""群策群力""以德立人""勤勉奉公"❷等优秀的精神基因,彰显着中国人民自强不息、重视变革、敢于革命、勇于创新的共同信念和精神品质。在中国共产党领导中国人民实现中华民族伟大复兴的革命实践中,我们党既坚持遵循马克思主义关于文化发展的核心理念和客观规律,又始终以革命实践的发展需要为载体,积极吸收中华优秀传统文化的历史滋养和合理基因,从而不仅使中华优秀传统文化成为"激励中华儿女维护民族独立、反抗外来侵略"❸的价值信念,而且还使中华优秀传统文化成为革命文化最基本、最深沉、最本质的精神根脉。

第三,革命文化内蕴中国共产党人坚持初心与使命的实践诉求。作为马克思主义政党,中国共产党自诞生以来,就自觉将实现中华民族伟大复兴作为最根本的使命,并领导中国人民开展伟大的革命斗争。伟大的革命生成伟大的文化,正是在中国共产党坚决领导人民开展革命斗争的过程中,中国人民在精神上才由被动转为主动,广大人民的精神信仰中更生成了红色基因。由此,中国人民不仅将马克思主义内化为行动指南,而且共同创造了一系列支撑着中国人民在世界民族之林更具底气、更有勇气"站

---

❶ 列宁选集(第1卷)[M]. 北京:人民出版社,2012:153.
❷ 习近平. 在纪念孔子诞辰2565周年国际学术研讨会暨国际儒学联合会第五届会员大会开幕会上的讲话[N]. 光明日报,2014-09-25(02).
❸ 习近平. 在纪念孔子诞辰2565周年国际学术研讨会暨国际儒学联合会第五届会员大会开幕会上的讲话[N]. 光明日报,2019-09-25(02).

起来"的革命精神,也使革命文化呈现人民性、政治性和先进性等本质特征。

总而言之,正如习近平总书记所阐明,中国特色社会主义文化,既源自中华优秀传统文化,又"熔铸于党领导人民在革命、建设、改革中创造的革命文化和社会主义先进文化"❶。因此,我们对革命文化概念的界定,不仅应牢牢立足文化自信的重要意蕴和"三大文化"的辩证关联,而且还应当明确这一论断正继承了毛泽东在《新民主主义论》中关于"革命文化"的论述,因为毛泽东强调,中国共产党人在马克思主义指导下,不但是为了中国的政治和经济而奋斗,而且是为了要"建立中华民族的新文化"❷,这种"新文化"正是相对于传统"旧文化"而言的新民主主义文化,是可作为革命的有力武器和思想准备的"革命文化"❸。因此,综上可见,革命文化具有革命物质、制度和精神等三个基本层面,其既上承中华优秀传统文化,又下启"新中国成立后在社会主义实践中创造的社会主义先进文化"❹,是革命先辈们在遵循马克思主义理论品格的基础上,立足新民主主义革命伟大斗争的实践,而创造形成的一种可随时代变迁而不断传承发展,并集中体现着中国共产党的初心与使命的文化形态。

第三节 革命文化的主要特征

革命文化除了具有上文所提及的人民性、政治性和先进性等本质特征外,还可依据毛泽东在《新民主主义论》中所提出的"革命的民族文

---

❶ 习近平. 决胜全面建成小康社会 夺取新时代中国特色社会主义伟大胜利——在中国共产党第十九次全国代表大会上的报告 [M]. 北京: 人民出版社, 2017: 41.
❷ 毛泽东选集(第2卷)[M]. 北京: 人民出版社, 1991: 663.
❸ 毛泽东选集(第2卷)[M]. 北京: 人民出版社, 1991: 708.
❹ 陈先达. 文化自信既具有政治性又具有学术性 [N]. 光明日报, 2017-06-12 (15).

化"❶ 和"给历史以一定的科学的地位"❷ 的相关阐述，以及从革命文化的历史演进、生成逻辑和发生机制出发，再提炼和概括出如下几个方面的特征。

一、革命文化的民族性

革命文化形成于近代以来中国共产党领导中国人民为中华民族的解放和独立而救亡图存的伟大革命之中，民族解放之路伴随着民族文化重建发展的探索，因此革命文化具有鲜明的民族性。革命文化的民族性主要体现在两个方面。其一，革命文化形成于对中华民族解放独立的革命探索之中。从革命文化发展史上看，近代以来，在清政府的腐败和帝国主义列强的侵略下，中华民族战乱频仍、历尽磨难、苦苦挣扎，面对民族之危亡，无数仁人志士抛头颅、洒热血，但这些运动都未能改变中华民族衰败之情势。在这样的背景下，中国共产党义无反顾地担当起实现中华民族伟大复兴的使命，更是在马克思主义指导下坚决选择了以共产主义为最高理想的复兴之路。由此，中国共产党领导中国人民在民族复兴的革命实践中形成和发展了革命文化。其二，革命文化传承了中华民族的精神基因。从革命文化精神实质上看，革命文化传承了中华民族民为邦本、爱国主义、开拓进取、改革创新、勇于拼搏、艰苦奋斗等精神基因，使中国特色社会主义文化在不忘本来、吸收外来、面向未来的发展过程中，始终保持着中华民族最丰富、最持久、最优质的精神标识。

二、革命文化的科学性

革命文化是科学理论与正确实践的统一。一方面革命文化的指导理论具有科学性。毛泽东指出，十月革命的一声炮响，为中国送来了马克思列宁主义。从此山河破裂的近代中国在历史的涤荡中终于"产生了完全崭新

---

❶ 毛泽东选集（第2卷）[M]. 北京：人民出版社，1991：706.
❷ 毛泽东选集（第2卷）[M]. 北京：人民出版社，1991：708.

的文化生力军"❶，这种"文化生力军"之所以是"完全崭新"的，就在于它"是中国共产党人所领导的共产主义的文化思想，即共产主义的宇宙观和社会革命论"。❷伟大的理论指引伟大的实践，伟大的实践产生伟大的文化。正是在马克思主义的科学指引下，中国共产党始终将实现最广大人民的根本利益作为奋斗目标，坚持以帝国主义文化、资本主义文化和封建文化为最直接的斗争对象，创造形成不仅依靠广大工农劳苦民众❸，更要为实现他们的利益而服务的革命文化。另一方面革命文化的实践创造具有科学性。毛泽东指明，新民主主义文化是从中国传统文化发展而来，这说明我们尊重和传承自己的历史文化，"但是这种尊重，是给历史以一定的科学地位，是尊重历史文化的辩证法的发展"❹，还有外国的古代文化，例如各资本主义国家启蒙时代的文化，凡属今天我们用得着的东西，都应该吸收。这一论述表明革命文化蕴含着中国共产党既尊重与继承中华优秀传统文化，又广泛吸收当时世界历史上先进而科学的文化的客观事实，充分反映了中国共产党在历史唯物主义和辩证唯物主义的统一中尊重历史和发展历史的科学思维。

三、革命文化的革命性

革命文化的革命性主要体现在革命文化的理论与实践的形成和发展上。第一，从理论上看，革命文化是以马克思主义为指导，对中华传统文化创造性改造的结果。首先，中国共产党在创造革命文化的过程中使马克思主义能够突破教条主义束缚，得以依托中国化发展的进程在中华民族的思想文化土壤上落地生根。其次，中国共产党领导中国人民以马克思主义为指导，使中华传统文化能够在历史大河的涤荡中，大胆革除和摒弃糟粕，积极保留优秀传统文化精神基因并使其得以传承发展。最后，革命文

---

❶ 毛泽东选集（第2卷）[M]．北京：人民出版社，1991：697．
❷ 毛泽东选集（第2卷）[M]．北京：人民出版社，1991：697．
❸ 毛泽东选集（第2卷）[M]．北京：人民出版社，1991：708．
❹ 毛泽东选集（第2卷）[M]．北京：人民出版社，1991：708．

化的革命性还体现为中国共产党领导中国人民以科学理论为指导，重构了中国人民的精神家园，使广大中国人民拥有了一个科学的世界观和方法论，在精神上实现了被动向主动、主动向能动的革命性转化。第二，从实践上看，革命文化是革命斗争的产物。革命文化生成于中国共产党领导中国人民实现中华民族伟大复兴的斗争实践中，是中国共产党历经艰难建党、国共合作、反革命政变、武装起义、土地革命、红军长征、抗日战争、解放战争等种种斗争磨砺而创造形成的，一种内蕴着中国共产党人为了人民幸福和民族复兴而坚定理想、勇往直前、浴血奋战、顽强拼搏等伟大革命精神的文化形态。

第四节 革命文化与相关概念的辨析

正确辨析革命文化与红色文化、党史文化的内在关联与界定差异，有助于进一步明确革命文化的内涵与外延，也为新时代新征程大学生革命文化教育的研究夯实论证基础。在当前关于中国共产党及其革命历史的学术话语中，"红色文化""革命文化""党史文化"是使用最普遍的三个概念。除此之外，也有一些学者使用"革命传统文化""红色革命文化""革命历史文化"等概念，但这类论述相对而言尚不多见，且正如前文所述，其在内涵与外延上与"革命文化"存在一定的重合。因此，本研究仅就"红色文化""革命文化""党史文化"这三个常见概念进行阐释与辨析。

一、"红色文化"的内涵界定

对于红色文化的概念界定，学界众说纷纭。一些学者阐明，在马克思主义指导下，红色文化不仅来源于国际共产主义运动中所生成的优秀文化，而且融合吸收了中华优秀传统文化，是中国共产党领导人民在伟大的革命、建设和改革的具体实践中发展形成的一种文化形态。红色文化涵盖新民主主义革命、社会主义建设和改革开放以来的历史时期，既是一种具有无产阶级性质的先进文化，又是马克思主义中国化的理论成果。还有一些学者将视野聚焦在党的建设发展的历史上，指出红色文化是中国共产党创造的一种文化形态，综合体现着党的信仰、制度、作风、道德、革命精神、革命传统等内容。❶ 整体而论，当前学界关于红色文化的概念界定存在时限上的分歧却又有内容上的共通之处。

在分歧上，主要是集中在红色文化的时限界定上。一种是从狭义上界定，阐明红色文化是中国共产党领导中国人民为了实现民族的解放和国家的独立而在革命斗争时期形成的文化形态。另一种是从广义上界定，指出"新民主主义文化和社会主义文化都是红色文化，是红色文化在新中国成立后新民主主义时期和社会主义建设时期的发展"❷。在内容上，学者们基本能够紧紧围绕红色文化生成与发展的理论、历史和实践的维度而展开辨析并作出界定，充分表明红色文化内蕴着马克思主义、中国共产党、中国人民、中华优秀传统文化、实践活动等生成要素，是物质、制度和精神等形态的有机统一。

综合上述观点，本书认为，红色文化是马克思主义中国化的成果之一，其在时限上是从新民主主义革命开始发展至今，并随着中国共产党的领导而将持续延展推进的一种文化形态。在内容上，红色文化涵盖了革命文化和社会主义先进文化，是中国共产党在马克思主义理论指导下，汲取中华优秀传统文化的滋养，并领导中国人民在革命、建设和改革的具体实践中共同创造形成的一种先进文化。

二、"党史文化"的概念廓清

近年来，随着全面从严治党的推进，以及习近平总书记对学好党史和

---

❶ 张侃. 红色文化、国家记忆与现代国家建构的宏观思考——一个政治哲学的维度 [J]. 福建论坛（人文社会科学版），2017（7）：31-37.

❷ 何克祥. 红色文化与马克思主义中国化要论 [J]. 中共南昌市委党校学报，2007（1）：10.

国史等问题的多次强调，党史文化成为学界研究的一个新课题。然而，当前学界对"党史文化"的内涵界定存在颇多争议。

一部分学者提出，广义的党史文化是指中国共产党从孕育以来至今，领导中国人民所创造的内蕴着中国共产党人改造客观世界和主观世界的一切物质、制度和精神的丰富成果。狭义上的党史文化，是指"以党的历史中的重大事件、重大人物、重大活动等为题材编写创作的文化艺术作品以及党史研究成果、党史基本著作等"❶。对于这种观点，一些学者提出了批评意见，指出党史文化不是"党史"与"文化"的简单叠加，也不是党的发展历史中关于文化内容的呈现，而应当是中国共产党自建党以来领导中国人民在变革、创造和推进社会历史发展的进程中所形成的能够彰显我们党的"历史发展主题和主线、主流和本质，有利于资政育人的文化现象、文化成果和文化规律的总和"❷。此外，一些学者还批判性地指出，从狭义上分析，党史文化应当指中国共产党自身在不断建设和革命的过程中所创造的一切精神财富的总和。❸ 综合而论，这些观点都深刻表明了党史文化的几个重要的元素。一是肯定了中国共产党的领导。党史文化，顾名思义，这是针对中国共产党的创建历史和伟大成就而界定的一个概念，是围绕中国共产党的创立、发展、贡献等内容而构建的一种文化形态。二是肯定了文化创造的成果。党史文化表明我们党的建设和发展的历史中伴随着丰富的文化创造的成果，体现为中国共产党的理论制度的不断完善、党的文化艺术的丰富发展，以及党的革命精神的传承创新，等等。三是肯定了马克思主义理论在党的建设发展历程中的重要作用。不少学者明确指出，党史文化是以马克思主义为指导，以中国共产党和中国人民的集体创造为实践的马克思主义中国化发展的产物。

可见，关于"党史文化"这一概念的界定，主要的分歧并不是在内容

---

❶ 中共中央党史研究室宣教局，中共党史出版社，编. 全国党史文化论坛文集（第1册）[M]. 北京：中共党史出版社，2013：289.

❷ 中共中央党史研究室宣教局，中共党史出版社，编. 全国党史文化论坛文集（第1册）[M]. 北京：中共党史出版社，2013：96.

❸ 欧阳淞. 关于大力弘扬党史文化的几个问题 [J]. 中共党史研究，2012（9）：6.

上，而是体现在外延上，集中表现为对广义和狭义的"党史文化"的范围界定区分不明。因此，立足概念界定要注重内涵和外延相统一的原则，本书认为党史文化是以党的发展历史为主要线索，扣紧中国共产党的发展历程而提出的一种文化形态。从广义上理解，党史文化应当是以马克思主义为指导，表现为我们党在建设发展历史进程中所产生的体现共产党人的价值信念、精神追求和行为方式的物质财富和精神财富的总和。从狭义上界定，党史文化是集中体现着中国共产党人的理想信念、道德标准、价值担当等内容的文化形态。

三、革命文化与红色文化、党史文化之间的概念辨析

革命文化与红色文化、党史文化之间既有一定的关联，但也有明显的区别，这主要体现在如下几个方面。

第一，在时限界定上，正如上文所述，以刘润为、陈先达等为代表的一些学者明确指出革命文化是"近百年革命先烈创造的"❶，在时限上等同于新民主主义文化，是近代以来中国共产党在马克思主义指导下，领导中国人民在实现中华民族伟大复兴的新民主主义革命实践中发展形成的一种文化形态，它是"红色文化"狭义上的概念，是"红色文化"的重要构成。革命文化与红色文化之间是"种"与"属"的关系。❷ 此外，作为党在革命、建设和改革的历史进程中所形成，并且体现着中国共产党的创建历程、价值信念和精神基因的"党史文化"，在历史时限上明显长于"革命文化"。

第二，在内容界定上，革命文化、红色文化和党史文化，其三者都蕴含着历史唯物主义的理论本质，统一于文化内涵的界定范畴，都具有物质、制度和精神三个层面的形态，在广义上都是在马克思主义指导下，在具体的实践中发展形成的物质财富和精神财富的总和，狭义上都突出强调

---

❶ 陈先达. 文化自信既具有政治性又具有学术性［N］. 光明日报，2017－06－12（15）.
❷ 刘润为. 红色文化：中国人的精神脊梁［J］. 红旗文稿，2013（18）：4－9.

中国共产党和中国人民的伟大精神和价值信念。然而，在具体的内容上三者又有明显的区别。首先，革命文化相较于红色文化和党史文化而言，更体现历史性的价值内涵。也就是说，革命文化相较于红色文化和党史文化的宽泛性而言，更集中地凸显救亡图存的历史背景和革命诉求，更生动地表明了中国共产党在马克思主义指导下，跨越艰难险阻、历经浴血奋战，才领导中国人民在政治和经济独立的基础上从文化自卑逐步实现文化自信的历史意义，也更能在理论、历史和实践的统一中，表明中国共产党为人民谋幸福、为民族谋复兴而始终领导中国人民实现中华民族伟大复兴的历史事实。其次，相对于革命文化与红色文化而言，党史文化更着重研究的是中国共产党自身的奋斗历程，更加凸显的是中国共产党自身在革命、建设和改革等伟大实践中所起的历史作用。最后，红色文化相对于革命文化与党史文化而言，其涵盖了革命文化与党史文化所涉及的所有内容，它不仅包含中国革命、建设和改革的历史进程，而且内蕴着中国共产党在这一历程中始终与人民血肉相连的初心使命，更凝结着广大人民为了自身幸福和民族解放而浴血奋战、顽强奋斗、勇于牺牲、甘于奉献的精神品质，是历时性与共时性的有机统一。

第二章

革命文化教育的理论基础

系统梳理马克思列宁主义文化教育思想，并在此基础上考察不同历史时期中国共产党人革命文化教育思想的发展理路、传承机理和主旨要义，不仅有利于基于发生学的视角厘清革命文化教育理论的渊源、流变、创新与发展，而且有利于以坚实的理论基础聚焦新时代新征程的"新课题"，从而为新时代新征程大学生革命文化教育的研究提供科学的理论指导。

第一节　马克思恩格斯的文化教育思想

马克思和恩格斯在世时一直没有对文化建设及文化教育问题进行过专门研究，他们甚至几乎未曾使用"文化教育"这个概念，但是仅用马克思和恩格斯是否有"文化教育"的论著来断定他们是否具有文化教育思想，这是不确切的。剖析马克思和恩格斯的各类论著，可以确证马克思和恩格斯在阐明对人的生存境遇终极关怀这条理论主线的基础上，还始终贯通着他们的革命斗争理念与教育革命思想，以及坚持探析"人类何以有文化""人类何以需要文化""人类何以实现精神解放"等问题。简言之，马克思和恩格斯从提出"个体自由"到号召"政治革命"，继而追求"人的解放"这一螺旋上升的路径中，构建了以共产主义精神为基本内核，以夺取无产阶级文化领导权为初步目标，以"人的自由全面发展"为终极旨归的共产主义文化教育理论。

一、马克思恩格斯文化教育思想的生成轨迹

马克思恩格斯文化教育思想的发展历程，既蕴含着马克思和恩格斯从教育内容上对历史唯物主义文化进行建构的自觉意识，又彰显出马克思和恩格斯从教育主体上对"现实的人"的精神世界，以及对客观存在的物质载体和现实环境不断关切的理论发展。

（一）以"自我意识"为本体诉求的理性主义文化教育思想初步确立

马克思恩格斯的文化教育思想生成于对优秀传统文化的继承和时代发展的诉求之中。一方面从历史文化的影响上看，马克思恩格斯的文化教育思想不论是其内容体系还是教育主体，都源起于对人的"自我意识"的观照。19世纪前的欧洲，从古希腊普罗泰戈拉"人是万物的尺度"这一论断，到苏格拉底的"美德即知识"，以及柏拉图的"洞穴隐喻"等内容的不断阐明，人的主体价值被逐步凸显，"自我意识"便一直是西方哲学的一个重要的概念范畴。但是在公元476年到公元1453年的中世纪时期，由于神学的发展，"自我意识"的哲学思考曾一度被否认"自我"的经院哲学所取代。随后，经过文艺复兴人文主义思想的觉醒，尤其是17—18世纪的启蒙运动的发展才促进了具有"自我意识"本质的理性主义精神在西方哲学中的发展。19世纪的欧洲虽然深受基督教陈旧思想的影响，但是即使在黑格尔哲学之后，德国学界仍然"存在着施特劳斯（D. F. Strauss）'实体'与布鲁诺·鲍威尔（Bruno Bauer）'自我意识'之争"❶。学生时代的马克思在探索古希腊"自我意识"哲学思想的基础上，更倾向于鲍威尔的"自我意识"之说，这为马克思力图用"自我意识"的基本原则改造黑格尔的唯心主义文化思想提供了丰富的历史积淀，也为马克思立足于以人的"自我意识"为本体诉求的文化教育理论内容的建构奠定了基础。

另一方面从时代发展上看，19世纪中叶的欧洲正经历着两大革命和两大思潮的交汇。这一时期，英国、法国等国家的资产阶级已取得政权并初步建立了资本主义制度，无产阶级和资产阶级的矛盾已经成为资本主义社会的主要矛盾，但以德国为主要代表的一些国家的经济发展状况仍较为落后。在当时的德国农村，农奴制虽已在名义上取消，但在实质上封建土地所有制仍占统治地位，农奴仍然深受领主无情的剥削和压迫，而在德国的城市，手工业和家庭工业生产模式在经济生产中仍是主导，现代工业虽有

---

❶ 王有凭. 基于"意识"视角的马克思道德思想研究［J］. 思想教育研究，2018（9）：47.

部分发展，但总体缺乏消费市场、生产资料，而且劳动力发展较为缓慢。

在这样历史场景不断切换、社会矛盾错综复杂、现实迷雾层出不穷的时代变革之中，正值学生时代的马克思试图从法学体系的研究中实现自己的"理性主义"，但一开始他并不喜欢黑格尔的那种"古怪调子"，而是更沉迷于康德和费希特的哲学论断。然而，1814年前后德国法学界的"自然法派"和"历史法派"关于立法是否应当按照实际原则的大讨论，让马克思初步建构的哲学观面临了"应然"与"实然"的矛盾。在这种情况下，马克思又重新回到了黑格尔哲学，并且在深入探索古希腊"自我意识"哲学的基础上，完成自己的博士学位论文。在博士论文中，马克思坚持认为现象世界的基础和本原是"自我意识"，人的"自我意识"是绝对性和自由性的统一。显然，此时的马克思已经意识到哲学不是某种来源于现实世界的外在规定，而是以人的"自我意识"为本质存在，且饱含着理论与现实、人的意识与实践运动辩证关联的科学体系，这些认识不仅为马克思从教育内容体系上创立历史唯物主义文化奠定了科学基础，而且也从对教育主体"自我意识"和人的本质观的确立上，为形成具有理性主义色彩的文化教育思想做了积极准备。

（二）以"现实的人"为逻辑起点的历史唯物主义文化教育思想基本形成

任何教育的主体要素都是人，对"现实的人"的"自我意识"的观照是马克思恩格斯确立文化教育思想的科学前提。在《莱茵报》工作期间，马克思遇到了社会中最尖锐的贫困问题，这促使马克思逐步明确了物质生产对现实利益的支配作用。面对农民的贫困和林木盗窃法的私有制本质，马克思曾在《关于林木盗窃法的辩论》中强烈抨击到，贫苦阶级的捡拾活动不过是对自然界及自然力的产物加以处理，完全合乎人类本能的"法的意识"，但是由于贫苦阶级的存在是当时市民社会中一种常见的习惯，贫苦阶级也因此在资产阶级意识形态为主导的国家制度范围内还未能得到应有的待遇和地位。这说明此时的马克思已深刻意识到人的自由绝非简单的停留于"自我意识"的实现，人的自由还必然受到物质利益和政治专制的束缚与压迫，这也意味着"国家""市民社会"等彰显国家伦理的黑格尔法哲学概念正被重新审视。由此，马克思与黑格尔的理性决定论产生了明显的思想冲突，马克思也逐步将研究视域从批判宗教专制转向了对政治专制的抨击，从而使哲学实现了从"天上"到"人间"的科学变革。这种基于对人的生存境遇进行现实关怀的转向，不仅促使马克思确立了对"现实的人"这一哲学意识的观照，而且也推动着马克思从以"自我意识"为本体的理性主义文化教育思想，进一步升华到唯物主义层面的思考。

在此基础上，马克思在《黑格尔法哲学批判》手稿中指出，黑格尔错误地把理念变成了主体，他认为国家理念产生出家庭和市民社会，但事实上家庭和市民社会才是国家形成的现实主体和发展动力，即"人不是抽象的蛰居于世界之外的存在物。人就是人的世界，就是国家，社会"❶。通过这一科学的批判，马克思实现了对唯物主义文化教育思想的初步表达。随后，在《1844年经济学哲学手稿》中他进一步阐明："有意识的生命活动把人同动物的生命活动直接区别开来。正是由于这一点，人才是类存在物。"❷ 从而马克思在阐释劳动异化理论的基础上，通过"现实的人"、"物质第一性"和"类存在物"的哲学探索，基本实现了对唯心主义文化史观的创造性颠覆，这也就意味着马克思已不仅从对文化教育内容、载体、介体的颠覆性变革上，而且还从文化教育主体上着力，通过明确人的社会性、能动性和受动性的统一，为确立唯物主义文化教育思想奠定了基础。

为了更加深入地理解人的"类存在"的问题，马克思和恩格斯进一步通过《德意志意识形态》深化了哲学革命。他们认为，人们的思想、观念、意识、现象、思维，以及精神交往等与人们的物质交往和现实生活的语言有着密切的交织和联系，人们可以在相互交往中，以被动接受和能动

---

❶ 马克思恩格斯文集（第1卷）[M].北京：人民出版社，2009：3.
❷ 马克思恩格斯文集（第1卷）[M].北京：人民出版社，2009：162.

创造的统一，不断在教育实践中发展人本身。不仅如此，马克思和恩格斯在《德意志意识形态》中也进一步明确了"革命阶级"和"革命思想"❶存在的必然性和现实性，以及在人的精神世界中实现"人改造人"❷的必要性，这进一步为马克思和恩格斯构建历史唯物主义文化思想和明确在文化教育活动中"现实的人"的主体地位奠定了基础。在上述这些思想演变的基础上，马克思和恩格斯正式明确了文化教育中"现实的人"的逻辑起点，而且他们还坚定地认为作为教育内容的文化本身具有多样性，并且任何文化的形成和发展都必然受到客观物质世界的制约，即任何科学的文化教育实践的开展都必然要保障教育主体的现实性特质，要依托于客观存在的介体和环体，这说明马克思恩格斯的历史唯物主义文化教育思想已基本形成。

（三）以"人的自由全面发展"为宗旨的历史唯物主义文化教育思想臻于成熟

马克思恩格斯的文化教育思想始终贯穿着对"人的全面发展"问题的终极思考。以马克思和恩格斯在青年时期创作的《共产党宣言》为例，在《共产党宣言》中，马克思和恩格斯就曾明确指出人类的意识随社会存在的发展而变化，在阶级社会里并不存在任何超越阶级的文化思想，要实现代表着最广大人类利益的无产阶级的自由解放必然需要让无产阶级在同资产阶级的革命斗争中发展成为统治阶级，要教育引导他们通过同一切"传统的所有制关系"和"传统的观念"❸实行最彻底的决裂，才能最终消灭阶级对立和获得阶级本身存在的条件。在《资本论》中，中年时期的马克思和恩格斯进一步在历史唯物主义的基础上更全面深化了对人的自由全面发展问题的理论探索，表明要基于生产力和生产关系的相互作用，要以劳动实践和教育改造作为"现实的人"创造文化和实现精神解放的必要条

---

❶ 马克思恩格斯文集（第1卷）[M]．北京：人民出版社，2009：551．
❷ 马克思恩格斯文集（第2卷）[M]．北京：人民出版社，2009：440．
❸ 马克思恩格斯文集（第2卷）[M]．北京：人民出版社，2009：52．

件。此外，马克思和恩格斯还层层递进地剖析指出只有在生产力达到高度发达的时候，社会才能给所有的人提供充分发展的条件，个人也才能在文学、艺术、体育、科学、哲学等方面得到全面发展，由此马克思和恩格斯进一步表明了只有在物质和精神条件都充分发展的共产主义社会中，人类才能通过教育实践活动，真正在物质和精神上实现自由全面发展。在晚年时期，马克思将精力集中在梳理和创作《人类学笔记》上，他在精心选择和摘录了大量人类学阅读资料的基础上，分析了不同历史时期和不同国家、民族、地区所产生的各类文化，这不仅从文化教育内容体系上进一步表明文化发展具有多样性和差异性的特征，而且基于文化教育主体的民族性和个性化特征，丰富和完善了对文化教育特殊性和规律性特质的认识，充分表明了马克思、恩格斯在哲学思辨上，既进一步明确了对"现实的人"精神意识的关切，又深化对共产主义文化教育内容的思考，从而成功实现了从"人类何以有文化"到"人类文化何以助力人类解放"的理论建构。自此，马克思恩格斯以"人的自由全面发展"为旨归的历史唯物主义文化教育思想臻于成熟。

二、马克思恩格斯文化教育思想的逻辑框架

透析马克思恩格斯文化教育思想的生成脉络可以看出，马克思和恩格斯将人的解放分为"政治解放"和"人类解放"前后相继又辩证统一的两个阶段。他们表明，无产阶级要想摆脱被资产阶级剥削的悲惨命运，首先必须通过阶级革命推翻资产阶级的统治和压迫，使自己"取得政治统治"❶，而对无产阶级进行共产主义思想教育，是激发无产阶级的阶级意识，以及引导他们以革命斗争的方式实现"政治解放"的必要准备。以此为前提，才能使无产阶级在推翻"反动阶级之后立即开始反对资产阶级本身的斗争"❷，也让无产阶级最终不仅在政治和经济上，而且在文化发

---

❶ 马克思恩格斯文集（第1卷）[M]. 北京：人民出版社，2009：50.
❷ 马克思恩格斯文集（第1卷）[M]. 北京：人民出版社，2009：66.

上，都斩断束缚他们自由全面发展的"锁链"，进而真正获得物质和精神解放的"整个世界"❶。由此，马克思和恩格斯以"人的解放"这一终极目标为主线，构建了以共产主义精神为内在核心的文化教育理论，这一理论的逻辑框架体现在如下几个方面。

（一）"现实的人"及其实践是马克思主义文化教育思想的理论起点

以"现实的人"及其实践为立论根本，体现了马克思恩格斯对"人"这一教育主体意识的觉醒，表明马克思从人的本质观上确立了文化教育思想的理论基础。马克思认为，对"现实的人"及其实践的考察是一切研究的逻辑起点，这里所指的"人"，"是处在现实的、可以通过经验观察到的、在一定条件下进行的发展过程中的人"❷。在此基础上，马克思还以人的自由全面发展为依据将人类社会的演进历程归结出"三种形态"，表明人类文化的形成和发展内蕴着"人和自然""人和人""人自身"的辩证关系，这三对关系之间辩证而递进的关联促进了人类文化的发展和传承。由此，马克思和恩格斯既从内容体系的广义和狭义上丰富了对历史唯物主义文化的建构，又在阐析人类社会发展状态中深化了对"现实的人"这一教育对象的意识观照，以及对物质介体、客观环境、基本规律等教育要素的科学考证。具体而论，马克思阐明首先是人和自然的联系，体现为人在遵循客观事物变化发展规律的基础上，使自然之物成为人类生命活动的物质支撑，即奠定了文化发展的物质形态和文化教育的物质资源。其次是人和人的联系，体现为人在改造自然的过程中所结合而成的制约人和人之间各种关系的制度和准则，即人类在呈现各种社会关系的过程中形成的文化发展的行为和制度形态，这奠定了文化教育的实践模式与历史经验。最后是作为主体的人自身的肉体组织和观念体系的联系。马克思和恩格斯认为，自然界的不同状况造就不同区域和不同生态环境中的人类在身体素质

---

❶ 马克思恩格斯文集（第1卷）[M]. 北京：人民出版社，2009：66.
❷ 马克思恩格斯文集（第1卷）[M]. 北京：人民出版社，2009：525.

和思维方式上的差异,以及自我意识和本质能力发展的区别,其往往表现在人的价值取向、审美情趣、理想人格、伦理观念等精神意识之中,即构成了文化发展的精神形态。基于此,马克思和恩格斯从狭义上确立了以形成共产主义革命精神为核心旨归的文化教育思想。

概言之,马克思和恩格斯在以"现实的人"的劳动实践为前提的基础上,明确了人的"自然性与社会性统一""能动性与受动性统一""共性与个性统一"❶的发展特质,解答了文化与人的自由自觉的本质关系,由此既从广义上也在狭义上确立了马克思主义文化教育思想科学的唯物主义内容体系和对"现实的人"这一教育主体,以及须以客观物质为载体要素的本质认识。

(二)激发无产阶级的阶级斗争意识是马克思主义文化教育思想的理论核心

马克思和恩格斯在确立以"现实的人"及其实践为理论前提的基础上,形成文化及其教育活动具有阶级性和革命性的科学论断。1848年马克思、恩格斯在《共产党宣言》中开宗明义地指出:"至今一切社会斗争的历史都是阶级斗争的历史。"❷ 说明文化为政治和经济而服务,在任何阶级社会里,不同阶级的阶级属性决定着不同阶级的阶级文化及其教育方向。譬如,在资本主义社会,占统治地位的资产阶级虽然以"自由、平等、博爱"等宣言炮制了彰显人道主义色彩的哲学体系,但是这在现实的统治中不过是资产阶级"温情脉脉的面纱"❸,是维护和遮蔽资本主义制度剥削性质的工具。资产阶级的统治者们为了维护自身的统治和最大限度地占有剩余价值,还时常用虚假的宣传和反人性的教育将"人训练成机器"❹,使工人阶级只获得为资本家服务的片面教育,这非但不能满足无产阶级接受教

---

❶ 石佩臣. 马克思主义教育思想引论 [M]. 北京:高等教育出版社,2017:156.
❷ 马克思恩格斯文集(第2卷)[M]. 北京:人民出版社,2009:31.
❸ 马克思恩格斯文集(第2卷)[M]. 北京:人民出版社,2009:34.
❹ 马克思恩格斯文集(第2卷)[M]. 北京:人民出版社,2009:48.

育的要求,而且资产阶级还无视无产阶级在身体、智力、道德等方面的发展需要,他们对无产阶级"只有一种教育手段,那就是皮鞭,就是残忍的、不能服人而只能威吓人的暴力"❶。然而,资产阶级的这种"政治统治、教育垄断和精神领导地位的占有,不仅成为多余的,而且成为经济上、政治上和精神上"❷ 发展的障碍。因此,立足对最广大无产阶级的生存境遇终极关怀的视域,马克思、恩格斯阐明无产阶级为了实现自身的解放与发展,除了需要获得政治和经济的自由外,还必然要以阶级革命和斗争手段打破资产阶级虚假的文化秩序,要在变革资产阶级的经济和政治形态的基础上,坚持以对意识形态的革命斗争为重心,使"那些发展着自己的物质生产和物质交往的人们,在改变自己的这个现实的同时也改变着自己的思维和思维的产物"❸,即要积极对广大无产阶级开展共产主义思想教育,要通过将教育与物质生产相结合的方式,"一分钟也不忽略教育工人尽可能明确地意识到资产阶级和无产阶级的敌对的对立"❹,从而引导广大无产阶级以革命手段推翻资产阶级的政治统治,扭转无产阶级物质贫乏和精神异化的生存状态,真正做到使无产阶级"根据社会需要或者他们自己的爱好"❺ 开展劳动和发展自身。

概言之,马克思和恩格斯确立了要以无产阶级政治革命与社会革命的统一推进共产主义文化教育的理论,这一理论在无产阶级革命实践中形成,也接受了无产阶级革命的检验,其核心要义在于要在充分确立对"现实的人"及其实践深切关怀的基础上,通过对无产阶级开展共产主义思想教育的方式,引导无产阶级确立阶级斗争意志,如此,才能让广大无产阶级团结一致,并使其逐步实现从精神自救向政治革命推进,再从社会革命向自由全面发展跃升。

---

❶ 马克思恩格斯文集(第1卷)[M].北京:人民出版社,2009:428.
❷ 马克思恩格斯文集(第9卷)[M].北京:人民出版社,2009:299.
❸ 马克思恩格斯文集(第1卷)[M].北京:人民出版社,2009:563.
❹ 马克思恩格斯文集(第2卷)[M].北京:人民出版社,2009:66.
❺ 马克思恩格斯文集(第1卷)[M].北京:人民出版社,2009:689.

(三) 促成人的精神解放是马克思主义文化教育思想的理论旨归

实现人类解放是马克思和恩格斯一生的奋斗目标。对于马克思和恩格斯而言，革命是历史的范畴，他们"特别期望未来共产主义革命，能够成为人的激进改造或人的'自身改变'的源泉"❶。因此，马克思和恩格斯立足文化概念的狭义界定，明确指出对广大无产阶级进行共产主义精神教育的旨归，具有两个方面的意蕴。

一方面，要使无产阶级意识到自己是人类大家庭中的重要一员，自己的利益与全人类的利益相一致，为变革无产阶级因分工而造成的精神萎缩的发展状态，除了需要借助革命手段推翻资产阶级剥削制度，推进社会生产力发展，以及加强无产阶级各类知识教育，还需要使无产阶级具有全人类共同解放的革命意识，因为无产阶级对人类的解放最终只有通过无产阶级的团结合作和善于斗争，才能打破资本主义世界中束缚人的自由全面发展的政治、经济、文化等因素。然而，要实现这样的革命，其必要的准备和贯穿始终的精神元素都在于要以共产主义精神教育对抗资本主义虚假的意识形态教育，要努力"使教育摆脱统治阶级的影响"❷，从而让无产阶级从本质上意识到人类自由全面发展的必然性，以及资本主义制度的分工形态和剥削关系是造成人类片面发展的根本原因。也就是说，要在坚持以共产主义精神教育强化无产阶级革命意识的基础上，引导广大无产阶级逐步"感到自己是一个整体，是一个阶级"❸，是一个联合起来能够改变世界的强大的力量，由此做到使无产阶级不仅以共产主义为奋斗目标而结成同盟，而且要用革命的手段和联合的力量推翻一切压制无产阶级自由全面发展的剥削制度。

另一方面，是要以共产主义精神教育为有效方式，改造无产阶级自身

---

❶ [美]罗伯特·查尔斯·塔克. 马克思主义革命观[M]. 高岸起, 译. 北京: 人民出版社, 2012: 28.
❷ 马克思恩格斯文集(第1卷)[M]. 北京: 人民出版社, 2009: 49.
❸ 马克思恩格斯文集(第1卷)[M]. 北京: 人民出版社, 2009: 435.

的精神世界。恩格斯在《英国工人阶级状况》中提出："一个自身教育无人关心、自身命运受各种偶然事件支配、自己的生活朝不保夕的阶级，又有什么理由、什么兴趣使自己具有远大的目标，过'有节制的生活'。"❶这一论断表明资本主义制度的剥削性质使广大无产阶级在政治、经济和文化生活上都陷入困顿的境地，面对朝不保夕的生存境遇，无产阶级无暇顾及自身的精神发展。为此，马克思和恩格斯指出，要通过共产主义精神教育，既使无产阶级理解人是物质属性和精神属性的统一，又让他们逐步确立以暴力革命推翻资产阶级统治必要性的阶级意识，以及实现主体精神独立发展的可能性，使广大无产阶级最终不仅在物质上，而且要在精神世界中"占有自己的全面的本质"❷，进而真正实现人的本质的复归。

概言之，马克思恩格斯的文化教育思想的价值旨归，在于坚持强调要始终以共产主义精神教育，引导广大无产阶级以阶级革命的手段推翻资产阶级统治，从而夺取具有无产阶级性质的政治、经济和文化领导权，并基于此通过变革资本主义生产关系和推进社会主义生产力发展，共同构建以"一切人的自由发展"为条件的"联合体"❸，以此保障全人类的物质世界和精神世界自由全面发展的最终实现。

三、马克思恩格斯文化教育思想的理论影响

对于马克思恩格斯理论体系的价值意蕴，当代法国解构主义创始人雅克·德里达曾指出："不能没有马克思，没有马克思，没有对马克思的记忆，没有马克思的遗产，也就没有将来。"❹这充分表明，包含着文化教育思想在内的马克思恩格斯的理论体系对人类社会历史发展的重要影响。

---

❶ 马克思恩格斯文集（第1卷）[M]. 北京：人民出版社，2009：442.
❷ 马克思恩格斯文集（第1卷）[M]. 北京：人民出版社，2009：189.
❸ 马克思恩格斯文集（第2卷）[M]. 北京：人民出版社，2009：53.
❹ [法]雅克·德里达. 马克思的幽灵[M]. 何一，译. 北京：中国人民大学出版社，1999：21.

(一) 把牢意识形态领导权，坚持无产阶级政党的正确领导

马克思主义认为，在阶级社会里文化及其教育具有鲜明的政治性和阶级性。不仅如此，马克思和恩格斯还先后在与蒲鲁东主义者"教育的社会化"论、巴枯宁的"官方科学"论、拉萨尔派的"机会主义教育"论、杜林的"永恒道德"和"永恒分工"论等资产阶级教育观点进行斗争的基础上，明确指出意识形态作为"观念的上层建筑"❶，既源于客观现实，又具有存在发展的相对独立性和鲜明的阶级性。因此，由无产阶级政党领导广大无产阶级进行的共产主义革命就是要同资本主义文化进行彻底决裂，就是要将夺取意识形态领导权作为无产阶级解放的题中之义，这也充分说明了加强无产阶级意识形态教育，把牢意识形态领导权和坚定无产阶级政党对意识形态教育引领的重要性。具体而论，一方面，把牢意识形态领导权是关乎无产阶级革命、社会主义发展方向、党和国家命运的关键所在。另一方面，对于无产阶级性质的政党而言，要实现共产主义事业的终极目标，固然要在深刻理解历史唯物主义的科学内涵，以及坚持站稳无产阶级立场的基础上，以正确的领导把牢意识形态领导权，才能积极应对特定的时代要求和特定历史条件下意识形态领域斗争的各种复杂问题，才能在坚定共产主义方向的教育中，引导广大无产阶级树立正确的革命斗争意识，并由此始终保证正确的政治、经济和文化的发展目标。

(二) 以科学方法论为指导，坚持传承人类先进文化

马克思、恩格斯在创立历史唯物主义文化教育思想的过程中运用了辩证分析、批判继承、革命创新的科学方法，这对从内容体系上科学构建共产主义文化，以及从主体、环体、介体等要素维度上有效推进人类先进文化的教育都具有重要的启示意义，表明对任何先进文化的继承与弘扬都要在历史唯物主义和辩证唯物主义的有机统一中，坚持教育性、传承性、创

---

❶ 马克思恩格斯文集（第1卷）[M]. 北京：人民出版社，2009：583.

新性的发展特质。具体而言，一是开展文化教育要坚持对优秀历史文化的创造性转化和创新性传承。对文化教育内容进行与时俱进的创新是保证文化教育实践具有时代性和科学性的重要准备。恩格斯曾在给梅林的信中提到，任何思想家的创造，都必然源于每一个科学领域中既有的历史材料，这些材料经过相继的各个时代的人们的头脑思考、甄别和加工而形成自己独立的发展道路。❶ 显然，在马克思、恩格斯看来，文化的形成和发展虽然根源于客观事实和实践创造，但任何具有意识形态性特质的文化一旦形成便也同时具有了自身发展的内在规律和相对的独立性，对人类先进文化既要积极教育与继承，又要勇于进行革命性创造，即要坚持明晰各个国家和民族自身优秀的历史文化与客观现实之间的渊源关联和精神基因，坚持做到在文化教育的内容体系上，不仅从历史脉络中把握各个国家和民族优秀文化传承发展的客观规律，而且要紧紧结合时代要求、历史条件和具体国情，以科学的教育理论和实践，引导人们在教育实践中，继承和创新各式各样的人类先进文化。二是对先进文化的教育传承要坚持立足教育主体的价值诉求。马克思、恩格斯表明在世界历史的范畴中，人类的精神文化教育活动不过都是他们的物质生产、交往活动、组织生活的有意识的表达。"就单个人来说，他的行动的一切动力，都一定要通过他的头脑，一定要转变为他的意志的动机，才能使他行动起来"❷，因此，在开展文化教育的实践中要坚持立足教育主体的基本特征和价值诉求，充分发挥人的能动性和受动性的本质特性，要坚持以科学的教育方法，激活人的创造意识和革命实践。

（三）立足现实关怀，坚持以人民为中心的文化教育导向

马克思、恩格斯在长期的理论和实践研究中始终贯穿着一条对"现实的人"的发展命运终极关怀的理论主线。这条主线既是历史唯物主义文化

---

❶ 马克思恩格斯文集（第9卷）[M]. 北京：人民出版社，2009：436.
❷ 马克思恩格斯文集（第4卷）[M]. 北京：人民出版社，2009：306.

教育思想的发展基点，又是马克思、恩格斯坚守无产阶级立场的智慧洞见，表明了以唯物史观为基础解释客观世界的发展变化在任何历史时期都是推进人类文化发展和实现人的自由全面发展的必然要求，这也给后人以重要的理论启示。具体而论：第一，对文化教育内容而言，要坚持对现实世界的客观把握。唯物史观表明，人类的"普遍意识是现实生活的抽象"❶，人类所创造的任何一种文化形式都只有在客观的物质生活的现实世界中才能找到正确的解释，即任何一种文化的创造和教育，都要始终坚定现实关怀的正确立场，要坚持以客观的剖析面对具体的国情并积极汲取和教育传承科学的文化，才能使文化教育的内容体系切合时代发展的诉求。第二，对教育主体而言，要坚持对"现实的人"的文化关怀。任何文化教育活动在其本质上都是人类在遵循客观规律的基础上通过实践活动将人的意识作用于社会存在的结果。在这一过程中，人类不仅遵循生产力与生产关系的客观规律，创造、传承和弘扬文化，而且还会按照特定的文化情境规约自身的生产状态，并在不断优化自身的生存环境中提升自身的文化教育水平。换言之，文化就是"现实的人"通过对物质生产的实践活动实现"人化"和"化人"的有机统一。因此，马克思恩格斯的文化教育思想始终以唯物史观和现实主义的人文关怀为宗旨而坚持强调，"广大人民群众"是"构成历史真正的最后动力的动力"❷，不仅要把广大人民作为文化解放、创造和发展的主体，而且要以人的自由全面发展为终极旨归，坚持在满足人民物质生产需要的基础上，通过无产阶级意识和共产主义理想信念教育来引导激发人民对自身文化的内涵自省、价值自信和实践自觉。

第二节 列宁的无产阶级文化教育思想

列宁继承了马克思恩格斯的文化教育思想，他不仅基于俄国历史文化

---

❶ 马克思恩格斯文集（第1卷）[M]．北京：人民出版社，2009：188．
❷ 马克思恩格斯文集（第2卷）[M]．北京：人民出版社，2009：44．

的客观条件和社会主义革命及建设的实践需要,而且还在正确解析"革命"、"文化"及"教育"关系的基础上,创造性地提出既要以革命手段推翻剥削制度和变革生产关系,还要"发展真正的无产阶级文化"❶,由此生成了无产阶级文化教育思想。列宁的这一思想初步萌芽于1894年春夏至1917年的《我们拒绝什么遗产》《怎么办?》《党的组织和党的出版物》等论著的思考,基本形成于1917—1920年的《共青团的任务》《关于无产阶级文化》《论教育人民委员部的工作》等论著的阐释,深化完善于1923年的《日记摘录》《论我们的革命》《宁肯少些,但要好些》等论著的表达之中。从马克思主义发展史上看,列宁的无产阶级文化教育思想第一次从实践维度继承和创新了马克思恩格斯的文化教育思想,具有继承性、创新性、革命性、人民性等本质特征。

一、列宁无产阶级文化教育思想的内容解析

列宁的无产阶级文化教育思想主要形成于十月革命后。列宁在对无产阶级文化的生成机制、阶级属性、意识形态话语权和领导权、教育实践、价值旨归等问题进行系统剖析与解答的基础上,阐明了无产阶级文化建设,以及开展无产阶级文化教育的科学性、必然性和实践性。

(一)在教育内容上坚持将马克思主义与俄国具体国情相结合

列宁首先从实践维度创新了马克思恩格斯文化教育思想的内容体系和现实境遇。马克思说:"理论在一个国家实现的程度,总是取决于理论满足这个国家的需要的程度。"❷ 正是基于这样的理论认识,列宁首先从教育内容体系上,充分肯定文化来源于人类实践创造,并且他还以高度的理论自觉、辨析能力和实践担当,明确强调创造无产阶级文化、发展社会主义文化以及最终实现共产主义文化,都必然要立足于各个国家和民族具体的

---

❶ 列宁选集(第4卷)[M]. 北京:人民出版社,2012:299.
❷ 马克思恩格斯文集(第1卷)[M]. 北京:人民出版社,2009:12.

客观实际，并在此基础上将马克思恩格斯科学的思想体系与具体的客观实际相结合、创新和发展。由此，列宁基于唯物史观视域和人类文明发展的总体进程，充分立足俄国的基本国情和斯拉夫主义民族文化的发展特征，探索出了俄国无产阶级文化发展建设的道路。

具体而论，俄国地处欧亚大陆，既内蕴着西方文化的传统基因，又有鲜明的斯拉夫主义民族特色，表现为"欧—亚文明"的独特模式。列宁在正确分析俄国的这一文化状况的基础上，不仅明确作出了近代俄国隶属于西方帝国主义阵营的科学判断，又清楚地分析了俄国民族文化与西方各民族文化之间的差距，指出近代俄国相对西欧发达国家而言，又具有浓厚的东方色彩，基本上仍是一个以农民阶级为主要构成的国家，俄国在政治、经济、文化上都还与西欧资本主义国家存在较大的差距。由此，列宁认为必须在客观分析和准确把握苏维埃俄国基本国情和历史文化特征的基础上，以马克思恩格斯的文化建设及文化教育思想为理论指导，为建设具有俄国特色的无产阶级先进文化找到正确的发展突破口和实践落脚点，如此才能有针对地、科学地、彻底地构建契合俄国国情的无产阶级文化教育的科学内容，进而以无产阶级文化教育实践打破俄国封建主义、资本主义旧世界的一切剥削关系。由此，列宁从对无产阶级文化教育内容的正确建构上，为真正帮助广大无产阶级最终实现自由全面发展提供了科学保证。

（二）在教育主导者上坚持无产阶级政党对意识形态的领导权

列宁的无产阶级文化教育思想扣紧了马克思恩格斯以夺取和掌握意识形态领导权为核心的基本诉求，明确了无产阶级文化教育由无产阶级政党领导的政治立场。如前文所述，马克思恩格斯文化教育思想的核心要义是要以共产主义思想教育和激发无产阶级的阶级意识，进而引导无产阶级从资产阶级手中夺取并牢牢掌握意识形态领导权。对此，列宁坚决继承并表明资产阶级和无产阶级之间不仅存在经济和政治地位的阶级矛盾，而且在以意识形态为核心的文化地位上也处于统治与被统治的对立之中，因为"人类没有创造过任何'第三种'思想体系，而且在为阶级矛盾所分裂的社会中，任何时候也不可能有非阶级的或超阶级的思想体系"❶，这也就意味着列宁继承了马克思恩格斯文化教育思想中对资产阶级意识形态必须进行彻底革命的理论原则，并基于此他还坚决强调意识形态具有阶级性的革命本质。不仅如此，列宁而且进一步从实践维度更加明确地认识到，要把发展无产阶级意识形态、开展无产阶级思想政治教育、指导无产阶级革命斗争，以及夺取和掌握意识形态的领导权作为实现无产阶级革命和建设社会主义制度的重要环节和必要保障。

（三）在教育对象上坚持明确对无产阶级开展思想政治教育

列宁继承了马克思和恩格斯关于开展共产主义思想教育的观点，进一步提出进行无产阶级文化建设必然需要对广大无产阶级进行思想政治教育的科学理念。一方面，列宁从马克思恩格斯文化教育思想的价值旨归和俄国人民的文化水平出发，明确表明实现无产阶级文化解放需要创造无产阶级文化和开展共产主义精神教育，其判断依据在于列宁通过对1987年和1920年居民的识字状况的比较分析，发现在当时的苏维埃俄国居民中文盲居多，而且他们不单对无产阶级文化的认知程度不高，即使是对资产阶级文化的认知状况也并不乐观，而且甚至"距离普遍识字还远得很"❷。基于此，列宁提出摆脱"文化贫困"的最好办法，就是要把全面发展扫除文盲、普及知识和发展无产阶级文化教育作为工作的重心，即要从根本上帮助无产阶级改正旧制度遗留下来的各类旧习惯和旧习气，从而实现人的精神解放。

另一方面，列宁从马克思恩格斯的共产主义构想和近代俄国总体的思想状况出发，阐明建设具有共产主义先进性质的文化需要进行无产阶级思想政治教育。十月革命胜利后，苏维埃俄国整体的生产力和文化科教的发展水平都明显落后于欧美等资本主义国家，俄国境内各种社会思潮学说广泛兴起，意识形态领域的斗争极为复杂。在这样的历史条件下，以考茨

---

❶ 列宁选集（第1卷）[M]. 北京：人民出版社，2012：326-327.
❷ 列宁选集（第4卷）[M]. 北京：人民出版社，2012：762.

基、苏汉诺夫等为代表的理论家,以及一些布尔什维克党员都在一定程度上出现了理想信念的动摇。不仅如此,此时的苏维埃俄国不论是政治、经济,还是文化上都处于帝国主义阵营的重重包围之中,这都决定了必须以"灌输"的方式主动教育和武装无产阶级的共产主义理想信念。这正如列宁所说,面对资产阶级虎视眈眈的斗争和威胁,"我们应当在这个时期内坚持革命建设,用军事的方法,尤其是用思想的方法、教育的方法同资产阶级进行斗争"❶,而这种教育必须由广大的无产阶级来开展,这说明此时的列宁已明确意识到,要坚持在马克思恩格斯文化教育思想的科学指导下,既要提高无产阶级的文化知识水平,又要引导广大人民共同创造具有无产阶级性质的文化形态,以及积极开展无产阶级文化教育,才能夺取、构建和巩固无产阶级的精神家园,进而保证人的自由全面的发展。

二、列宁无产阶级文化教育思想的本质特征

列宁的无产阶级文化教育思想,坚持和发展了马克思恩格斯文化教育思想的理论品格,呈现鲜明的本质特征。

(一) 继承性

列宁无产阶级文化教育思想的继承性,体现在列宁对文化发展及其教育规律自觉把握的理论探索与实践创造之中。一方面,从教育内容上看,无产阶级文化渊源于马克思恩格斯文化思想、俄国优良的历史文化遗产和资本主义优秀文化。1920年10月,列宁在批判以卢那察尔斯基为代表的无产阶级文化派而创作的决议草案时,在明确文化是人类实践活动产物的基础上,态度鲜明地指出无产阶级的文化既不是上天的恩赐,也不是所谓的无产阶级的文化专家们的创造或独撰,而是人类在私有制压迫下"创造出来的全部知识合乎规律的发展"❷。鉴于此,更基于俄国革命和建设的实

---

❶ 列宁专题文集——论社会主义 [M]. 北京:人民出版社,2009:171.
❷ 列宁选集(第4卷)[M]. 北京:人民出版社,2012:285.

践需要，列宁不仅融合吸收了马克思恩格斯文化教育思想，还立足俄国优秀历史文化遗产，对赫尔岑、车尔尼雪夫斯基、普列汉诺夫、高尔基等文化名人的思想，以及由东正教、村社传统、东西方"基因植入"等影响而糅合形成的崇尚民主正义、追求高尚道德品格、强调平等和集体主义等独特的俄国民族精神基因进行合理汲取。不仅如此，列宁还十分强调要从资本主义文化中挖掘科学元素，既要做资产阶级腐朽文化的"掘墓人"，也要成为资产阶级优秀文化的"继承者"，从而科学继承上述三种合理基因且将其有机融入无产阶级文化的创造与教育实践中。

另一方面，列宁无产阶级文化教育思想的继承性还体现为，列宁从教育内容传承与发展的维度出发，坚持遵循文化创造规律而对无产阶级文化进行合乎规律的创新。列宁坚持认为，从教育主体的实践性本质上看，人类对文化的继承并不是机械的、简单的接受、利用和延续，而是要在教育引领和弘扬传承人类历史文化遗产的前提下，根据时代发展需要和特定历史条件进行的合乎规律的创新。比如在《共青团的任务》这一论著中，列宁就明确指出马克思、恩格斯也是在广泛继承和吸收人类两千多年文明中一切有价值东西的基础上，才创造性地形成革命的无产阶级的思想体系，并基于此开展共产主义思想教育，表明对人类优秀文化的继承是马克思主义者推进人类历史发展的必要前提，但马克思主义者对人类历史的创造还体现为在继承优秀文化基础上对人类先进文化进行合乎规律性的创新。立足这一论断，列宁进一步阐明，广大无产阶级尤其是青年，要认真学习马克思、恩格斯对人类历史文化批判性继承的科学精神，要坚持用批判的态度掌握科学真理，要使自己真正"成为一个现代有学识的人"[1]。

（二）革命性

列宁认为无产阶级文化的创造、发展和教育，需要以革命的方式突破资产阶级意识形态的束缚。他强调，意识形态的生成根源于人们的现实生

---

[1] 列宁选集（第4卷）[M]. 北京：人民出版社，2012：286.

活,要掌握意识形态的话语权和无产阶级文化的领导权就必然要通过科学的教育和引导的方式,方可将人们从资产阶级的生活世界中解放出来,而要实现这一解放也必然需要对资产阶级的物质基础和精神内核进行无产阶级的革命,这就意味着建设、开展和推进无产阶级文化教育,需要从三个维度加以推进。

一是需要以暴力革命的手段推翻资产阶级的政治统治。无产阶级需要为了创造和弘扬自身的文化,而采用科学的教育方式和内容,引导无产阶级用革命的手段"驱逐地主,驱逐俄国资本家"❶,进而逐步实现社会主义和共产主义,这是开展无产阶级文化教育的必要准备。二是需要以无产阶级的革命意识变革资产阶级旧教育制度。从19世纪末开始,列宁就在同沙俄的各种反对马克思主义教育观,尤其是各类具有资产阶级性质的旧教育制度进行斗争的过程中,强调"要建设共产主义社会的新一代人的训练、培养和教育,就不能再像从前那样了"❷,而应坚持以无产阶级的革命意识打破资产阶级旧教育体系,必须使马克思主义文化教育思想在新教育制度中得以落实。三是需要以革命斗争和科学教育的方式重构无产阶级的精神世界。列宁指出在资产阶级旧社会中,人们从吃母乳开始,就潜移默化地接受了"不是奴隶主,就是奴隶,或者是小私有者、小职员、小官吏、知识分子"❸的心理,并形成人有贵贱之分的等级意识。他的这一论断生动表明了消除资产阶级意识形态影响的艰巨性和长期性,也从本质上说明了教育引导无产阶级进行自我革命的重要性。基于此,列宁进一步提出要积极引导广大无产阶级既主动学习马克思恩格斯关于共产主义的科学理论,又要坚持在具体的生活实践中将自己同广大的无产阶级联系在一起,坚决同剥削者进行顽强的斗争❹,从而才能为巩固和完成共产主义事业奠定坚实的具有共产主义性质的道德基础。

---

❶ 列宁选集(第4卷)[M].北京:人民出版社,2012:778.
❷ 列宁选集(第4卷)[M].北京:人民出版社,2012:281-282.
❸ 列宁选集(第4卷)[M].北京:人民出版社,2012:291.
❹ 列宁选集(第4卷)[M].北京:人民出版社,2012:292.

（三）人民性

列宁强调无产阶级不仅要通过政治革命发展成为社会的主人，而且要在经济和文化上同样从资产阶级意识形态的控制之中解放出来，为最终实现人的自由全面的发展而奋斗。列宁认为，在资本主义社会中进行教育的目的在于替资产阶级培养和训练出灵活听话、片面发展、木讷陈腐的奴才，加强无产阶级文化建设，开展无产阶级文化教育必须有别于资本主义的教育目的。列宁的这一理念充分体现在《关于无产阶级文化》这一论著之中，他指出："必须贯彻无产阶级斗争的精神，这一斗争是为了顺利实现无产阶级专政的目的，即推翻资产阶级、消灭阶级、消灭一切人剥削人的现象。"❶ 由此说明，列宁无产阶级文化教育思想的价值旨归与马克思恩格斯文化教育思想具有同一性，即基于人的自由全面发展的价值追求，要帮助人民既实现物质需要满足，又在物质需要满足的基础上以破除"一切人剥削人的现象"❷ 为根本前提，最终使人民推翻私有制度的束缚，并真正成为政治、经济和文化等价值的创造者和享用者的统一体。

对于列宁无产阶级文化教育思想的人民性本质，布哈林曾充分肯定。他指出，列宁的无产阶级文化教育思想，不仅激发和提高了俄国广大人民的无产阶级文化意识，而且也提高了他们的文化诉求，更切实通过科学教育引导的方式，改造和提升了俄国广大农民和工人的无产阶级文化水平。❸

三、列宁无产阶级文化教育思想的创新性价值

作为马克思主义的坚定者和社会主义事业的奠基人，列宁根据苏维埃俄国复杂的革命与建设的现实境遇，基于政治革命与社会革命相统一的原则，在十月革命前后，坚持将"革命""文化""教育"的内涵统一于一

---

❶ 列宁选集（第4卷）[M]．北京：人民出版社，2012：299．
❷ 列宁选集（第4卷）[M]．北京：人民出版社，2012：299．
❸ [苏] 尼古拉·伊·布哈林．布哈林文选（中册）[M]．北京：人民出版社，1981：254．

体,并创造性地将马克思恩格斯的文化教育思想付诸实际,从而既为世界其他社会主义阵营的国家坚持马克思主义的正确指导树立了实践典范,又为创造无产阶级文化,以及开展无产阶级文化教育实践,进一步丰富和提供了创新性的理论启示和经验借鉴。

(一)提出要坚定无产阶级文化的自觉与自信

列宁以史无前例的无产阶级革命和社会主义建设的实践,展开了对无产阶级文化的探索与创造,保证了无产阶级文化教育内容的科学性。在这一过程中,一方面,列宁强调,进行革命理论的宣传教育是开展革命运动的必要前提,而且"在醉心于最狭隘的实际活动的偏向同时髦的机会主义说教结合在一起的情况下,必须始终坚持这种思想"❶,表明开展以马克思主义文化教育思想为基础的无产阶级文化教育,是推进无产阶级革命运动的基础性前提,因此要坚定对无产阶级文化价值的自觉与自信。另一方面,列宁还阐明文化发展对经济具有重要的促进作用。譬如,1921年春列宁在提出和运行"新经济政策"的同时,还清醒而明确地强调为了顺利过渡到社会主义,"目前我们并不需要任何其他特别聪明的办法。可是为要完成这一'仅有'的事情,就需要一场变革,需要有全体人民群众在文化上提高的一整个阶段"。这说明列宁在科学分析文化、经济、政治建设的辩证关系中,对无产阶级文化的地位,以及开展无产阶级文化教育的必要性,都有自觉自信而充分肯定的认识。

概言之,列宁无产阶级文化建设及其教育理论的创新发展,对于世界其他社会主义阵营的国家而言,无疑可为它们在革命、建设和改革的各个历史时期和具体实践中提供科学的方法论指导,即开展无产阶级文化教育,在其内容上,既要坚定对无产阶级文化的自觉与自信,又要正确处理好政治、经济、文化的辩证关系。

---

❶ 列宁选集(第1卷)[M]. 北京:人民出版社,2012:311.

(二）指出要科学把握文化发展和教育的客观规律

列宁在继承马克思主义关于思维认知规律理论的基础上，又从认识论和方法论上实现了理性突破，他不仅创造性地提出了"两种民族文化"的理论，而且还指出文化发展和教育的三种本质特征和客观规律。

第一，文化发展和教育是民族性与阶级性的统一。马克思恩格斯的文化教育思想具有以意识形态为阶级自觉的理论特征，列宁以高度的理论自觉捍卫并发展了这一基本原理，提出文化教育除了具有阶级属性，还具有鲜明的民族特性。在正确建构无产阶级文化教育内容的基础上，列宁深刻阐明了"两种民族文化"的学说。他指出："每个民族文化，都有一些民主主义的和社会主义的即使是不发达的文化成分，因为每个民族都有被剥削劳动群众，他们的生活条件必然会产生民主主义的和社会主义的意识形态。"❶ 这表明在具有对抗性特征的私有制社会中，文化具有鲜明的阶级性，每一个民族的文化都必然存在被剥削阶级的文化形态与剥削阶级的文化形态，任何非阶级的、超阶级的思想体系和文化形态是不存在的。因此，开展无产阶级文化教育不仅需要立足各国鲜明的民族特色，还需要站稳正确的阶级立场。

第二，文化发展和教育是系统性和长期性的统一。如上文所述，马克思和恩格斯虽然没有直接对文化及其教育理论进行系统而全面的论述，但是在其思想体系中无不以唯物史观的理论视野坚持文化创造和教育的系统性思维，即既表明人类文化实践活动对社会历史发展的重要价值，又说明了文化发展具有整体的、复杂的、全面的和系统性的精神实质。列宁在继承这一系统性科学思维的基础上，作出了文化发展和教育还具有长期性的论断。他指出，政治任务和军事任务可以在短时间内取得胜利，但是由于文化发展具有相对独立性，所以无产阶级文化建设和教育在短时间内"取

---

❶ 列宁选集（第2卷）[M]. 北京：人民出版社，2012：336.

得胜利是不可能的"❶。这一论断充分说明了列宁立足于无产阶级文化内容建构的视域,已充分意识到由于文化创造和发展具有系统性、全面性与复杂性的特征,所以实现无产阶级文化的革命、创造与教育必然需要一个长期性的过程。

第三,文化发展和教育是动态性与价值性的统一。列宁提出:"人的和人类的实践是认识的客观性的验证、标准。"❷ 这表明人类生命活动的历史进程并不是仅仅只蕴含人类生殖繁衍的内容,而是一个在人类繁衍生息的历程中融合着包括文化在内的诸多要素共同传承和发展的系统,这呈现积累性、规则性、传承性和创造性的特征。质言之,人类不仅以客观实践更新自己所创造的物质世界,而且还在不断追求和趋向先进文化的教育实践中,不断更新着自身的精神世界,即文化教育活动本身具有动态发展的客观规律。此外,列宁还在俄国革命与建设具体实践的基础上,提出不仅要在宏观上明确推进无产阶级文化教育对实现全人类自由全面发展的意义,而且要在微观上把握其对传承文化基因、强化阶级意识、实现情感认同、坚定理想信念,以及巩固政权、发展经济、传播文明等现实因素的重要价值。

(三) 阐明开展无产阶级文化教育的紧迫性及科学方法

列宁在诸多论述中都明确表明无产阶级文化具有重要的教育价值,开展无产阶级文化教育是进行政治革命和社会革命的现实需要。十月革命后,面对苏俄文盲占比过高,整体上物质条件贫乏、文化思想落后、意识形态斗争复杂的状况,列宁认为,无产阶级文化既能以爱国主义、集体主义、利他主义、无私奉献等优秀品质构建共产主义的道德基础,又能为苏维埃人民战胜种种政治、经济和文化上的困难提供不竭的精神动力。除此之外,列宁还从实践维度上探析了无产阶级文化教育的基本理论,也在教

---

❶ 列宁专题文集——论社会主义 [M]. 北京:人民出版社,2009:366.
❷ 列宁专题文集——论辩证唯物主义和历史唯物主义 [M]. 北京:人民出版社,2009:138.

育方法论上不仅提出著名的"灌输论",而且还从无产阶级文化教育的领导者、实施者、对象特征、方式方法上进一步深入探析,实现了对马克思恩格斯文化教育思想的创新和发展。

一是提出要坚持无产阶级文化教育与生产劳动相结合,将"扫盲运动"作为无产阶级文化教育的实践性前提。列宁坚决表明,文盲不可能建设社会主义国家,因此必须以"扫盲运动"的开展为前提实现对无产阶级的阶级意识、理想信念、阶级情感、阶级革命和社会主义建设的教育。不仅如此,还要"把教育和社会生产劳动紧密结合起来"❶,既以人的综合素质的提升推进社会政治、经济和文化的发展,又以社会生产力和生产关系的发展保障人的自由全面发展。二是提出要坚持无产阶级政党对无产阶级教育事业的坚强领导。列宁极力强调无产阶级政党在文化革命与建设中的党性原则,阐明无产阶级政党领导教育工作者的使命就在于在以革命手段推翻剥削制度的基础上,进一步培养和教育工农劳动群众,使他们在无产阶级文化教育和类似"星期六义务劳动"的学习实践中克服封建制度、资本主义制度的旧思想,以及旧风气和旧习惯的余毒。三是提出要坚持以正确的态度对待知识分子。列宁表明,不仅要在正确引导的前提下充分利用资产阶级的知识分子,要改造和提高他们的阶级情感和政治素养,积极引导他们在政治、经济和文化方面为夺取和巩固无产阶级的领导而诉诸努力,而且还十分强调知识分子在进行无产阶级文化教育中的重要作用,指出知识分子尤其是人民教师既是科学技术和文化艺术的专家,又是灌输共产主义精神,以及实现对"将来要建设共产主义社会的新一代人的训练、培养和教育"❷的重要因素。

---

❶ 列宁选集(第3卷)[M]. 北京:人民出版社,2012:726.
❷ 列宁选集(第4卷)[M]. 北京:人民出版社,2012:281-282.

第三节　中国共产党人的革命文化教育思想

自中国共产党孕育以来，中国共产党人就在领导中国人民开创中华民族伟大复兴的历史征程中不断推进马克思主义中国化发展。其中，中国共产党汲取了马克思列宁主义文化教育思想中以文化建设为蓝本，以革命和教育为实现手段的建构逻辑，使马克思列宁主义文化教育思想在新民主主义革命实践的基础上，不断融合中华优秀传统文化的优良基因和中国革命的具体实际，既发展形成中国共产党的革命文化，又随着中国革命、建设和改革等实践的推进，不断深化对革命文化的内涵建构，从而在整体上实现了对革命文化教育思想的自觉创造与科学创新。此外，不得不强调的是，虽然在不同的历史时期，以毛泽东、邓小平、江泽民、胡锦涛、习近平等为代表的中国共产党人对革命文化的表述不同，例如有"革命优良传统""革命文化传统""红色文化"等，但如前文所分析，这些概念与"革命文化"的主要内涵基本一致。因此，为了保证论述上的统一，下文将一致使用"革命文化"这一表述。

一、新民主主义革命时期中国共产党人的革命文化教育思想

新民主主义革命时期，中国共产党的首要使命是领导中国人民争取民族独立和人民解放，为中华民族伟大复兴创造根本条件。为了完成这一历史任务，以毛泽东同志为主要代表的中国共产党人在继承马克思列宁主义文化教育思想的基础上，重点从革命斗争需要、夺取文化领导权、实现人民精神解放等维度进行考量，率先提出关于创造革命文化和开展革命文化教育的诸多论述，并由此从革命文化教育的必要性、目标性、价值性等方面，初步建构了中国共产党开展革命文化教育的理论框架。

（一）革命文化教育是"革命总战线中的一条必要和重要的战线"

革命文化教育的必要性体现在其立足于革命斗争实践，且又对革命斗争实践具有积极的反作用。早期中国共产党人十分强调，要创造一种"适于革命的文化，就是适于推翻旧政权，建设新鲜的文化"❶，初步表明创造革命文化源于革命斗争的实践需要，又对革命斗争具有推动性作用。毛泽东在《新民主主义论》中进一步引证了马克思关于社会存在和社会意识的科学论断，不仅指出马克思主义"这是自有人类历史以来第一次正确地解决意识和存在关系问题的科学的规定"❷，而且强调对于包括革命文化教育在内的中国文化问题的讨论，也不能忘记这个基本的观点。由此，毛泽东确立了革命文化教育与革命实践之间相辅相成的辩证关系。

毛泽东认为，一方面，创造革命文化和开展革命文化教育，需要中国共产党领导中国人民在革命斗争实践的基础上加以推进。因为伟大的文化生成于艰苦卓绝的革命斗争实践，伟大的革命文化教育也因革命斗争实践的需要而展开。革命文化及其教育实践，是中国共产党在以马克思主义为指导，在继承和吸收古今中外优秀文化基因的基础上，再牢牢立足伟大的革命斗争实践才得以实现。另一方面，创造革命文化和开展革命文化教育能促进革命实践的发展。毛泽东说："革命文化，在革命前，是革命的思想准备；在革命中，是革命总战线中的一条必要和重要的战线。"❸ 加强革命文化教育对于点燃革命热情、激发革命意识和鼓舞革命斗志都具有重要的作用，因为"我们要战胜敌人，首先要依靠手里拿枪的军队。但是仅仅有这种军队还是不够的，我们还要有文化的军队，这是团结自己、战胜敌人必不可少的一支军队"❹。可见创造革命文化和开展革命文化教育，不仅能为革命斗争实践奠定理论根基、鼓舞革命斗志、形成舆论引导、壮大革

---

❶ 张申府文集（第1卷）[M]．石家庄：河北人民出版社，2005：96．
❷ 毛泽东选集（第2卷）[M]．北京：人民出版社，1991：664．
❸ 毛泽东选集（第2卷）[M]．北京：人民出版社，1991：708．
❹ 毛泽东选集（第3卷）[M]．北京：人民出版社，1991：847．

命力量，而且还能够以崇高而坚定的革命文化教育，为中国人民共同夺取革命胜利提供动力支撑。

（二）革命文化教育要坚持对"共产主义思想的宣传"

革命文化教育的目标体现在其坚持以共产主义理想信念为教育的主体内容和奋进方向。历史证明，在鸦片战争后，为了改变中国备受欺凌、战乱频仍和任人宰割的悲惨命运，农民阶级、地主阶级、资产阶级的改良派和革命派等不同社会力量进行了多方探索和革命斗争，使革命的理念随着历史洪流的推进而渐入人心。然而，即使辛亥革命从政治形态上成功推翻了在中国延续了两千多年的封建制度，但是近代中国的性质和中华民族所遭受的苦难并没有随之改变，直到"五四"以后，早期中国共产党人在经过反复的比较权衡而确定了对马克思主义的选择，才开启了"用无产阶级的宇宙观作为观察国家命运的工具"❶的实践探索，进而使"共产主义的宇宙观和社会革命论"❷成为革命文化教育的理论灵魂和政治红线。因此，早期中国共产党人十分强调要坚持以共产主义理想信念教育激发中国人民的革命斗争意识，表明这既是开展革命的必要准备，也是获取革命胜利的重要保证。

具体而论，一方面，中国共产党坚持强调以共产主义思想教育人民是开展革命的重要基础。对此，以毛泽东同志为主要代表的早期中国共产党人在继承马克思列宁主义文化教育思想的基础上阐明，"应该扩大共产主义思想的宣传，加紧马克思列宁主义的学习"❸，因为"凡是要推翻一个政权，总要先造成舆论，总要先做意识形态方面的工作。革命的阶级是这样，反革命的阶级也是这样"❹。这说明开展"共产主义思想的宣传"教育是帮助广大人民打破旧思想束缚和建构起无产阶级的思想体系，进而激发

---

❶ 毛泽东选集（第4卷）[M]. 北京：人民出版社，1991：1471.
❷ 毛泽东选集（第2卷）[M]. 北京：人民出版社，1991：697.
❸ 毛泽东选集（第2卷）[M]. 北京：人民出版社，1991：706.
❹ 中共中央文献研究室. 建国以来毛泽东文稿（第10卷）[M]. 北京：中央文献出版社，1996：194.

无产阶级的革命斗争意志的必要准备，这是开展革命的先决条件。因此，早期中国共产党人提出在革命文化教育中，要坚持以马克思列宁主义为理论指导，要针对不同群体灵活开展共产主义理想信念教育。另一方面，早期中国共产党人还十分强调推进共产主义思想教育是获得无产阶级革命胜利的根本保障。毛泽东说："中国自有科学的共产主义以来，人们的眼界是提高了，中国革命也改变了面目。中国的民主革命，没有共产主义去指导是决不能成功的，更不必说革命的后一阶段了。"❶ 这说明以毛泽东同志为主要代表的早期中国共产党人领导党和人民共同开展革命文化教育的一个重要目的，就在于不仅将共产主义的思想教育作为宣传无产阶级意识形态、激发无产阶级革命斗志和夺取新民主主义革命胜利的理论基础，还把它作为未来发展社会主义新生政权和保证共产主义发展方向的中心环节。

（三）革命文化教育是为了复兴"伟大的中国人民的文化"

革命文化教育的价值体现在其是以革命文化教育复兴和发展中国人民的精神家园。以毛泽东同志为主要代表的早期中国共产党人在马克思主义指导下，创造性地吸收和转化了中华优秀传统文化中"善政不如善教之得民也"（《孟子·尽心上》）的德治教化的思想，阐明革命文化教育既应要与中国革命斗争的实际和客观存在的需要相联系，更要"为人民群众所掌握"❷，要切实使革命文化成为可为人民服务的文化形态。

为此，在新民主主义革命时期，一方面，中国共产党人强调党性是"无产阶级最高度的阶级觉悟和阶级意识"❸，所以中国共产党开展革命文化教育的根本立场就在于要立足人民的现实需要和充分激发人民群众的创造性。诚如上文所述，马克思列宁主义文化教育思想表明，无产阶级既可作为旧思想体系的"破坏者"，又可在汲取旧思想体系中优良基因的基础

---

❶ 毛泽东选集（第2卷）[M]. 北京：人民出版社，1991：686.
❷ 毛泽东选集（第4卷）[M]. 北京：人民出版社，1991：1515.
❸ 任弼时. 任弼时选集[M]. 北京：人民出版社，1987：231.

上成为新文化的"创造者",以毛泽东为代表的早期中国共产党人继承了这一理论品格,阐明中国几千年灿烂的文化由广大劳动人民创造,但"中国历来只有地主有文化"❶,广大劳动人民没有可为自身服务的文化,而造成这一异化现象的根本原因在于剥削制度的存在。因此,中国共产党要立足广大人民渴求精神解放的现实需要和发挥人民创造文化的优良品质,在引导中国人民共同推进政治革命和推翻剥削政权的斗争中,创造革命文化且开展革命文化教育,这是帮助广大人民摆脱工具性地位的必要举措。另一方面,中国共产党阐明人民大众还应是革命文化的创造者和享有者的统一。中国共产党领导人民实现新民主主义革命的价值旨归就是要以焕然一新的革命理论、革命制度、革命历史、革命精神等主要内容,以及通过扫盲运动、文艺活动、入校学习等革命文化教育活动,重构中国人民的精神家园,从而使中国人民切实通过革命文化教育,在精神上由被动转为主动,真正从文化自卑的思想泥泞中站立起来,做到以革命文化为新文化起点,复兴且发展"伟大的中国人民的文化"❷,进而占有和享用社会价值,成为社会发展的真正主人。

二、社会主义革命和建设时期中国共产党人的革命文化教育思想

随着新中国的成立,中国共产党成功夺取了文化领导权,使新民主主义革命时期形成的革命文化上升成为能够彰显党的执政必然的国家主流意识形态,以及能为社会主义革命和建设提供舆论支持、思想保证和精神动力的重要资源。基于此,中国共产党人从革命文化教育的内容、对象、目标、立场、宗旨、方向等方面,进一步继承并丰富了革命文化教育思想,表明要坚持"以老解放区新教育经验为基础,吸收旧教育某些有用经验,借助苏联经验"❸ 开展革命文化教育,从而从增强革命理论素养、提升历

---

❶ 毛泽东选集(第1卷)[M].北京:人民出版社,1991:39.
❷ 毛泽东选集(第4卷)[M].北京:人民出版社,1991:1516.
❸ 中共中央文献研究室.建国以来重要文献选编(第1册)[M].北京:中央文献出版社,1992:86.

史文化认同、强化革命精神品质等方面为新中国培养了一大批"又红又专"的社会主义建设人才。

(一) 坚持以"马克思列宁主义"教育和引导人民夯实政治灵魂

新民主主义革命时期的革命文化教育实践表明，以马克思列宁主义思想为主体内容的革命理论教育是保障革命文化教育的方向性和科学性的政治红线。为此，以毛泽东同志为主要代表的中国共产党人坚持阐明开展革命理论教育，不仅有利于培养和提升广大人民的共产主义理论素养，而且有利于从理论上阐明革命文化形成和发展的必然性和合理性，从而为社会主义革命与建设的现实需要奠定坚实的理论基础。毛泽东指出："不论是知识分子，还是青年学生，都应该努力学习。除了学习专业之外，在思想上要有所进步，政治上也要有所进步，这就需要学习马克思主义，学习时事政治。没有正确的政治观点，就等于没有灵魂。"❶ 因此，为了更好地继承和开展革命理论教育，我们党在新中国成立之后不仅将新民主主义革命时期扁平化推进革命文化教育的模式调整为科层化管理❷，而且还制定颁布且逐层推动了各类教育政策的实施，表明必须一切以学校为基础，全面"进行马克思列宁主义的政治教育和思想教育"❸。不仅如此，这一时期我们党还明确强调，为了"提高马克思列宁主义的政治理论课程的教学水平"❹，还应加强马克思列宁主义理论师资建设，要在全国范围内通过创设研究班、选拔优秀党团干部、设立理论学习专修科、干部兼课或专题讲座等形式增强马克思列宁主义理论教育的师资力量，这既为全面推进革命理论教育提供了师资力量，又进一步保证了革命文化理论教育的科学性。此

---

❶ 毛泽东文集（第7卷）[M]. 北京：人民出版社，1999：226.
❷ 新民主主义革命时期中国共产党为了更好地鼓舞和发动人民群众，十分强调官、兵、人民之间血肉联系，坚持在各项管理制度上采用扁平化的政治动员模式，革命文化教育亦然。新中国成立后，随着中国共产党在全国执政领导地位的确立和社会主义革命与建设实践的需要，中国共产党的各项管理制度逐步过渡到科层化管理模式。
❸ 何东昌. 中华人民共和国重要教育文献（1949—1997）[M]. 海口：海南出版社，1998：859.
❹ 中共中央文献研究室. 建国以来重要文献选编（第3册）[M]. 北京：中央文献出版社，1992：318.

外,这一时期的我们党还在革命文化教育理念上,十分强调要将革命理论教育同社会主义革命与建设的现实状况进行有机统一,提出要紧急结合人们"活的思想",要切实"针对其中带普遍性的问题,从理论上加以分析说明"❶,从而为抗美援朝、土地改革、镇压反革命运动、"三反五反"运动、"三大改造"等现实斗争和发展的实际,提供理论支撑、政治保障和思想指引。

(二) 坚持以"中国革命的基本问题"教育和引导人民增强道路认同

革命文化中蕴含着中国共产党领导人民实现中华民族伟大复兴的历史品格。中国共产党领导中国人民创造的新民主主义革命文化,既蕴含着中国共产党领导中国人民共同实现中华民族伟大复兴的历史探索,也体现着中国共产党执政和选择走社会主义道路的历史必然。为此,在新中国成立之际,以毛泽东同志为主要代表的中国共产党人就明确提出在革命文化教育中要加强革命历史教育,要坚持"用科学的历史观点,研究和解释历史、经济、政治、文化及国际事务"❷,要坚持以中国革命历史教育广大人民提升拥护中国共产党执政的政治心理和增强坚定走社会主义道路的历史认同。不仅如此,1950—1964年教育部发布的诸如《高等学校暂行规程》《关于高等学校政治理论课程的规定(试行方案)》《关于高等学校共同政治理论课教学安排的几点意见》等一系列文件,还进一步强调要以无产阶级革命斗争的历史教育广大人民,要引导中国人民在正确的历史感知中,通过"五四"以来的基本史实,"认识中国政治的发展规律,了解中国革命的基本问题,和中国共产党的总路线总政策,领会中国共产党和毛主席的光荣、伟大、正确"❸,从而做到在培育中国人民革命人生观的基础上,

---

❶ 教育部社会科学司. 普通高校思想政治理论课文献选编(1949—2008)[M]. 北京:中国人民大学出版社,2008:41.

❷ 教育部社会科学司. 普通高校思想政治理论课文献选编(1949—2008)[M]. 北京:中国人民大学出版社,2008:1.

❸ 教育部社会科学司. 普通高校思想政治理论课文献选编(1949—2008)[M]. 北京:中国人民大学出版社,2008:16.

提升他们的思想意志和政治认同，切实以此引导他们做好为社会主义革命和建设而奋斗的思想准备。

总之，在社会主义革命与建设时期，以毛泽东同志为主要代表的中国共产党人十分注重在革命文化教育中突出和加强革命历史教育，十分强调要以正确的革命历史教育逐步肃清广大人民精神家园中非无产阶级的思想流毒，切实以此增强了中国人民对中国共产党执政与社会主义道路的理性认知与政治认同。

（三）坚持以"无产阶级的革命精神"教育和引导人民提升实践动力

"无产阶级的革命精神"是革命文化的价值内核。以革命文化中所内蕴的革命精神教育且鼓舞广大人民为实现中华民族伟大复兴事业而奋斗是中国共产党开展革命文化教育的优良传统。1956年11月，毛泽东在中共八届二中全会上回忆并赞颂了中国共产党的优良传统，不仅表明要坚持革命文化教育，要继续弘扬中国共产党艰苦奋斗的政治本色，而且强调"人是要有一点精神的，无产阶级的革命精神就是由这里头出来的"[1]。不仅如此，以毛泽东同志为主要代表的中国共产党人还进一步阐明，培养"无产阶级的革命精神"关键靠教育，这既是社会主义事业发展的现实需要，也是保障人的自由全面发展的根本要求。

具体而论，社会主义革命和建设时期，一方面，以毛泽东同志为主要代表的中国共产党人阐明，要切实在加强马克思列宁主义理论教育和革命历史教育的基础上，深入推进革命精神教育，因为"社会主义是艰苦的事业"[2]，所以"我们以后对工人、农民、士兵、学生都应该宣传艰苦奋斗的精神"[3]，要坚持引导广大人民继承革命文化，要继续教育他们以其中的革命热情应对社会主义事业中的一切难题，使广大人民在明确政治革命向社

---

[1] 毛泽东文集（第7卷）[M]．北京：人民出版社，1999：162.
[2] 毛泽东文集（第7卷）[M]．北京：人民出版社，1999：246.
[3] 毛泽东文集（第7卷）[M]．北京：人民出版社，1999：246.

会革命转化的历史任务中,切实将"把革命工作做到底"❶的拼命精神升华为推进社会主义事业发展的实践动力。另一方面,以毛泽东同志为主要代表的中国共产党人还十分强调开展革命精神教育是塑造社会个体和推进人的全面发展的必要内容。面对社会主义革命和建设时期国家整体政治和经济实力贫弱,人民精神文化素质不高的现状,毛泽东明确指出,人是第一宝贵的要素,"一切物质因素只有通过人的因素,才能加以开发利用"❷,因此要坚持以革命精神涵育和提升人的精神品质,要努力将革命文化教育统一于党的其他内容的教育,从而"使受教育者在德育、智育、体育几方面都得到发展"❸,真正成为"有社会主义觉悟有文化的劳动者"❹。

三、改革开放和社会主义现代化建设新时期中国共产党人的革命文化教育思想

随着改革开放的推进,世界多极化、经济全球化、文化多元化和网络信息化发展对中国的影响愈发深刻。面对新形势、新问题和新挑战,中国共产党人充分意识到包括革命文化教育在内的思想政治工作的对象特征、环境因素、工作载体、宣传媒介等要素都发生了极大的变化。为此,改革开放以来以邓小平、江泽民、胡锦涛等为主要代表的中国共产党人与时俱进地建构和创新了革命文化育人理论。

(一)邓小平关于革命文化教育的论述

作为党的第二代中央领导集体的核心,以邓小平同志为主要代表的中国共产党人以坚实的理论功底和果敢的政治魄力,立足改革开放的时代需要提出了关于继承革命文化和开展革命文化教育的一系列重要论述,这在一定程度上丰富和创新了早期中国共产党人的革命文化教育思想,为革命

---

❶ 毛泽东文集(第7卷)[M]. 北京:人民出版社,1999:285.
❷ 毛泽东文集(第7卷)[M]. 北京:人民出版社,1999:34.
❸ 毛泽东文集(第7卷)[M]. 北京:人民出版社,1999:226.
❹ 中共中央文献研究室. 建国以来毛泽东文稿[M]. 北京:中央文献出版社,1992:345.

文化的教育、传承与弘扬作出了重要的贡献。

1. 以革命文化教育人民坚定"共产主义思想和共产主义道德"

理想信念是革命文化的重要内容。邓小平说："马克思主义，另一个词叫共产主义。"❶ 他始终强调，开展革命文化教育必须从继承党的优良传统着力，要切实加强共产主义理想信念教育，因为共产主义理想信念既指引了中国共产党领导人民取得革命和建设的胜利，也必然会成为改革开放事业的重要航标和精神支撑。不仅如此，邓小平还主要从革命历史和现实需要这两个维度对革命文化教育在改革开放初期的重要价值给予了高度的评价。

邓小平认为，一方面，中国革命历史内蕴着中国共产党领导人民始终以共产主义为理想信念的鲜活密码。邓小平指出，对马克思主义的信仰，"是中国革命胜利的一种精神动力"❷，中国共产党的革命优良传统和伟大精神内蕴于革命历史之中，我们要在多重温革命历史的基础上，从革命文化之中汲取共产主义理想信念，要通过革命文化教育使人们明白"共产主义的理想是我们的精神支柱，多少人牺牲就是为了实现这个理想"❸。另一方面，以革命文化教育坚定共产主义理想信念必须紧密联系社会主义初级阶段的客观实际。邓小平指出，建设社会主义现代化强国是一项十分复杂而艰巨的伟大事业，要完成这样的事业需要"坚持共产主义思想和共产主义道德"❹，需要坚持革命文化教育，要以中国共产党的革命优良传统培育全民族的革命乐观主义精神和坚定的理想信念，以此才能在保证共产主义发展方向的基础上推进改革开放的伟大事业。因此，从革命文化教育的主体内容和政治主线看，坚持以共产主义理想信念和革命精神为主体内容的革命文化具有重要的价值，其所蕴含的"坚持革命乐观主义、排除万难去

---

❶ 邓小平文选（第3卷）[M]. 北京：人民出版社，1993：173.
❷ 邓小平文选（第3卷）[M]. 北京：人民出版社，1993：63.
❸ 邓小平文选（第3卷）[M]. 北京：人民出版社，1993：137.
❹ 中共中央文献研究室. 三中全会以来重要文献选编[M]. 北京：中央文献出版社，2011：560.

争取胜利的精神"❶是搞好社会主义建设、实现四个现代化的伟大精神动力,所以必须通过科学的革命文化教育实践,大力弘扬党的优良传统和共产主义理想信念。

2. 将革命精神教育同人民群众的物质利益需求相结合

邓小平坚持认为人是物质性与精神性的统一,反对单纯开展革命精神教育的唯心主义倾向。因此,一方面,邓小平认为讲求物质利益和开展革命精神教育应切合马克思主义唯物史观的科学论断。他充分结合社会主义现代化建设的需要,提出劳动是人的主要谋生手段,对人民群众进行革命文化教育,不能脱离人民对自身利益的正当要求,因为虽然革命精神是宝贵的,但是"革命是在物质利益的基础上产生的,如果只讲牺牲精神,不讲物质利益,那就是唯心论"❷。另一方面,邓小平认为开展革命文化教育应有利于引导人民树立正确获取物质利益的价值观。随着改革开放的深入发展,加之西方"和平演变"的持续渗透,国内出现各种崇拜资本主义和主张资产阶级自由化,以及否定革命历史、革命精神的错误思潮。针对这些问题,邓小平明确指出,强调物质利益的同时,我们还要重视意识形态领域的斗争,要积极"恢复和发扬我们党和人民的革命传统,培养和树立优良的道德风尚,为建设高度发展的社会主义精神文明做出积极的贡献"❸,从而在应对资产阶级自由化思潮中,既以革命文化教育,特别是其中的伟大革命精神持续激发广大人民的爱国主义情怀和提高民族自尊心、自信心,又以伟大的革命精神引领人们树立正确的价值观和利益观。

3. 以革命文化培育社会主义"四有"新人

党的十一届三中全会以后,以邓小平同志为代表的党的第二代中央领导集体提出了"四有"新人的培养目标,使新时期革命文化教育有了更加贴近时代的育人目标。邓小平指出培养"四有"新人既是塑造社会主义建

---

❶ 邓小平文选(第2卷)[M]. 北京:人民出版社,1994:367-368.
❷ 邓小平文选(第2卷)[M]. 北京:人民出版社,1994:146.
❸ 邓小平文选(第2卷)[M]. 北京:人民出版社,1994:209.

设者和接班人的现实需要，又体现了中国共产党始终坚持人的自由全面发展的根本旨归。对于"四有"新人的培养，邓小平强调要注重以党的革命历史和优良传统，对人民进行革命文化教育，要充分在理论与实践的融合中以摆事实、讲道理、树典型的生动方式，引导广大人民"必须继承老一辈的革命传统，大力发扬艰苦奋斗的创业精神"❶。在此基础上，邓小平更是坚决阐明要将广大青年作为"四有"新人培养的重要群体。他指出："为什么我们过去能在非常困难的情况下奋斗出来，战胜千难万险使革命胜利呢？就是因为我们有理想，有马克思主义信念，有共产主义信念。"❷因此，在改革开放新时期，邓小平在多个场合多次强调，要坚持以马克思主义为指导的革命理论、中国近现代革命历史，以及伟大的革命精神教育人民，才能引导广大人民，尤其是青少年树立共产主义理想信念，才能不让他们"作资本主义腐朽思想的俘虏"❸。除此之外，邓小平还重申了毛泽东关于"人是要有一点精神的"❹ 的重要论断，阐明以革命文化培养"四有"新人，其价值旨归在于使中国人民在逐步实现自由全面发展中提升物质能力和精神素质，从而在改革开放的时代浪潮中进一步丰富和完善中国人民的精神素养，进而帮助广大中国人民逐步实现自由全面的发展。

（二）江泽民关于革命文化教育的论述

面对跨世纪所带来的希望与挑战，以及把中国特色社会主义新实践推向 21 世纪的艰巨任务，以江泽民同志为核心的党的第三代中央领导集体坚持将理论和实践相结合，创造性地继承和弘扬了革命文化。江泽民关于革命文化教育的论述主要涵盖以下三个方面的内容。

---

❶ 李德芳，李辽宁，杨素隐. 中国共产党思想政治教育史料选编 [M]. 武汉：武汉大学出版社，2009：363.
❷ 邓小平文选（第 3 卷）[M]. 北京：人民出版社，1993：110.
❸ 邓小平文选（第 3 卷）[M]. 北京：人民出版社，1993：111.
❹ 毛泽东文集（第 7 卷）[M]. 北京：人民出版社，1999：162.

1. 坚持以"革命文化传统"教育助力中国特色社会主义事业发展

中国共产党开展革命文化教育的历史实践证明，观念形态的文化具有鲜明的意识形态性，是促进政治和经济发展的重要支撑。江泽民说："中华民族的优秀文化传统，党和人民从五四运动以来形成的革命文化传统，人类社会创造的一切先进文明成果，我们都要积极继承和发扬。"❶ 基于此，江泽民进一步表明，开展革命文化传统教育是推进中国特色社会主义事业发展的有力武器。他认为，站在世纪之交的历史制高点上建设中国特色社会主义，是中国共产党和全体人民共同面对的全新的事业。革命文化凝结着党的优良传统，这些优良传统"是我们的政治优势，我们治党治国的传家宝，任何时候都丢不得，丢了要吃大亏"❷。因此，结合时代发展特征和中国特色社会主义事业需要，积极弘扬革命文化，科学开展革命文化教育，对于延续历史脉络、保证正确方向、紧跟时代步伐、激发拼搏斗志都具有重要的现实意义，因为这是推进中国特色社会主义事业发展的思想武器。为此，应当立足中国特色社会主义建设的伟大实践汲取革命文化传统中的优良基因，要在推进革命文化教育中，做到以革命文化所体现的伟大的革命精神、崇高理想和远大目标为中国特色社会主义事业提供精神动力和保证正确方向。

2. 坚持"结合新的实际"与时俱进地开展革命文化教育

江泽民强调开展革命文化教育要紧密结合时代发展的特征与需要。一方面，江泽民从方法论的维度，明确指出要以科学的方法推进革命文化教育。他认为，正确认识和理性处理"改革创新与继承优良传统的关系。建设有中国特色的社会主义是全新的事业，要求我们必然解放思想、实事求是，研究新情况，解决新问题，创造新经验"❸，以此才能更好地以革命文化教育广大人民。另一方面，江泽民还在具体实践中进一步深化对革命文

---

❶ 江泽民. 论"三个代表"[M]. 北京：人民出版社，2002：160.
❷ 江泽民. 论党的建设[M]. 北京：中央文献出版社，2001：171.
❸ 江泽民. 论党的建设[M]. 北京：中央文献出版社，2001：170-171.

化教育的价值认识。江泽民在参观考察革命圣地，以及各种革命纪念日或者相关纪念活动的会议上，多次指出要充分结合改革开放新时期时代发展的特征，教育引导广大人民弘扬革命文化。例如，1996年在纪念红军长征胜利六十周年大会上，江泽民指出："我们要把长征精神一代一代地传下去，激励和鼓舞全国人民奋发图强，开拓前进，在建设有中国特色社会主义的新长征道路上不断夺取新的胜利。"❶ 2002年4月，江泽民在陕西考察工作时指出："无论过去、现在和将来，延安精神都不能丢。全党同志一定要结合新的实际，大力弘扬延安精神。"❷

总而言之，面对国内外发展的新形势，江泽民不仅充分意识到发展中国特色社会主义事业的艰巨性，而且高度肯定了继承革命文化和加强革命文化教育的时代价值。更基于此，他坚决强调要根据新形势、新情况和新问题，与时俱进地开展革命文化教育。

3. 坚持开展革命精神教育并切实"以高尚的精神塑造人"

江泽民结合新的历史条件，继承和发展了邓小平关于以革命文化培养"四有"新人的思想，创造性地提出要"以高尚的精神塑造人"的重要论断。一方面，江泽民高度肯定了以革命精神"武装人"的重要价值。江泽民强调，中国革命的伟大实践证明，"用革命精神武装起来的中国共产党人和中国人民克服了种种艰难险阻，创造了一个又一个人间奇迹"❸。因此，在改革开放新时期的历史条件下，全党和各族人民继承和弘扬革命文化的根本旨归仍然是要在充分结合时代特征的基础上，科学提取革命精神的科学性和崇高性，坚持以伟大而崇高的革命精神"武装人""引导人""鼓舞人""塑造人"。另一方面，江泽民还十分注重以革命精神教育和塑造青年人。江泽民指出，"青年人一定要有崇高理想和坚定信念"❹，革命

---

❶ 江泽民文选（第1卷）[M]. 北京：人民出版社，2006：592.
❷ 江泽民. 结合新实际大力弘扬延安精神 开创新世纪改革发展生动局面[N]. 人民日报，2002-04-03（04）.
❸ 江泽民文选（第3卷）[M]. 北京：人民出版社，2006：196.
❹ 江泽民. 江泽民思想年编（1989—2008）[M]. 北京：中央文献出版社，2010：334.

文化的内在核心是革命精神，革命精神内蕴着崇高的理想信念、伟大的道德情操和严明的政治纪律等优秀品质，是引导和帮助广大青年"树立正确的世界观、人生观、价值观"❶的精神基因，应当在充分融合国情和历史的基础上加强革命文化教育，要将革命精神与时代精神密切结合，从而有针对性地帮助广大青年正确应对各种错误的社会思潮的侵蚀。

总之，在新的历史条件下，以江泽民同志为主要代表的中国共产党人继承了早期中国共产党开展革命文化教育的价值指向和根本立场，坚持强调开展革命文化教育，既是为了巩固我们党的意识形态阵地，也是为了提升广大人民的精神品质和丰富人民的精神世界。

（三）胡锦涛关于革命文化教育的论述

党的十六大的胜利召开正处于世界发生广泛而深刻变化的时代背景之中，就在这样机遇大于挑战的新世纪的新阶段，"以胡锦涛同志为总书记的党中央，成功地在新的历史起点上坚持和发展了中国特色社会主义"❷。在这一历史背景下，以胡锦涛同志为主要代表的中国共产党人，不仅立足世界境遇和中国国情提出了科学发展观的重要思想，而且还基于历史事实和时代需要的角度，推进了革命精神与时代精神的有机融合与创新，也进一步丰富了中国共产党人的革命文化教育思想。

1. 开展"革命精神和优良传统"教育具有重大的现实意义

胡锦涛指出，进入21世纪以来，"和平与发展"更加成为世界各国交往交融的鲜明主题。然而，世界风云变幻，在新的历史发展阶段，"机遇前所未有，挑战也前所未有"❸，在这样的国际背景和为实现全面建设小康社会的现实目标之下，"革命前辈们在艰苦卓绝的革命斗争中培育起来的革命精神和优良传统，对我们坚定信念、鼓舞斗志、做好工作具有重大的

---

❶ 江泽民文选（第1卷）[M]. 北京：人民出版社，2006：372.
❷ 习近平. 习近平谈治国理政（第1卷）[M]. 北京：外文出版社，2018：8.
❸ 胡锦涛文选（第2卷）[M]. 北京：人民出版社，2016：613.

现实意义,永远是我们在前进道路上战胜各种困难和风险、不断夺取新胜利的强大精神力量"❶。因此,为了适应国内外各种新形势的发展与变化,加快推进社会主义现代化建设和开创中国特色社会主义新局面,中国共产党和各族人民必须明确革命文化不仅没有过时,而且其中所饱含的伟大的革命精神对于全面实现小康社会的奋斗目标和"顺应各族人民过上更好生活的新期待"❷都具有重要的现实意义。为此,胡锦涛在多个场合多次提出要始终立足新世纪的新形势和新目标,不仅要重视开展革命文化教育的当代价值,而且要坚持结合现实发展需要推进革命文化教育。例如,2002年12月,胡锦涛在西柏坡学习考察时提出:"越是改革开放和发展社会主义市场经济,越要弘扬艰苦奋斗的精神。即使将来我们的国家发达了,人民生活富裕了,艰苦奋斗的精神也不能丢。那种认为艰苦奋斗是老一套、已经过时了的想法是错误的,也是很有害的。"❸ 2006年10月,在纪念红军长征胜利70周年大会上,胡锦涛指出,我们要始终"保持和发扬革命战争时期的那么一股劲、那么一股革命热情、那么一种拼命精神,沿着建设中国特色社会主义道路,继续把革命前辈开创的伟大事业推向前进,不断描绘中华民族伟大复兴的壮丽图景"❹,这深刻表明了开展革命文化教育具有重要的现实意义。

2. 开展革命文化教育"要继承又要发展"

胡锦涛认为,对革命文化不仅要重视现实意义,更要在继承中发展,如此才能与时俱进地发展革命文化教育的内容体系。他指出:"对革命传统要继承又要发展。我们应该把革命优良传统和改革开放以来焕发出的新的时代风貌结合起来,熔铸成新的民族精神、时代精神,并把它贯注到广

---

❶ 胡锦涛. 继承和发扬党的优良革命传统 加快全面建设小康社会步伐[N]. 人民日报,2003-09-03(01).
❷ 胡锦涛文选(第2卷)[M]. 北京:人民出版社,2016:627.
❸ 胡锦涛文选(第2卷)[M]. 北京:人民出版社,2016:7.
❹ 胡锦涛. 在纪念红军长征胜利70周年大会上的讲话[N]. 人民日报,2006-10-23(01).

大人民群众中去，形成强大的凝聚力"❶，从而更加有力地促进改革开放和现代化建设事业的顺利开展。因此，党的十六大以来，在继承革命文化的基础上，以胡锦涛同志为主要代表的中国共产党人十分注重紧密结合构建和谐社会、坚持科学发展观、推动社会主义文化繁荣发展等现实目标，创造性地提出了"社会主义荣辱观"，以及"社会主义核心价值体系"等重要思想。不仅如此，这一时期，中国共产党还坚持以贯通历史与照应现实的方法，正确剖析了新时期涌现出来的典型人物、特殊事件和感人事迹，并在紧密结合新民主主义革命时期的革命精神的基础上，提炼出新的民族精神和时代精神，从而丰富了中国共产党人的精神谱系，这些精神例如有"抗击非典精神""航天精神""抗震救灾精神"，等等。

质言之，上述这些具有新时期的新意蕴的革命精神与新民主主义革命时期所形成的革命精神一脉相承，并且融合改革开放以来的新思想和新风尚，构成了社会主义核心价值体系的主体内容，由此在新的历史背景下既为推进革命文化教育提供了生动的素材和实践基础，也切实构建了应与时俱进开展革命文化教育的科学方法论。这也正如胡锦涛在谈到"焦裕禄精神"时所说，"无论是弘扬新的时代精神，还是抵制各种消极腐朽的思想影响，我们都更加需要坚持党的全心全意为人民服务的宗旨，更加需要继承与发扬密切联系群众、努力艰苦创业的优良作风"❷，需要将新民主主义革命时期所生成的伟大革命精神与改革开放新时期价值追求及其建设目标紧密相连。

3. 开展"革命文化传统"教育的终极目标在于促进人的自由全面发展

在新的历史时期，坚持强调以革命文化传统教育促成人的自由全面发展，表明了以胡锦涛同志为总书记的党中央对革命文化育人旨归的清醒认识。1996 年 11 月，在省部级干部社会主义精神文明建设专题研究班结业

---

❶ 胡锦涛文选（第 1 卷）[M]. 北京：人民出版社，2016：62.
❷ 胡锦涛文选（第 1 卷）[M]. 北京：人民出版社，2016：85.

仪式上，胡锦涛指出"现在抓党的十四届六中全会精神贯彻落实，就要紧紧抓住人的素质这个根本"❶，这一方面表明了时任中央政治局常委的胡锦涛明确意识到"人"的价值意蕴，另一方面也彰显了胡锦涛在马克思主义的理论指引下对"现实的人"的深切关怀，体现出胡锦涛坚持以人为本和从实现人的自由全面发展的理论高度，强调继承和发扬革命文化的根本旨归。不仅如此，他还从实践维度明确指出，以革命文化教育促进人的自由全面的发展，"首要的一条，就是要继续用马克思列宁主义、毛泽东思想特别是邓小平建设有中国特色社会主义理论教育党员、干部和人民"❷，要切实立足广大人民精神文化生活的需要，坚持在开展革命文化教育的过程中，既教育和激发广大人民为全面建设小康社会奋力拼搏的昂扬斗志，又为坚持以人为本和最终实现人的自由全面发展而强化精神动力。

四、中国特色社会主义新时代中国共产党人的革命文化教育思想

党的十八大之后，"我国已处于一个新的历史方位，这个历史方位就是新时代"❸。以习近平同志为核心的新一届党中央，坚持基于新时代的新使命、新形势和新要求，不仅明确指出革命文化是中国特色社会主义文化的重要组成部分，是文化自信的重要源泉，而且还坚决立足实现中国式现代化和中华民族伟大复兴的时代需要，从物质、制度和精神等层次结构上提出了一系列关于革命文化教育的新思想、新论断和新观点，从而既将中国共产党人关于革命文化教育的论述提升到了新的历史高度，又融合新时代新征程上中国共产党人的集体智慧，丰富了革命文化铸魂育人的本质内涵，为新时代新征程上开展革命文化教育提供了重要的理论遵循。

（一）"革命传统资源是我们党的宝贵精神财富"

革命文化物质资源是中华文物的重要组成部分，是开展革命文化教育

---

❶ 胡锦涛文选（第1卷）[M]．北京：人民出版社，2016：225．
❷ 胡锦涛文选（第1卷）[M]．北京：人民出版社，2016：225．
❸ 曲青山．新时代在党史新中国史上的重要地位和意义[M]．北京：人民出版社，2019：8．

的重要内容。党的十八大以来，习近平总书记不仅多次到访革命老区和革命纪念馆，而且他还高度重视对革命遗址遗迹的保护和利用。从习近平总书记的红色足迹来看，2012年以来，他先后到河北阜平、河北西柏坡、山东临沂、福建古田、陕西延安、陕西铜川、陕西照金、贵州遵义、江西井冈山、安徽金寨、宁夏回族自治区西吉县、上海"中共一大"会址、浙江嘉兴、江苏徐州、江西于都、山西兴县、甘肃张掖、北京香山、湖南郴州等革命老区、革命遗址和革命纪念馆考察参观。每到一处，习近平总书记总会依据各地不同的革命历史价值和革命文化的地域特色，不仅坚持阐明"革命传统资源是我们党的宝贵精神财富"❶，而且强调保护革命遗址遗迹是继承革命文化和传承红色基因的重要前提，不管时代如何演变，我们都要极力加强对革命文化资源的保护和利用。总体而论，习近平总书记关于对革命文化资源利用和保护的论述具有三个层面的重要内涵。

其一，革命遗址遗迹是教育引导人们感悟党的初心使命的物质载体。2017年10月，习近平总书记带领新一届中共中央政治局常委前往上海和浙江"重走一大路"。在这一过程中，习近平总书记指出："建党时的每件文物都十分珍贵、每个情景都耐人寻味，我们要经常回忆、深入思索，从中解读我们党的初心。"❷ 不仅如此，党的十八大以来，习近平总书记还多次强调，革命老区是我们党的根源所在和初心所系，每一处革命遗址遗迹都是我们党和人民革命信仰的印证，都蕴含着我们党的革命道德和政治智慧，是我们党宝贵的财富，每次到革命老区都是一次思想和精神上的洗礼。其二，革命文化资源是涵育人心的宝贵财富。2019年9月，习近平总书记在河南考察时强调："革命博物馆、纪念馆、党史馆、烈士陵园等是党和国家红色基因库。"这深刻表明保护利用革命文化资源的根本目的在于既要将革命文化资源有机转化为教育资源，更要切实做到"把红色资源

---

❶ 习近平. 以更加奋发有为的精神加强和改进党的建设 为实现"十二五"时期良好开局提供坚强保证［N］. 光明日报，2011-03-24（03）.

❷ 习近平. 铭记党的奋斗历程时刻不忘初心 担当党的崇高使命矢志永远奋斗［N］. 光明日报，2017-11-01（01）.

利用好、把红色传统发扬好、把红色基因传承好"❶，要充分立足新时代数字经济和科学技术发展的新趋向及广大人民的休闲娱乐方式，对革命文化资源的独特魅力进行合理发掘、科学解读和有效阐释，要努力做到用既朴实本真而又具有现代化的传播手段，教育引导广大人民不仅客观"体会革命年代的艰苦"❷，而且真切感悟中国共产党的初心使命，并以此确保红色江山永不变色。其三，革命历史遗产是开展党史学习教育的有益支撑。2021年3月，习近平总书记在福建考察时指出："福建是革命老区，党史事件多、红色资源多、革命先辈多，开展党史学习教育具有独特优势。"❸ 同年4月，习近平总书记在广西考察时同样强调："广西红色资源丰富，在党史学习教育中要用好这些红色资源，做到学史增信。"❹ 这些论断均深刻说明，革命历史遗产对于还原历史真相，以及引导人们感知革命历史场景和讲好革命历史故事而言，都具有独特的魅力，都是开展且推进党史学习教育常态化长效化的有益支撑。

（二）"中国革命历史是最好的营养剂"

中国革命历史是应对历史虚无主义和筑牢中国共产党意识形态领导权的生动教材。历史虚无主义是一种混淆历史发展的现象与本质、主流与支流、客观与主观的唯心史观。这一思想是滥觞于19、20世纪西方社会的错误思潮，并曾一度伴随西方资本主义的扩展而传入中国。20世纪90年代中后期，由于东欧剧变、苏联解体造成国际格局演变，使历史虚无主义这一思潮又开始打着"告别革命"的旗号在中国甚嚣尘上。随后，历史虚无主义者又以"价值中立""考究细节""还原历史""娱乐恶搞"等手段在理论界、学术界、文艺界、思想界、教育界等领域都不同程度地破坏了人

---

❶ 习近平. 贯彻全军政治工作会议精神 扎实推进依法治军从严治军［N］. 人民日报，2014-12-16（01）.

❷ 习近平. 在宁夏考察调研参观固原将台堡三军会师纪念馆时的讲话［N］. 人民日报，2016-04-25（01）.

❸ 习近平. 习近平谈治国理政（第4卷）［M］. 北京：外文出版社，2022：518.

❹ 习近平. 习近平谈治国理政（第4卷）［M］. 北京：外文出版社，2022：519.

们对历史事实的正确认知,以及对中国共产党领导的政治认同和情感态度。近年来,伴随数字化技术的不断发展,历史虚无主义也愈发借助新传播语境和新兴媒介在意识形态领域抬头泛起,并且愈发具有隐匿性、复杂性、广泛性、娱乐性、普遍性的发展特征,这不仅极大程度地影响着中国人民对中华文化的自知、自觉和自信,而且也加剧了我国网络安全生态风险,也更严重威胁着我国意识形态领域的安全。

面对这些问题,习近平总书记洞若观火,他不仅坚决强调:"要警惕和抵制历史虚无主义的影响,坚决抵制、反对党史问题上存在的错误观点和错误倾向。"❶ 而且他还指出,应当自觉维护我国政治安全和文化安全,应当"坚持以立为本、立破并举,不断增强社会主义意识形态的凝聚力和引领力"❷。除此之外,他还阐明当前国内外敌对势力争相攻击中国革命和新中国的历史,其根本目的是搞乱中国共产党对意识形态的领导,我们必须以苏联为鉴,意识到苏共垮台的"一个重要原因就是意识形态领域的斗争十分激烈,全面否定苏联历史、苏共历史,否定列宁,否定斯大林,搞历史虚无主义,思想搞乱了,各级党组织几乎没任何作用了,军队都不在党的领导之下了"❸,这是十分错误且具有危险性的行为。因此,必须明确"中国革命历史是最好的营养剂"❹ 和最具有说服力的"教科书",明确加强革命文化教育,既可有力应对历史虚无主义的错误影响,又能给予党员干部和广大人民丰富的精神滋养和饱满的"正能量"。在此基础上,习近平总书记又从如下几个方面进一步丰富了新历史条件下革命文化教育的方法论。

一是要正确认识革命史实。清代思想家龚自珍阐明:"灭人之国,必

---

❶ 习近平. 历史是最好的教科书——学习习近平同志关于党的历史的重要论述 [N]. 人民日报,2013-07-22 (08).

❷ 习近平. 习近平谈治国理政(第3卷)[M]. 北京:外文出版社,2020:311.

❸ 中共中央文献研究室. 十八大以来重要文献选编(上)[M]. 北京:中央文献出版社,2014:113.

❹ 习近平. 充分调动干部和群众积极性 保证教育实践活动善做善成 [N]. 人民日报,2013-07-13 (01).

先去其史；隳人之枋，败人之纲纪，必先去其史；绝人之才，湮塞人之教，必先去其史。"❶ 历史是一个国家和民族安身立命的基础，习近平总书记深谙这一历史规律。他不仅多次引用这一古训，而且还一针见血地指出这些丑恶行径的本质，他明确表明："国内外敌对势力往往就是拿中国革命史、新中国历史来做文章，竭尽攻击、丑化、污蔑之能事，根本目的就是要搞乱人心，煽动推翻中国共产党的领导和我国社会主义制度。"❷ 不仅如此，习近平总书记还创造性地从大历史观的维度阐明革命历史的重要价值，他强调："一个不记得来路的民族，是没有出路的民族。"❸ 这一论断切实以原创性的贡献丰富了马克思主义文化教育思想，也深刻表明了任何民族的历史中都蕴藏着这个民族的奋斗初心和前进方向，正确对待历史不仅能回顾一个民族的昨天，更能在找寻初心与方向中指引一个民族的未来。中国共产党领导中国人民实现中华民族伟大复兴的革命实践是中华民族奋斗史中的重要一环，因此，正如习近平总书记所阐明，"历史是最好的教科书"❹ 由中国共产党领导中国人民共同书写的革命历史不容随意歪曲和肆意篡改，要坚持以正确的革命历史教育引导人们明确"历史就是历史，事实就是事实，任何人都不可能改变历史和事实"❺，必须坚决反对任何歪曲中国共产党革命历史的错误倾向。

二是要客观对待革命领袖。革命领袖是引领广大人民创造革命文化的主导者，革命领袖的人物事迹和精神品质中蕴藏着革命文化的诸多优良品质，具有传承弘扬的时代价值。面对历史虚无主义者公然丑化和污蔑革命领袖的卑劣行径，习近平总书记坚持以勇于亮剑的果敢精神和清醒意志明确指出，一方面，对毛泽东等革命领袖的评价要立足客观的历史条件和行

---

❶ [清] 龚自珍. 龚自珍全集 [M]. 上海：上海人民出版社，1975：22.
❷ 中共中央宣传部. 习近平总书记系列重要讲话读本 [M]. 北京：学习出版社，2016：32.
❸ 习近平. 习近平谈治国理政（第2卷）[M]. 北京：外文出版社，2017：49.
❹ 习近平在中共中央政治局第七次集体学习时强调：在对历史的深入思考中更好走向未来 交出发展中国特色社会主义合格答卷 [N]. 人民日报，2013-06-27（01）.
❺ 习近平. 在纪念全民族抗战爆发七十七周年仪式上的讲话 [N]. 人民日报，2014-07-08（02）.

动环境,要正确辨析他们的"功"与"过","不能因为他们伟大就把他们像神那样顶礼膜拜,不容许提出并纠正他们的失误和错误;也不能因为他们有失误和错误就全盘否定,抹杀他们的历史功绩,陷入虚无主义的泥潭"❶。另一方面,要坚持将毛泽东等革命领袖和老一辈革命家尊崇为英雄,因为"他们的事迹和精神都是激励我们前行的强大力量"❷。习近平总书记的这些论断,既是对历史虚无主义等社会思潮的有力回应,也切实阐明了革命领袖与中华民族伟大复兴战略全局的发展关联,为中国共产党人的革命文化教育思想奠定了更宽广、更深厚、更直接的理论基础,也深刻表明了对革命领袖的评判与推崇,应该在正确处理生产力和生产关系之间辩证关联的基础上,只有坚持运用辩证唯物主义和历史唯物主义相统一的正确思维,才能立足客观的社会历史条件教育引导人们正确、全面而又科学地评价革命领袖的功绩与错误,才能更有效地讲好革命领袖的奋斗与牺牲,更真挚地弘扬他们的伟大情怀与优良品质。

三是要坚持崇尚革命英雄。近年来,历史虚无主义者和极端个人主义者常以质疑、娱乐、扭曲等形式否定革命英雄的正面形象。面对这些问题,习近平总书记在融合马克思主义英雄观和中华优秀传统英雄文化的基础上,结合历史发展和时代需要明确指出,人类发展的历史一再证明,英雄与时代的发展密切相关,新时代新征程的发展仍然需要继承和弘扬英雄精神,要在正确认识历史事实的基础上,坚持"引导人民树立正确的历史观、民族观、国家观、文化观,绝不做亵渎祖先、亵渎经典、亵渎英雄的事情"❸。不仅如此,习近平总书记还进一步结合"百年未有大变局"和"实现中国式现代化"的时代特征和现实需要,以及中华优秀传统英雄文化中的道德圣贤思想,对马克思主义英雄观提出了诸多原创性的论断,切实丰富和发展了马克思主义英雄观。例如,2022年10月,在党的二十大

---

❶ 习近平. 在纪念毛泽东同志诞辰120周年座谈会上的讲话 [N]. 光明日报,2013-12-27(02).

❷ 习近平. 在纪念中国人民抗日战争暨世界反法西斯战争胜利70周年系列活动上的讲话 [M]. 北京:人民出版社,2015:19.

❸ 习近平. 论中国共产党历史 [M]. 北京:中央文献出版社,2021:70-71.

闭幕后，习近平总书记到河南省安阳市考察时强调："红旗渠就是纪念碑，记载了林县人不认命、不服输、敢于战天斗地的英雄气概。要用红旗渠精神教育人民特别是广大青少年，社会主义是拼出来、干出来、拿命换来的，不仅过去如此，新时代也是如此。"❶ 这深刻表明革命精神中的英雄内涵，说明英雄范式的时代性特征和人民性本质。不仅如此，习近平总书记还曾深刻阐明："祖国是人民最坚实的依靠，英雄是民族最闪亮的坐标。"❷ 在实现中华民族伟大复兴的征程上，正是无数革命英雄以勇于牺牲和甘于奉献的伟大精神，"舍小家、为大家"，才有了中华民族逐步繁荣兴盛的今天。这些伟大的革命英雄不仅用自己的血与肉、泪和汗、情与爱，书写了感天动地的革命历史，而且还引领着中国人民共同创造了伟大的革命文化。因此，坚持加强革命文化教育，既是对革命先烈的告慰与缅怀，又是为实现中国式现代化和中华民族伟大复兴事业提供精神滋养的重要保障。因为"一个有希望的民族不能没有英雄，一个有前途的国家不能没有先锋"❸，伟大的革命英雄主义是实现中华民族伟大复兴的精神动力和重要支撑。此外，习近平总书记还指出，"对为国牺牲、为民牺牲的英雄烈士，我们要永远怀念他们，给予他们极大的荣誉和敬仰"❹，表明在不断接近中华民族伟大复兴实践目标的今天，我们更要坚持开展革命文化教育，要持续讲好英烈故事，教育引导人们在坚持缅怀英雄、崇尚英雄、学习英雄的实践中，学会用唯物史观批驳一切历史虚无主义的错误言论。

（三）"人无精神则不立，国无精神则不强"

革命精神既可助力"中国梦"的实现，又能引领广大中国人民明确党

---

❶ 习近平. 全面推进乡村振兴 为实现农业农村现代化而不懈奋斗［N］. 光明日报，2022-10-29（01）.

❷ 习近平. 习近平谈治国理政（第2卷）［M］. 北京：外文出版社，2017：351.

❸ 习近平. 在颁发"中国人民抗日战争胜利70周年"纪念章仪式上的讲话［N］. 光明日报，2015-09-03（02）.

❹ 中共中央文献研究室. 十八大以来重要文献选编（中）［M］. 北京：中央文献出版社，2016：205.

的初心与使命，更是人自由全面发展的客观需要。习近平总书记强调："人无精神则不立，国无精神则不强。精神是一个民族赖以长久生存的灵魂，唯有精神上达到一定的高度，这个民族才能在历史的洪流中屹立不倒、奋勇向前。"❶ 这一论断以辩证唯物主义的思维，客观阐明了精神之于人以及国家和民族的重要作用。基于此，习近平总书记反复强调，要坚定人民立场，坚持传承革命精神。归结而论，习近平总书记关于开展革命文化教育，尤其是弘扬革命精神的论述主要立足三个维度。

一是立足国家和民族发展的需要。习近平总书记指出："唯有精神上站得住、站得稳，一个民族才能在历史洪流中屹立不倒、挺立潮头。同困难作斗争，是物质的角力，也是精神的对垒。"❷ 可见，习近平总书记秉承大历史观，切实将革命精神的论述立足于中华民族发展的维度进行考量，在这个基础上，不仅创造性地强调要坚持弘扬中华优秀传统文化的优良精神基因，而且也基于"百年未有之大变局"的时代局势，强调精神力量是一个国家和民族自立自强的重要支撑，实现中华民族伟大复兴的事业面临着各种重大的阻力、风险、矛盾和挑战，需要以伟大的革命精神"凝聚同心共筑中国梦的磅礴力量"❸。革命文化生成于中国共产党领导中国人民实现中华民族伟大复兴的历程之中，对于激发广大人民的理想信念、创新品格、斗争意识、奋斗精神等都具有重要的作用，是引导广大人民认识新中国和中国特色社会主义事业来之不易的重要教材。因此，正如习近平总书记在纪念长征胜利 80 周年大会上的讲话所强调："我们世世代代都要牢记伟大长征精神、学习伟大长征精神、弘扬伟大长征精神，使之成为我们党、我们国家、我们人民、我们军队、我们民族不断走向未来的强大的精神动力。"❹ 习近平总书记坚持认为，革命精神是教育并指引广大人民强化

---

❶ 习近平. 习近平谈治国理政（第 1 卷）[M]. 北京：外文出版社，2018：47-48.

❷ 习近平. 在全国抗击新冠肺炎疫情表彰大会上的讲话 [N]. 光明日报，2020-09-08（02）.

❸ 习近平. 决胜全面建成小康社会 夺取新时代中国特色社会主义伟大胜利——在中国共产党第十九次全国代表大会上的报告 [M]. 北京：人民出版社，2017：17.

❹ 习近平. 习近平谈治国理政（第 2 卷）[M]. 北京：外文出版社，2017：57.

党百年奋斗的红色积淀，以及实现中国式现代化和中华民族伟大复兴中国梦的动力支撑。

二是立足中国共产党发展的需要。习近平总书记指出，作为马克思主义政党，中国共产党是中国人民坚强的领导者，始终与最广大人民的利益相一致。为了永葆中国共产党的政治本色和人民立场，广大党员干部必须始终明确我们永远是革命者，我们不能"丧失了革命精神"❶。为此，习近平总书记强调，广大党员干部既要坚持加强马克思主义理论学习，又要认真学好党史、新中国史、改革开放史、社会主义发展史、中华民族发展史，也要切实将革命文化资源作为涵养自身爱国主义和民族主义情怀，以及强化党性教育的生动教材。在这一过程中，不仅要学习革命先烈坚守初心与使命的伟大品质，而且应当努力继承先辈们自我批评、自我革命、自我净化的优良传统，真正做到以伟大的革命精神教育和激发自我革命意志，以彻底的自我革命精神深化对初心与使命的坚守与践行。

三是立足人民精神发展需要。马克思主义表明，人对自然界的依赖关系是人得以生存的首要前提。人们为了不断满足自身吃、穿、住、行等生存和发展的需要而进行物质生产实践，从而形成人对物的依赖关系。随着生产力和生产关系的进一步变革与发展，人的主体意识会被不断激发，人们会愈发思考如何在物质性需要满足的基础上，丰富和发展个人与国家、社会、家庭，及其与自身的辩证关系。不仅如此，人们还会由此不断生成对包含着政治、经济、科学、艺术、宗教等人际性和精神性需要的追求，即人具有物质需要和精神需要都自由全面发展的理性诉求。鉴于此，党的十九大报告指出，发展中国特色社会主义文化，要"不忘本来、吸收外来、面向未来，更好构筑中国精神、中国价值、中国力量，为人民提供精神指引"❷。这一论断深刻表明以革命文化涵育人民，提升人民的精神素

---

❶ 习近平. 以时不我待只争朝夕的精神投入 开创新时代中国特色社会主义事业新局面[N]. 光明日报, 2018-01-06(01).

❷ 习近平. 决胜全面建成小康社会 夺取新时代中国特色社会主义伟大胜利——在中国共产党第十九次全国代表大会上的报告[M]. 北京：人民出版社, 2017：23.

养,同样是习近平新时代中国特色社会主义思想的重要内容之一。不仅如此,习近平总书记还强调,对广大人民加强革命文化教育,要立足新时代新征程的新境遇和新使命,要教育引领人民在继承革命文化的基础上,洞察中华文化的发生机制、发展脉络和根本旨归,明确革命文化与中华优秀传统文化、社会主义先进文化的内在关联度和一脉相承性,并由此丰富精神家园、增强文化自信、把握历史主动,提升对初心和使命的价值认同,切实做到以革命文化教育提升和满足广大人民精神发展的需求,这些论断也同样是习近平总书记立足新时代和新征程发展的新变化、新格局与新使命,对马克思主义文化教育理论以及中国共产党人革命文化教育思想的原创性贡献。

(四)"革命理想高于天"

党的十八大以来,习近平总书记不仅将理想信念比喻成增强人的精神意志的"钙",而且他还在多个场合反复强调,实现共产主义"是我们共产党人的最高理想,而这个最高理想是需要一代又一代人接力奋斗的"❶,这一论断一方面充分继承并肯定了"一代又一代"的中国共产党人领导中国人民为实现共产主义而奋斗的努力与牺牲,另一方面也深刻阐明了革命文化蕴含着理想信念的精神基因,是涵育中国人民坚定共产主义理想信念的生动教材。不仅如此,习近平总书记还强调,"没有一大批具有坚定共产主义理想的中华儿女,就没有中国共产党,也就没有新中国,更没有今天我国的发展进步"❷,这一论断进一步表明了共产主义的革命理想渗透在革命文化的生成与发展之中,是革命文化的理论灵魂和实践旨归。基于此,习近平总书记更多次阐明,实现共产主义理想需要分为不同的发展阶段。当前实现中国式现代化、中国特色社会主义共同理想和中华民族伟大复兴,均是立足我国国情发展特征,实现共产主义社会的重要基础和必经

---

❶ 习近平. 习近平谈治国理政(第2卷)[M]. 北京:外文出版社,2017:142-143.
❷ 习近平. 在纪念邓小平同志诞辰110周年座谈会上的讲话[N]. 光明日报,2014-08-21(02).

阶段。为此，我们要充分结合新时代和新征程的新发展特征，坚持做到以革命文化教育引导中国人民坚定理想信念。例如，在庆祝中国共产党成立95周年大会上，习近平总书记就指出："理想之光不灭，信念之光不灭。我们一定要铭记烈士们的遗愿，永志不忘他们为之流血牺牲的伟大理想。"❶ 2017年1月，习近平总书记更进一步指出："没有中华优秀传统文化、革命文化、社会主义先进文化的底蕴和滋养，信仰信念就难以深沉而执着。"❷ 由此，他高度肯定了革命文化对于涵育人的理想信念的重要作用。2017年10月，在带领全体中央政治局常委瞻仰中共一大会址时更是强调："我们全体中央政治局常委同志这次集体出行，目的是回顾我们党的光辉历程特别是建党时的历史，进行革命传统教育，学习革命先辈的崇高精神，明确肩负的重大责任，增强为实现党的十九大提出的目标任务而奋斗的责任感和使命感。"❸ 表明他在强调"革命理想高于天"的基础上，还坚决强调要以实际行动缅怀革命先烈和学习革命精神，要坚持从革命文化教育实践中汲取理想信念的精神密码。

简言之，党的十八大以来，习近平总书记以对"革命理想高于天"这一革命诗词的充分肯定与反复引用，深刻表明了继承和弘扬革命文化对于坚定理想信念具有重要的价值，开展革命文化教育是指引中国共产党人和广大人民共同走好新时代"长征路"的有效举措。

（五）以革命精神教育"青年一代发愤图强、奋发有为"

习近平总书记十分强调要加强对青少年，尤其是对青年开展革命文化教育。他不仅明确表明"中国共产党是始终保持青春特质的党"❹，关爱青

---

❶ 习近平. 在庆祝中国共产党成立95周年大会上的讲话 [M]. 北京：人民出版社，2016：11.
❷ 习近平. 全面贯彻落实党的十八届六中全会精神 增强全面从严治党系统性创造性实效性 [N]. 光明日报，2017 - 01 - 07（01）.
❸ 习近平. 铭记党的奋斗历程时刻不忘初心 担当党的崇高使命矢志永远奋斗 [N]. 光明日报，2017 - 11 - 01（01）.
❹ 习近平. 在庆祝中国共产主义青年团成立100周年大会上的讲话 [N]. 光明日报，2022 - 05 - 11（02）.

年、信任青年、依靠青年、帮助青年是我们党百年来奋斗路上始终呐喊的青春口号，而且我们党也始终将青年看作社会发展的生力军，始终明确广大青年"是整个社会力量中最积极、最有生气的力量，国家的希望在青年，民族的未来在青年"❶，这些论断都深刻表明了青年一代的理想信念、本领担当、价值追求、精神品质对人民、民族、国家和世界的发展都具有重要的现实意义。换言之，党的十八大以来，习近平总书记不仅坚持从宏观上对中国共产党与广大青年的关系进行了科学研判，而且还注重从微观上阐明要积极从教育内容和方式方法的完善与创新着力，引导广大青年认真学习革命先辈的精神品质，使他们既成长为切合新时代新征程的新形势和新使命发展需要的优秀人才，又能不断用自己的实际行动推进革命先辈们所开创的实现中国式现代化和中华民族伟大复兴的光辉事业。具体而论，习近平总书记关于要加强青年革命文化教育的论述主要集中在如下两个方面。

一方面，从教育内容上看，党的十八大以来，习近平总书记不仅坚持强调，要以革命精神勉励"全党全军全国各族人民特别是青年一代发愤图强、奋发有为"❷，而且他还多次在给青少年的回信中勉励广大青少年要坚持以革命文化为教材，用革命精神引导自身成为担当复兴大任的时代新人。例如，2017年8月，在给完成"青年红色筑梦之旅"的大学生的回信中，习近平总书记不仅表达了自己对青年学生主动接受革命精神洗礼的喜悦之情，而且指出，广大青年奔赴延安，"追寻革命前辈伟大而艰辛的历史足迹，学习延安精神，坚定理想信念，锤炼意志品质，把激昂的青春梦融入伟大的中国梦，体现了当代中国青年奋发有为的精神风貌"❸，这也是当代青年有责任、敢担当、能作为的精神体现。2019年9月，习近平总书记在河南考察时，更是明确强调要"革命博物馆、纪念馆、党史观、烈士陵园等是党和国家红色基因库。要讲好党的故事、革命的故事、根据地

---

❶ 习近平. 在纪念五四运动100周年大会上的讲话［N］. 光明日报，2019-05-01（02）.
❷ 习近平. 习近平谈治国理政（第2卷）［M］. 北京：外文出版社，2017：57.
❸ 习近平. 习近平书信选集（第1卷）［M］. 北京：中央文献出版社，2022：127.

的故事、英雄和烈士的故事,加强革命传统教育、爱国主义教育、青少年思想道德教育,把红色基因传承好,确保红色江山永不变色"❶,深刻表明习近平总书记强调以革命文化教育广大青少年的殷切期望。

另一方面,从方式方法上看,习近平总书记极为重视结合新时代发展的现实特征和青少年成长的规律与需求,强调加强青少年革命文化教育,不仅要重视对革命物质资源的开发、保护和利用,而且要创新讲好革命故事和开展好革命英雄主义教育的方式方法。例如,2016年4月,习近平总书记在安徽考察调研时明确强调,要用实、用好、用活革命文化资源,要"既注重知识灌输,又加强情感培育,使红色基因渗进血液、浸入心扉,引导广大青少年树立正确的世界观、人生观、价值观"❷。2019年9月,习近平总书记在河南考察调研时指明,要积极让红军后代、革命烈士家属参与到革命文化的宣传教育中,因为他们"传承革命精神有说服力和感染力"❸,要让他们一起把"先辈们的英雄故事讲给大家听,讲给年青一代听",以此涵育和激励年青一代共同为实现美好生活而奋斗。

总而言之,基于发生学的视角可见,中国共产党革命文化教育理论的形成和创新具有鲜明的历史脉络、传承机理和时代特质。可以说,伴随党的百年奋斗实践和理论发展,尤其是中国特色社会主义进入新时代以来,习近平总书记关于革命文化教育的创新性论述以理论逻辑、历史逻辑、现实逻辑与未来逻辑的辩证统一,不仅体现了新时代新征程发展的诸多历史性特征、现实性变化和理论创新性需求,而且他也以敏锐的问题意识,在回答中国之问、世界之问、历史之问、时代之问、人民之问的实践中,升华了从坚定文化自信的维度理解革命文化价值定位的理论内涵,强调了从大历史观的视角明确革命历史客观性和必然性的科学逻辑,甚至还提升了

---

❶ 习近平. 坚定信心埋头苦干奋勇争先 谱写新时代中原更加出彩的绚丽篇章［N］. 光明日报,2019-09-19(01).

❷ 习近平. 全面落实"十三五"规划纲要 加强改革创新开创发展新局面［N］. 人民日报,2016-04-28(01).

❸ 习近平. 坚定信心埋头苦干奋勇争先 谱写新时代中原更加出彩的绚丽篇章［N］. 光明日报,2019-09-19(01).

从构建人类文明新形态的维度把握革命文化教育意蕴的认知视野。由此，中国特色社会主义进入新时代以来，中国共产党切实以原创性的贡献丰富了马克思主义文化教育思想，也在继承中国共产党革命文化教育优良传统的基础上，进一步推进了新时代革命文化教育理论的发展，充分表明新时代新征程上中国共产党开展革命文化教育的理论与实践，均具有不同于以往社会生态的创新路向。

第三章

新时代新征程大学生革命文化教育的创新路向

中国特色社会主义进入新时代以来，世界之变、历史之变、时代之变的特征更加明显。毛泽东在《实践论》中曾阐明："当某一客观过程已经从某一发展阶段向另一发展阶段推移转变的时候，须得善于使自己和参加革命的一切人员在主观认识上也跟着推移转变，即是要使新的革命任务和新的工作方案的提出，适合于新的情况的变化。"❶ 这一论断表明立足中国特色社会主义新时代的新变化，以及实现中国式现代化新征程的新任务，尤其是革命文化铸魂育人的新诉求，而深入审视新时代新征程大学生革命文化教育目标、趋向、要求、原则的创新路向，这既具有适应新时代新征程社会生态变化的必要性与紧迫性，也是遵循习近平总书记关于新时代革命文化教育论述的客观需要；此外，还可在更深入聚焦和剖析新时代革命文化教育理论的基础上，为科学把握新时代新征程大学生革命文化教育的基本现状，奠定更富有现实意蕴的论证基础。

第一节 新时代新征程大学生革命文化教育生成新旨归

恩格斯说："人离开动物越远，他们对自然界的影响就越带有经过事先思考的、有计划的、以事先知道的一定目标为取向的行为的特征。"❷ 可见，目的性既是人区别于动物的最大本质，也是人们为了迎合不断演变的形势而确立实践必要性的价值指引。因此，随着中国特色社会主义进入新时代，中国共产党在综合考量国内外发展新形势和新要求的基础上，领导广大人民坚持以初心和使命为指引，不仅继承了中国共产党自新民主主义革命时期开始就始终倡导的开展青年学生革命文化教育要筑牢理想信念、弘扬爱国主义精神、砥砺斗争意志、传承艰苦朴素作风、夯实意识形态阵地等传统的教育目标，而且还创造性地立足实现中国式现代化和中华民族

---

❶ 毛泽东选集（第1卷）[M]. 北京：人民出版社，1991：294.
❷ 马克思恩格斯文集（第9卷）[M]. 北京：人民出版社，2009：558.

伟大复兴的时代诉求，升华了新时代新征程大学生革命文化教育的新旨归。

一、在明确复兴使命中解决"培养什么人"的问题

"培养什么人"的问题，历来是中国共产党开展青年学生革命文化教育的根本问题。从新民主主义革命开始到改革开放新时期，中国共产党以革命文化培养塑造青年学生的教育目标一以贯之。在这一历程中，培养革命斗争需要的人才、"又红又专"的社会主义建设人才和适应改革开放浪潮的"四有新人"的教育目标既顺应时代发展需要而不断变革推进，也为我们党开展青年学生革命文化教育指引了奋进方向。中国特色社会主义进入新时代后，不同于之前革命文化育人目标的界定，中国共产党强调要以守正创新为原则，坚持在以革命文化阐释复兴使命的基础上，做到既解答"培养什么人"的根本问题，又在彰显中国共产党一以贯之的理想信念教育中引导学生坚定"四个自信"和培养历史主动精神。相较而言，新时代新征程上中国共产党对开展青年学生革命文化教育目标的确定，更加强调实现中国式现代化和中华民族伟大复兴的历史使命，也更凸显坚定"四个自信"的历史自觉和历史主动。这具体可从如下两个方面加以分析。

一方面，担当民族复兴大任的时代新人是新时代新征程上人才培养的落脚点，因此引导青年学生明确担当民族复兴的使命是新时代大学生革命文化教育的目标之一。党的十九大报告指出："要以培养担当民族复兴大任的时代新人为着眼点。"❶ 不仅如此，在党的二十大报告中，习近平总书记再次强调，要"着力培养担当民族复兴大任的时代新人"❷，表明习近平总书记在深刻聚焦复兴使命的基础上，提出"时代新人"是"社会主义建设者和接班人"这一育人目标在新时代的新界定，即时代新人是新时代新

---

❶ 习近平. 决胜全面建成小康社会 夺取新时代中国特色社会主义伟大胜利——在中国共产党第十九次全国代表大会上的报告 [M]. 北京：人民出版社，2017：42.

❷ 习近平. 高举中国特色社会主义伟大旗帜 为全面建设社会主义现代化国家而奋斗：在中国共产党第二十次全国代表大会上的报告 [M]. 北京：人民出版社，2022：44.

征程上人才培养的着力点和落脚点。基于此，2018年，在全国宣传思想工作会议上，习近平总书记也曾明确指出："育新人，就是要坚持立德树人、以文化人，建设社会主义精神文明、培育和践行社会主义核心价值观，提高人民思想觉悟、道德水准、文明素养，培养能够担当民族复兴大任的时代新人。"❶ 除此之外，习近平总书记还在多个场合多次强调，青年是人生成长的重要阶段，具有奋发向上、踌躇满志、勇于探索的特征，广大青年始终是"整个社会力量中最积极、最有生气的力量"❷，是为人民谋幸福、为民族谋复兴和为人类谋发展的先锋力量。因此，新时代的大学生不仅是朝气蓬勃的青年主体，又因其可塑性强、发展潜力大、创造思维活跃的特征而又固然是时代新人的构成主体，即青年学生是时代新人的青春动力❸，所以引导新时代大学生成为担当民族复兴大任的时代新人必然是新时代新征程革命文化教育工作的一个重要目标。

另一方面，革命文化是引导人们理解复兴使命、坚定"四个自信"和生成历史主动的生动素材，新时代新征程上开展大学生革命文化教育，还应注重以革命文化将青年学生培养成具有"四个自信"意志和历史主动精神的人才。恩格斯曾指出，审视社会变迁与政治变革的根本原因，不应该只是简单地从人们的头脑中寻找和组织答案，而"应当到生产方式和交换方式的变更中去寻找"❹。恩格斯的这一论断深刻阐明了历史无法选择，它是社会发展的客观条件制约下的产物，革命文化的形成与发展正是符合社会历史发展规律的革命实践的产物。事实证明，鸦片战争之后，西方列强的坚船利炮和残忍侵略，让中华民族陷入了内忧外患、战乱频仍、濒临灭亡的黑暗境地。在这样的历史情势下，农民阶级、地主阶级、资产阶级改良派和革命派前仆后继地登上历史舞台，他们试图通过起义、发展、改良和革命的方式主动担当并自觉践行挽救民族危亡和实现民族复兴的伟大责

---

❶ 习近平. 习近平谈治国理政（第3卷）[M]. 北京：外文出版社，2020：312.
❷ 习近平. 习近平谈治国理政（第3卷）[M]. 北京：外文出版社，2020：333.
❸ 沈壮海. 论文化自信 [M]. 武汉：湖北人民出版社，2019：138.
❹ 马克思恩格斯文集（第9卷）[M]. 北京：人民出版社，2009：284.

任。譬如孙中山在1894年组织成立兴中会时就明确提出:"本会之设,专为联络中外有志华人,讲求富强之学问,以振兴中华、维持国体起见。"❶ 然而,这些思想先进的仁人志士虽然有顽强的担当使命的意志和甘于牺牲的奋斗精神,但由于他们始终未能找到科学的理论指引和正确的斗争力量,因而"终究未能改变旧中国的社会性质和中国人民的悲惨命运"❷。

1919年,俄国十月革命的成功,让中国的先进分子在"山穷水尽疑无路"的黑暗探索中看到了"柳暗花明又一村"的新世界,于是中国先进分子既秉承为国为民的情怀担当,坚持从中国国情出发,又遵循生产力与生产关系矛盾运动的客观规律,在经过多番比较之后,坚定地选择了马克思主义,也确立了共产主义奋斗目标。1921年,以李大钊、陈独秀、毛泽东为主要代表的中国先进分子更是在科学总结了农民阶级、地主阶级、资产阶级种种探索的失败原因,正确分析了国际发展形势的基础上,坚决以马克思主义为指导创建了中国共产党。自此,中国共产党在马克思主义指导下,更坚定了"为人民谋幸福"的价值目标和实践旨归,更明确了"为民族谋复兴"的政治决心和正确方向,也更加强化了以革命精神砥砺奋斗意志,推进中国特色社会主义制度的创建与发展。

由此可见,革命文化不仅内蕴着"四个自信"的生成机理,而且体现了中国人民在历史涤荡的长河中积极探索出路的历史主动精神,即革命文化中蕴藏着中国共产党基于近代社会变迁的客观历史条件对中国发展作出的正确研判,彰显了中国人民选择马克思主义、中国特色社会主义道路与制度,还有发展中国特色社会主义文化的历史主动精神。因此,在新时代新征程的新形势和新要求中,坚持加强大学生革命文化教育,不仅能够引导大学生在共同以革命文化解读复兴使命中,明确红色政权、新中国和中国特色社会主义制度的来之不易,而且也有助于引导他们在坚定"四个自信"和确立历史主动的基础上,因革命文化形成与发展的脉络而更清晰定

---

❶ 孙中山. 孙中山全集(第1卷)[M]. 北京:中华书局,1981:19.
❷ 习近平. 决胜全面建成小康社会 夺取新时代中国特色社会主义伟大胜利——在中国共产党第十九次全国代表大会上的报告[M]. 北京:人民出版社,2017:13.

位"中国梦"与近代社会、"中国梦"与中国特色社会主义道路及制度、"中国梦"与中国式现代化、"中国梦"与人类文明新形态、"中国梦"与共产主义远大理想的辩证关系,从而也能更容易使新时代大学生在把握历史客观规律的基础上,自觉认同时代新人的育人目标。

综合而论,随着"中国梦""社会主义核心价值观""文化自信""历史主动""中国式现代化"等新时代新命题的"出场",尤其是培养堪担民族复兴大任"时代新人"这一命题的提出,大学生革命文化教育的主旨目标也有了新的界定,即要以科学解读革命文化的重要内涵为首要前提,做到切实以革命文化教育引导广大青年学生既明确实现中华民族伟大复兴之大任,又要从历史机理、现实需要和未来发展的维度,引导新时代大学生胸怀"国之大者",在明确复兴使命的基础上,更坚定"四个自信"、筑牢历史记忆、生成历史主动精神和树立共产主义理想信念。

二、在传承红色基因中解决"怎样培养人"的问题

中国共产党开展革命文化教育的历史实践中始终内蕴着我们党对如何以红色基因"培养人"这一问题的方法论审析。红色基因生成于伟大的革命实践,是马克思主义理论品格与中华优秀传统文化有机融合的产物,历来也是中国共产党培养人才的最好"营养剂"。随着中国特色社会主义进入新时代,习近平总书记在多个场合多次强调,要继承红色基因,并且要使其"放射出新的时代光芒"❶。因此,立足新时代立德树人根本任务的新诉求,传承红色基因对于解答"怎样培养人"这一根本问题具有了新的实践指向。

一是从内容上看,要坚持以红色基因引导青年学生自觉担当复兴大任。作为革命文化的内在灵魂,红色基因继承和发展了中华优秀传统文化

---

❶ 习近平. 祝全国各族人民健康快乐吉祥 祝改革发展人民生活蒸蒸日上 [N]. 人民日报, 2016-02-04 (01).

的优良元素，并且"已然深深地融入中华民族的灵魂血脉之中"❶。习近平总书记指出："红色基因就是要传承。中华民族从站起来、富起来到强起来，经历了多少坎坷，创造了多少奇迹，要让后代牢记，我们要不忘初心，永远不可迷失了方向和道路。"❷ 红色基因不仅内蕴着中国共产党人坚定的理想信念、实事求是的思想路线和理论联系实际的伟大品质，而且饱含着中国共产党人心系人民、为了人民的价值追求，以及"勇于刮骨疗毒、去腐生肌"❸ 的自我革命和自我净化的斗争精神，还有不畏艰难、顽强拼搏、不屈不挠、勇于牺牲、敢于创新、乐于奉献等一系列伟大的革命精神，这些精神密码具有为民族复兴事业凝魂聚气、铸魂固本、强魂强心的重要价值。因此，加强新时代大学生革命文化教育，可将革命文化中所蕴含的丰富的红色基因作为重要内容，并基于此积极引导新时代大学生以革命先辈为精神榜样，在砥砺前行中自觉将自身、社会和国家的发展融为一体，自觉担当起为人民、民族、世界及人类谋发展的时代使命。

二是从方法上看，要坚持以红色基因中所蕴含的育人经验和创新品质，启迪和引导新时代的教育工作者共同解答好"怎样培养人"的根本问题。立德树人，其首要基础在于"立德"，实践旨归在于"树人"，而"树人"中又内蕴着"如何树人"和"以何树人"的行动要求。一方面，革命文化可在育人方法上启迪新时代的教育工作者如何坚守教育的初心与使命，如何在"变"与"不变"的情势中，以"我们党领导人民在长期实践中形成的优良传统和革命道德"❹ 引导青年学生成为时代新人。由此，从经验借鉴上解决好"怎样培养人"的问题。另一方面，正如马克思所强调："一切已死的先辈们的传统，像梦魇一样纠缠着活人的头脑。"❺ 意识

---

❶ 刘建平，王昕伟. 传承红色基因 铸牢复兴之魂 [J]. 红旗文稿，2019 (13)：21.
❷ 习近平. 习近平李克强王沪宁赵乐际韩正分别参加全国人大会议一些代表团审议 [N]. 光明日报，2018-03-09 (01).
❸ 习近平. 在"不忘初心、牢记使命"主题教育总结大会上的 [N]. 光明日报，2020-01-08 (02).
❹ 新时代公民道德建设实施纲要 [M]. 北京：人民出版社，2019：4-5.
❺ 马克思恩格斯文集（第2卷）[M]. 北京：人民出版社，2009：471.

形态的发展具有鲜明的滞后性,革命文化充分蕴含着中国共产党不仅勇于对封建传统文化、资产阶级文化和帝国主义文化中的糟粕进行"破旧",而且敢于对马克思主义中国化时代化发展,以及对中华优秀文化大胆汲取"立新"的革命智慧、魄力和担当,具有鲜明的创新性品质,这种创新性品质深深渗透在革命文化所内蕴的红色基因之中。因此,在传承红色基因中培养"时代新人",还应激励广大教育工作者大胆继承革命文化中"破旧立新"的创新精神,从而勇于在切合学生成长成才需要的基础上,大胆创新新时代新征程大学生革命文化教育的方式方法。由此,从精神动力上助力解答"怎样培养人"的根本问题。

概言之,新时代新征程上坚持传承红色基因,并始终解答好"怎样培养人"的问题,这既是坚持发挥革命精神涵育功能的重要手段,也是从内容和方法上激发新时代大学生明确初心和使命,以及使他们自觉在中国共产党的领导下共同实现中华民族伟大复兴的重要举措和必要旨归。

三、在阐释初心本质中解决"为谁培养人"的问题

坚持以革命文化的初心本质培养为人民服务的人才是中国共产党历来的教育指向。随着中国特色社会主义进入新时代,中国共产党更加强调"以人民为中心"的教育理念。因此,新时代进一步凸显革命文化的初心意蕴,既能解决"为谁培养人"的根本问题,又能在强化初心指引中引领新时代大学生深刻领悟"两个确立"的决定性意义,自觉增强"四个意识"和做到"两个维护"。

其一,从革命文化的人民性上看,革命文化是中国共产党和中国人民集体智慧的结晶,是解答"为谁培养人"的生动教材。革命文化的人民性体现于它是在马克思主义理论指导下,中国共产党在始终组织、依靠、团结、服务于人民的革命实践中,发展形成的以人民为逻辑起点、活力源泉

和价值主体的理论遵循和实践依据，这主要体现在如下三个方面。❶ 首先，中国共产党始终坚持马克思主义生存论，确立了为人民的幸福而奋斗的逻辑起点。在马克思主义指导下，中国共产党自孕育之初便始终将为人民谋幸福作为自己的"初心"，带领人民历经艰难、浴血奋战。正是在这艰难而伟大的斗争中形成了革命文化，也由此确立了以改变人民的生存境遇为逻辑起点的理论遵循，并一以贯之地成为党在实现中华民族伟大复兴的历史进程中为人民谋幸福的实践指导，这正如习近平总书记所言："带领人民创造美好生活，是我们党始终不渝的奋斗目标。"❷ 其次，革命文化形成和发展的活力源泉在于人民的生活实践。此体现为人民生活中丰富的内容和形式是构成和发展革命文化的物质、制度和精神等形态的"活水源头"，即革命文化的创造素材来源于人民的生活，革命文化不论是内容还是形式上都是人民集体创作的结晶和广泛参与的结果。最后，中国共产党从一开始就确立了让人民成为一切社会价值的创造者和享用者的实践遵循。在马克思主义指导下，中国共产党在为人民谋幸福、为民族谋复兴的伟大历程里，不仅推进了中华文化的发展进程，而且改变了文化为谁而服务的性质，从而始终做到坚持在"满足人民过上美好生活的新期待"❸ 的原则下，让人民真正是文化价值的创造者和享用者的统一。

由此可见，在新时代新征程大学生革命文化教育过程中，以守正创新为原则，坚决凸显革命文化的人民性，由此做到引导新时代大学生确立中国共产党来自人民、代表人民、为了人民的价值信念，可使新时代大学生在见微知著中明确历史、现实和未来的一脉相承，进而融"个人梦"和"中国梦"于一体，并以自己的青春之力和饱满热情，为人民幸福、民族复兴和人类发展而传承革命传统、弘扬奋斗精神、践行使命担当，从而立

---

❶ 下述三个方面的观点节选于《革命文化人民性的三维审视》一文，此文由笔者与潘玉腾教授联合撰写，已发表于《思想教育研究》(2019年第1期)。

❷ 习近平. 决胜全面建成小康社会 夺取新时代中国特色社会主义伟大胜利——在中国共产党第十九次全国代表大会上的报告［M］. 北京：人民出版社，2017：45.

❸ 习近平. 决胜全面建成小康社会 夺取新时代中国特色社会主义伟大胜利——在中国共产党第十九次全国代表大会上的报告［M］. 北京：人民出版社，2017：43–44.

足"两个大局"❶的时代境遇与现实挑战,以及第二个百年奋进新征程的发展需要,切实解答好"为谁培养人"的根本问题。

其二,从革命文化人民性的新时代意蕴上看,充分解读和凸显革命文化的人民性有利于引导新时代大学生领悟"两个确立"、增强"四个意识"、做到"两个维护"。当前我国社会主要矛盾已经转化为"人民日益增长的美好生活需要和不平衡不充分的发展之间的矛盾"❷。除此之外,政治、经济、文化等领域和人类社会及自然生态发展中出现的各类困难和挑战,也仍然在制约着人民对美好生活的需求。马克思主义表明,人类社会的变迁都是在矛盾运动中推进的,消除社会矛盾需要依靠广大人民以为实现美好生活为目标,而与阻碍生产力发展的各种因素进行坚决斗争。革命文化人民性的生成脉络表明,中国共产党自诞生以来,就一以贯之地从理论、历史、现实和未来的发展维度着力,始终秉承着为实现人民美好生活的需要而努力奋斗的信念。因此,充分解读革命文化人民性的本质,既有利于引导新时代大学生明晰党与人民从始至终生死与共、血肉相连的渊源关系,以及"四个意识""两个维护""两个确立"形成的历史必然,又有利于以革命文化中所内蕴的勇于斗争、甘于牺牲、党民一心的精神品质引导新时代大学生坚信在严峻的国内国际的发展形势面前,唯有增强"四个意识"、做到"两个维护"、坚定"两个确立",才能更好地凝聚党和人民的信心、意志和力量,才能在中国共产党的坚强领导下最终战胜各类重大困难与挑战。

概言之,在实现中华民族伟大复兴的"长征路"上,既要解答好"为谁培养人"的根本问题,还要引导学生在理论、历史、现实和未来的统一中,深刻领悟"两个确立"的决定性意义,不断增强"四个意识"和自觉做到"两个维护"。

---

❶ "两个大局"指中华民族伟大复兴战略全局和世界百年未有之大变局。新时代以来习近平总书记强调,要切实胸怀"两个大局",要以世界眼光和战略思维,看大势、明方向、谋长远。

❷ 习近平. 决胜全面建成小康社会 夺取新时代中国特色社会主义伟大胜利——在中国共产党第十九次全国代表大会上的报告［M］. 北京:人民出版社,2017:11.

综上可见，正如习近平总书记所言，我们如何始终保持革命精神是一个十分重大而又必须解决好的课题❶，加强新时代新征程大学生革命文化教育，既需要新时代教育工作者在深刻明确立德树人根本任务的基础上，坚持以革命文化强化初心使命和坚决传承革命精神，又需要解读好革命文化的内在基因，并以此引导新时代大学生以理论、历史与现实的统一，增强"四个意识"、坚定"四个自信"、做到"两个维护"和捍卫"两个确立"。不仅如此，我们还需要在教育新时代大学生正确审析世界百年未有之大变局加速演进的新格局，从而自觉从行动上抵制各种错误思潮的侵蚀和影响，自觉做到为祖国、人民、世界和人类的发展而主动担当、积极作为、砥砺奋进。

第二节　新时代新征程大学生革命文化教育呈现新趋向

党的十八大以来，大学生革命文化教育在内容、对象、领域、载体等方面都基本呈现新的发展趋向。为此，在处理好"变"与"不变"这一辩证关联的基础上，客观探讨新时代新征程大学生革命文化教育所呈现的新特征和新趋向，既是科学回应时代命题的现实要求，又是准确审析新时代新征程大学生革命文化教育现实样态的必要准备。

一、革命文化铸魂育人的价值定位更加鲜明

革命文化铸魂育人的价值定位具有随历史演进不断深化其本质功能的发展特征。恩格斯说："一门科学提出的每一种新见解都包含这门科学的术语的革命。"❷ 通过比较分析中国共产党自建立以来尤其是从改革开放和

---

❶ 习近平. 习近平关于"不忘初心、牢记使命"论述摘编［M］. 北京：中央文献出版社，2019：160.

❷ 马克思恩格斯文集（第5卷）［M］. 北京：人民出版社，2009：171.

社会主义现代化建设新时期以来，中共中央的各类官方文献和主要领导人的重要讲话，不难发现，在涉及革命文化教育的术语上，呈现从"中国革命历史""革命优良传统"到"红色文化"，再到"革命文化"的用语频次和数量的提升❶，这说明从改革开放初期尤其是党的十八大以来，随着文化自信命题的"出场"，中国共产党基于新时代的物质条件和精神发展的新需要，既从术语革命上对革命文化提出了新的见解，又愈发精准地把握和提升了革命文化铸魂育人的价值定位。具体而论，这主要体现在如下三个时期的历史演变之中。

（一）改革开放初期着力于革命历史教育

革命历史蕴含革命文化生成与发展的时间记忆，刻录着中国共产党领导中国人民实现中华民族伟大复兴的革命脉络。改革开放初期，由于党将中心工作转移到经济建设，加之"文化大革命"的错误影响还未彻底清除，党的革命文化教育工作曾一度受到削弱，甚至在资产阶级自由化等西方思潮的冲击下出现了政治风波。对于这些形势，邓小平在深入反思后指出，由于历史和现实的影响，导致我们的青年学生不了解鸦片战争以来中华民族的苦难岁月，尤其是中国共产党领导人民浴血奋战、救亡图存的中国革命历史，才造成了这样的政治事件。为此，必须"用历史教育青年，教育人民"❷，这充分表明以邓小平同志为核心的党的第二代中央领导集体对中国革命历史教育价值的理性研判和再度确立。因此，此时的党和政府高度提倡通过"了解中国革命的历史"❸来加强对革命精神的传承与弘扬，这也成为改革开放初期社会各界开展革命文化教育的一个重要方式。然

---

❶ 参见教育部社会科学司，组编. 普通高校思想政治理论课文献选编（1949—2008）[M]. 北京：中国人民大学出版社，2008；李德芳，李辽宁，杨素隐，等. 中国共产党思想政治教育史料选编 [M]. 武汉：武汉大学出版社，2009. 除此之外，尤其是建党以来，毛泽东、邓小平、江泽民、胡锦涛、习近平等党的主要领导人的一系列讲话，以及中共中央下发的与思想政治教育相关的各类文件。

❷ 邓小平文选（第3卷）[M]. 北京：人民出版社，1993：206.

❸ 教育部社会科学司，组编. 普通高校思想政治理论课文献选编（1949—2008）[M]. 北京：中共人民大学出版社，2008：123.

而，从总体情况上分析，虽然这一时期党和国家领导人指明要继承革命精神，但教育界和理论界对革命文化教育的理论建构和实践操作还基本集中在中国革命历史知识的认知教育层面，还普遍未能明确要从革命文化深层次的精神内核上着力。

（二）在社会主义市场经济条件下逐步重视革命精神的涵育价值

随着改革开放和社会主义市场经济的深入发展，人们在物质生活不断得到满足的前提下，对精神生活的需要越发明显。此时，随着改革开放的不断推进，资产阶级自由化、普世价值、历史虚无主义、民粹主义、存在主义、新自由主义等西方思潮对大学生的影响持续深入，意识形态领域的斗争愈发严峻，思想理论领域各种"杂音噪声"时有发声。对此，中共中央高度重视，并印发了《教育部关于在高等学校逐步开设共产主义思想品德课程的通知》（1982）、《关于高等学校开设共产主义思想品德课的若干规定》（1984）、《中共中央宣传部、国家教育委员会关于对高等学校学生深入进行形势政策教育的通知》（1986）、《中共中央关于进一步加强和改进学校德育工作的若干意见》（1994）等一系列规范和指导社会主义市场经济条件下思想政治教育工作的纲领性文件。这些文件共同彰显出一个普遍的特点，即其都在充分考量现实发展需要的基础上，从理论的高度分析、阐明并提出要以中国革命历史和革命优良传统强化爱国主义教育[1]。此外，随着"三个代表"重要思想和科学发展观的提出，革命历史尤其是其中的革命优良传统作为先进文化的重要内涵之一，更进一步成为爱国主义教育、推动社会文化繁荣发展、增强社会主义意识形态凝聚力、构建社会主义核心价值体系的重要素材。不仅如此，这一时期的中共中央还提出并在一定程度上推动了"红色文化"这一蕴含着中国革命、建设和改革等丰富内涵的术语在社会各界的探讨及运用。总体而论，在社会主义市场经

---

[1] 教育部社会科学司，组编. 普通高校思想政治理论课文献选编（1949—2008）[M]. 北京：中国人民大学出版社，2008：92-151.

济条件下，随着物质经济的发展和革命文化教育工作的持续推进，我们党不仅对中国革命历史的教育价值及其地位更加明确，而且还进一步阐明要从精神上强化大学生的革命文化素养，充分表明了面对社会主义市场经济深入发展带来的人的精神发展的新情况、新形势、新问题和新挑战，教育界和理论界对中国革命历史，尤其是其中的革命精神教育的价值定位有了更加深刻的认识。

（三）以对"革命文化"术语的恢复强化革命文化铸魂育人的价值功能

党的十八大以来，以习近平同志为核心的新一届党中央既坚持重视革命历史及其优良传统的教育价值，又基于"中国梦"、文化自信、理想信念、社会主义核心价值观、"初心与使命"、"历史自信"、"中国式现代化"等时代命题实现的需要，强化了革命文化铸魂育人的价值定位。例如习近平总书记对"建党精神"和"红船精神"的提出，不仅凝练了中国共产党把握历史主动和践行初心使命的实践品格，而且从源头上推进了中国革命精神的系统化建构与发展。此外，习近平总书记还在多个场合反复强调要铭记革命历史、弘扬优良传统，要明确"新中国是无数革命先烈用鲜血和生命铸就的"❶，红色政权来之不易，不能因为时代的发展而淡化共和国鲜红的底色，要真正让革命精神呈现新的时代光芒。可见，党的十八大以来，中国共产党基于实现中华民族伟大复兴的时代使命而进行的理论创新和实践探索，使"革命文化"这一由毛泽东等早期中国共产党人提及和运用的术语，随着新时代的诸多新命题的提出而得以恢复，并增加了更多新的内涵。这正如新康德主义弗赖堡学派的创始人文德尔班所指出："在真正的哲学中，概念秩序应该与事物的实际秩序相同。"❷ 因此，相对于"红色文化"这一内涵和外延都更广泛的术语而言，"革命文化"凸显了

---

❶ 习近平. 坚定信心开拓创新真抓实干 团结一心开创富民兴陇新局面［N］. 光明日报，2019-08-23（01）.

❷ ［德］文德尔班. 哲学史教程（下卷）［M］. 罗达仁，译. 北京：商务印书馆，1993：544.

"革命"一词的深刻意蕴,将新民主主义革命时期的斗争实践、革命精神,以及革命文化在"三大文化"中承上启下的历时性功能更突出且精准地传达出来。此外,相对"革命传统"这一突出历史性意蕴的概念而言,也更精准地契合了习近平总书记所提出"中华民族独特的精神标识"❶ 的科学论断,即更能全面地从对物质、制度和精神这些层次的系统化概括中,建构出切实契合新时代发展需要的革命文化教育的价值谱系。

总而言之,改革开放以来,在中国共产党的正确领导下,社会各界对革命文化教育价值的重视和践行,呈现了从突出以"革命历史"弘扬革命精神,到愈发强化在"以文化人"中实现其铸魂育人价值的发展态势,这也充分表明了中国共产党基于实现人的自由全面发展的终极旨归,愈发从内容和目标维度上明确对人的精神世界的关注,以及对革命精神助力物质发展这一功能的充分肯定,从而也更强化和升华了新时代新征程大学生革命文化教育铸魂育人的价值功能。

二、革命文化涵育人心的呈现形式更加多元

党的十八大以来,在坚定文化自信的前提下,基于对革命文化铸魂育人价值功能的深入认识和充分肯定,中国共产党再顺应"两个大局"发展的各种新形势,又立足革命文化"以文化人"的本质特性,全面加强了革命文化教育,使革命文化涵育人心的方式在新时代呈现三个"相统一"的新趋向。

(一) 教育内容数字化和个性化相统一

数字化,是指在计算机内部通过二进制代码来处理各类复杂多变的信息的过程。数字化既是数字、图像、文字、语音、虚拟现实、可视世界等多媒体技术的基础,又是各类系统软件、应用软件、工具软件等智能软件

---

❶ 习近平. 庆祝中国共产党成立95周年大会在京隆重举行[N]. 光明日报,2016-07-02(01).

的基础，其对社会信息化发展具有重要的作用。习近平总书记指出："近年来，互联网、大数据、云计算、人工智能、区块链等技术加速创新，日益融入经济社会发展各领域全过程。"❶ 因此，作为社会信息化的产物之一，新时代新征程教育信息化的发展也成为必然趋势，并且使教育内容呈现数字化与个性化相统一的特征。

对于革命文化教育而言，新时代信息技术的不断发展，使革命文化物质、制度和精神层面的内涵在向教育内容转化上更明显地呈现两个方面的特征。

一是使革命文化的教育内容愈发呈数字化发展的趋势。相对于主要以文字、语言、图像等形式进行教学的革命文化传统教育而言，新时代新征程革命文化的教育内容更以经过数字化技术处理的文字、语音、图像、视频、可视世界、虚拟现实等多样化的形式呈现，这样"多种造型媒介的利用不仅意味着数字教材的知识可视化，还决定了教育内容数字化的重点不在于表达什么知识，而在于怎样表达知识"❷，人们愈来愈趋于使用 VR、AR、AI、MR 等数字化技术呈现革命文化物质、制度和精神形态的价值魅力，这就决定了在信息化、数字化、智能化趋向愈发明显的时代条件下，包括革命文化在内的任何一种文化形态涵育人心的过程都具有数字化的特征，且这一趋势会随数字化技术的日新月异而愈发鲜明。二是使革命文化教育内容呈现个性化发展。新时代新征程上，信息化、数字化和智能化的发展趋势，使教育者对教育内容的建构突破了传统教育模式"大众化"的知识定义，也使教科书不再是唯一标准，更让教育内容的建构成为教师和学生"个性化的选择"，即对于革命文化教育而言，新时代新征程上教师和学生更可基于数字化技术的发展，在传统革命文化教育模式的基础上，再从以数字化形式存在的开放式和共享化的信息资源中自主选择革命文化教育的诸多内容，并由此构建具有个性化特色的革命文化教育内容体系。

---

❶ 习近平. 习近平谈治国理政（第 4 卷）. 北京：外文出版社，2022.
❷ 谢林见. 教育内容数字化、工具通用化以及教材平台化——数字教材发展的定位及问题探讨［J］. 教育理论与实践，2017（32）：40.

(二) 教育方式媒介化与多元化相统一

任何形式的教育都是媒介化的活动，但新时代新征程上由于全媒体格局的建构，使革命文化在教育方式上媒介化与多元化相统一的发展趋向更加明显。对此，我们可从两个层面加以理解。

一方面，革命文化教育是需要通过媒介符号进行传播的交互式实践，所以革命文化涵育人心的本质是一种媒介化的活动。德国著名哲学家恩斯特·卡西尔提出，人类与动物相比，并不是简单地"生活在一个单纯的物理宇宙之中，而是生活在一个符号宇宙之中"❶，所以与其说人是理性的动物，不如说人是会发明和利用各种媒介符号进行实践性创造的"符号的动物"，因此革命文化涵育人心的过程，从本质上看正是中国共产党领导中国人民将所创造的革命历史以文化记忆符号的形式进行知行转化的过程。在革命文化教育过程中，教育者需要通过语言、文字、声音、图像等各种具有"说""看""听""写"功能的媒介符号传播革命文化教育内容。不仅如此，教育者还需要利用图文声像等媒介符号与教育对象进行交流和互动，唯此才能推进革命文化教育活动的开展。另一方面，新时代革命文化教育方式除了媒介化趋势愈发明显，更呈现多种媒介融合发展的特征。新时代新征程上，随着人工智能、H5应用、大数据等技术的迅猛发展，我国已正式实现了从教育信息1.0时代向2.0时代跨越发展的新征程。换言之，教育信息化已使人类在以语言为源媒介的基础上，逐步创造了从语言到文字，再到印刷媒介、电子媒介、互联网、新媒介，甚至是微媒介的教育媒介化的变迁历史。在这一过程中，包括革命文化教育在内的人类的教育方式在媒介符号的运用上也愈发呈现从单一到多元的态势。因此，综上可见，新时代新征程上随着全媒体生态的推进发展，革命文化涵育人心的方式在其本质上愈发彰显出媒介化与多元化相统一的发展态势。

---

❶ [德] 恩斯特·卡西尔. 人论 [M]. 甘阳, 译. 上海：上海译文出版社, 2004: 35.

（三）教育格局协同化与共享化相统一

新时代新征程上，革命文化涵育人心的格局越发表现出协同化与共享化相统一的发展特征。具体而论，这主要体现在如下几个方面。

其一，新时代新征程上我们党更加注重从法制和政策方面推进革命文化涵育人心过程的协同化发展。譬如各地为了推进对地方革命文化协同化、规范化、常态化和品牌化发展，纷纷出台地方红色文化遗址遗迹保护管理办法，以此力求以地方革命文化为重心，实现对当地革命文化资源保护和利用的协同化发展。比如2017年1月，福建省三明市出台实施《三明市红色文化遗址保护管理办法》，2019年10月，山西省出台实施《山西省红色文化遗址保护利用条例》等。此外，2018年5月，为了尊重历史的客观真实和维护英雄烈士的光辉形象，国家颁布了《中华人民共和国英雄烈士保护法》，首次以法律形式号召社会各界团结一致，共同运用法律手段坚决抵制历史虚无主义等社会思潮的错误影响。为了"加强革命文物资源整合、统筹规划和整体保护"❶，中共中央办公厅、国务院还于2018年7月联合印发了《关于实施革命文物保护利用工程（2018—2022年）的意见》，不仅明确指出新时代革命文化铸魂育人的价值功能，而且还重点从加强革命文物保护、利用、展示、传播等维度对协同化推进新时代革命文化涵育人心的基本举措提出了政策性的指导意见。该意见出台后，河北、安徽、宁夏、海南、吉林、浙江、福建、重庆等省份不仅进一步依托当地革命文化特色协同整合资源制定具体方案，而且还普遍增设了革命文物管理处，加大了对革命文化资源保护和利用的资金投入，并努力组织运用现代化数字技术建立革命文化资源数据库。

其二，党和政府更加明确社会各界必须协同一致才能保证革命文化教育资源的合理建构和有效共享。新时代新征程上，习近平总书记在多个场

---

❶ 中华人民共和国国务院新闻办公室. 关于实施革命文物保护利用工程（2018—2022年）的意见 [EB/OL]. (2018–07–29) [2019–05–16]. http://www.scio.gov.cn/XWfbh/xwbfbh/wqfbh/37601/38768/xgzc38774/Document/1634841/1634841.htm.

合多次强调,不仅要协同各方力量保护和整合革命文化资源,更要通过共享资源和合理利用的方式,使革命文化遗产中所凝结的革命故事和革命精神真正沁入心脾、进入血液、代代传承。此外,随着信息技术的进一步推广,人们越发突破传统教育物理空间内的时空限制,使革命文化教育信息资源在虚拟化的网络空间中得以传输和流通,又使新时代革命文化"以文化人"的模式打破时空壁垒限制,实现了跨校、跨地、跨境式共享,从而不断形成系统而全面的革命文化知识共享载体。这既扩大了革命文化教育资源实时共享的速度和体量,又切实以丰富的革命文化教育资源逐步打造了"人人、处处、时时"共享的教育生态。

三、革命文化教育的场域和载体更加丰富

进入中国特色社会主义新时代以来,中国共产党对建构"三全育人"大思政工作格局的教育诉求也进一步明确,这使新时代新征程大学生革命文化教育不仅在价值域、问题域、实践域呈现新表征,而且在场域和载体上呈现了三种新的发展趋向。

(一) 从局部向整体拓展

党的十八大以来,随着新时代革命文化共享化和协同化发展形态的不断呈现,顺应"大思政"工作格局的发展诉求,革命文化教育需要进一步强化与创新也具有了实践必然。正如雅思贝尔斯所言:"如果人要成为人自身,他就需要一个被积极地实现的世界。"❶ 教育历来是一项复杂且系统的工程,任何个体自由全面的发展都离不开现实世界的作用与影响。在教育过程中,将许多力量有机融合成一个总的力量,将会使"这种力量和它的单个力量的总和有本质的差别"❷。因此,自新中国成立尤其是改革开放

---

❶ [德]雅思贝尔斯. 时代的精神状况 [M]. 王德峰,译. 上海:上海译文出版社,1997:168.

❷ 马克思恩格斯文集(第9卷)[M]. 北京:人民出版社,2009:133-134.

以来，我们党不仅明确强调"加强和改进大学生思想政治教育工作是一项系统工程，必须把社会各方面的力量动员起来，把社会各方面的资源整合起来，使它们充分发挥作用、密切配合"❶，而且还在 2004 年颁布的《中共中央、国务院关于进一步加强和改进大学生思想政治教育的意见》（中发〔2004〕16号）文件中，进一步提出要坚持把大学生思想政治教育工作摆在首要地位，着重从教书育人、社会实践、自我教育、网络思政教育、党团组织教育等方面着力，表明此时党和政府就已力求建构包括革命文化教育在内的思想政治教育的"大思政"工作格局。然而，由于"文件的着力点是大学生思想政治教育的角度，对整体高等学校的要求和制约相对比较弱"❷，加上思想政治工作的职业化和专门化的发展，所以在一定程度使包括革命文化教育在内的高校思想政治工作陷入了"孤军独立"和"孤掌难鸣"的尴尬境地。

进入中国特色社会主义新时代以来，习近平总书记继承并创新了"大思政"工作格局的建构理念。他在全国高校思想政治工作会议上立足"培养什么样的人""如何培养人"和"为谁培养人"的战略定位，提出要"把思想政治工作贯穿教育教学全过程，实现全程育人、全方位育人，努力开创我国高等教育事业发展新局面"❸。自此，中共中央相关文件坚持以从宏观上改造立德树人生态场域，以及从微观上变革高校思想政治教育工作的内部循环为出发点和落脚点，更进一步表明包括革命文化教育在内的高校思想政治教育工作的开展，并不是专门领域的专门人员的专门事务，而应该是学校、家庭、政府和社会这几个主要场域中所有成员的共同事务，从而推进了大学生革命文化教育协同化发展进程。由此可见，做好新时代新征程大学生革命文化教育，必然要客观审视新历史条件下革命文化

---

❶ 中共中央文献研究室. 十六大以来重要文献选编（中）[M]. 北京：中央文献出版社，2006：645.

❷ 余双好. 高校思想政治工作的新变化、新观点和新趋向 [J]. 青年发展论坛，2017 (1)：22.

❸ 习近平. 把思想政治工作贯穿教育教学全过程 开创我国高等教育事业发展新局面 [N]. 光明日报，2016 – 12 – 09 (01).

共享化与协同化相统一的发展特征,要主动适应从局部着力到整体推进的转变趋向,并且要充分融合各方力量,积极构造整体优势,共同以革命文化的科学内涵和价值优势培养时代新人。

(二) 从国内向国外辐射

改革开放以来,包括革命文化教育在内的思想政治教育工作中出现的一些问题不少是来自国外的干扰。当前,虽然中西方文化交流、交锋、交融更加深刻复杂,世界对中国的关注度越来越高,西方对中华文化认知的兴趣越来越浓,但是目前世界各国的对外文化交流和具体的传播实践,仍主要倾向于对中华优秀传统文化的宣传,加之由于社会主义制度在以资本主义制度为主导的世界格局中的"弱势",以及西方敌对势力各类恶化、丑化、矮化中国共产党历史文化的行径,都让中国共产党领导中国人民所创造的革命文化在国际上的影响力一直不高,不仅如此,西方"和平演变"和"颜色革命"的幽灵也还一直在我国意识形态领域中盘旋与干扰,使当前我国的革命文化教育实践,不仅存在内在挖掘不足的问题,而且也面临外在宣传不到位和被西方敌对势力破坏的现实困境。

因此,立足国内外形势造成的这些现实问题,尤其是从切实提升中国共产党的国际形象、提高文化软实力、坚定文化自信、确立历史主动、引导大学生明确党的初心与使命等这些时代命题的需要考量,新时代新征程大学生的革命文化教育还必须形成从聚焦国内到辐射国外的发展趋势,即要在明确时代特征和科学构建革命文化话语体系的前提下,引导学生正确认识革命文化的理论基础、历史内涵、精神内核和对外传播价值,激发学生增强革命文化自信,自觉树立以讲好中国革命故事为责任担当的意识,努力以自身的所知、所学、所悟积极融入社会,并创造性地推动革命文化内外宣传一体化发展,也就是说要在"正向发声"和"先声夺人"的实践中,坚持以革命文化涵育人心,坚持讲好中国共产党自建立以来,"对中国人民、对中华民族、对马克思主义、对人类进步事业、对马克思主义政党建设所作的历史性贡献"❶,让"中国共产党为什么能""马克思主义为什么行""中国特色社会主义为什么好"的答案在国际文化交流中有效传诵和自然渗透。

(三)从线下向线上推进

中国特色社会主义进入新时代以来,尤其是新冠疫情的突然暴发,加速了革命文化在内容和方式上数字化和媒介化相统一的发展趋向,也使线上教育成为我国革命文化教育的重要场域。习近平指出:"互联网是一个社会信息大平台,亿万网民在上面获得信息、交流信息,这会对他们的求知途径、思维方式、价值观念产生重要影响,特别是会对他们对国家、对社会、对工作、对人生的看法产生重要影响。"❷ 中国共产党对互联网的价值和影响的认识,自 20 世纪 90 年代中国加入世界互联网大家庭以来就不断深化,并且还在防患西方资本主义意识形态渗透的实践中,逐步探索和推进了包括革命文化教育在内的思想政治工作的网络化、信息化、现代化的发展。

从人的成长规律分析,大学生正处于思维活跃、善于接受新事物,但又知识建构不全面和人生阅历尚浅的成长阶段,他们极其容易受到外界事物的各种影响,特别是在泛娱乐主义社会思潮、"粉丝经济""饭圈文化"和消费主义的影响下,多样化的网络舆场、各类庸俗文化,以及一些缺乏价值公允,甚至是以历史虚无主义曲解革命文化的日常化微传播等,都在一定程度上影响着大学生对革命文化的认知情况、价值认同和意识形态的建构与确立。为此,党的十八大以来,以习近平同志为核心的党中央高度重视推进网络思想政治工作,强调不仅"要运用新媒体新技术使工作活起来,推动思想政治工作传统优势同信息技术高度融合"❸,而且要以健康和

---

❶ 习近平. 习近平谈治国理政(第 4 卷)[M]. 北京:外文出版社,2022:27.
❷ 习近平. 习近平谈治国理政(第 2 卷)[M]. 北京:外文出版社,2017:335.
❸ 习近平. 把思想政治工作贯穿教育教学全过程 开创我国高等教育事业发展新局面[N]. 光明日报,2016-12-09(01).

谐的舆论生态增强包括革命文化教育在内的思想政治工作的时代感和吸引力。简言之，基于新时代新征程革命文化教育呈现的协同化与共享化相统一的特征，坚持在优化线下教育的同时，发展革命文化线上教育，构建形成以政府为主导、社会为主推、学校为主场、家庭参与共建的"线上线下"相统一的教育模式，已然成为新时代大学生革命文化教育的发展新趋向和重要着力点。

第三节　新时代新征程大学生革命文化教育具有新要求

党的十九届五中全会提出我国经济社会发展已经进入新发展阶段，为了顺应新发展阶段的教育变革要求，2020年10月，中共中央国务院印发了《深化新时代教育评价改革总体方案》，充分表明面对新发展阶段的新形势，要进一步从深化教育评价改革的维度，提升新时代教育工作的高质量发展。因此，对于新时代新征程大学生革命文化教育的实践而言，在明晰新历史条件下大学生革命文化教育旨归和趋向的前提下，再科学剖析以革命文化培育大学生成长成才的新要求，这不仅是契合新时代新征程上思想政治教育工作高质量发展的需要，也是在优化大学生革命文化教育工作的基础上主动适应新发展格局的必然要求。

一、以革命文化培育大学生成长成才的内容要求更深刻

相较于中国特色社会主义新时代之前革命文化教育的内容体系而言，新时代以来，中国共产党要求高校要以全面落实立德树人根本任务为目标，要在立足原有教育框架的基础上，更进一步从历史、理论、精神等维度，拓展和深化对革命文化教育内容的建构。

（一）强调从纵深维度挖掘革命历史

中国共产党领导广大人民创造的革命历史是百年党史的重要组成部

分，印刻着中国人民在中国共产党的领导下顽强斗争的历史记忆。党的十八大以来，习近平总书记不仅多次从巩固意识形态领域安全的维度强调，要正确认识革命历史的重要性，而且还极力从百年党史教育的维度，指出要深入挖掘革命历史，因为"我们党的每一段革命历史，都是一部理想信念的生动教材"❶。为此，进入新时代以来，社会各界坚持秉承"大思政"教育格局，强调要从纵深维度挖掘革命历史，其具体的要求主要有三个层面。

第一，强调应从历史事件发展的深度上共同解读革命故事的教育内涵。新时代新征程大学生革命文化教育的活动，既内蕴着教育者对革命历史故事的选择与把握，又体现为教育者与教育对象之间以革命历史故事为纽带的叙事传播、情绪触动和情感接受的规律性关联。基于革命文化教育的客观规律，党的十八大以来，社会各界纷纷以讲好中国故事、传承红色家风家训、开展党史学习教育为契机，呈现深入挖掘革命历史故事和深度解读教育内涵的发展态势。在这一态势中，理论界和教育界尤为强调既要以更客观的历史资料和更细微的故事情节，"讲好党的故事、革命的故事、根据地的故事、英雄和烈士的故事"❷，又要以宏观叙事与微观剖析的思维逻辑，生动表明革命英烈的凡人大爱和家国情怀。比如，2016年新华社运用现代数字技术和手法打造了《红色气质》微电影，并在各大媒体和手机客服端上线。这部只有9分5秒的微电影以三维特效数字化的形式呈现了中国革命历史的珍贵图像，在凸显革命英雄人物的亲情、爱情和为国为民的牺牲奉献之情中深刻阐释了革命英雄人物的"凡人小事"，这种改变传统革命文化教育的叙述形式不仅深受好评，更被誉为2016年的"中国网络视听作品的标杆"。

第二，强调应以微感知为着力点引导大学生共同解读革命历史事件。

---

❶ 习近平. 扎扎实实做好改革发展稳定各项工作 为党的十九大胜利召开营造良好环境[N]. 光明日报, 2017-06-24 (01).

❷ 习近平. 坚定信心埋头苦干奋勇争先 谱写新时代中原更加出彩的绚丽篇章[N]. 光明日报, 2019-09-19 (01).

个体发生学表明,"共情是随着神经心理的成熟,在人际交往的过程中形成的"❶,共情具有分享情绪、构建情感连接和形成价值认同的重要功能。党的十八大以来,随着革命文化教育信息化发展趋向的明显,社会各界也愈发强调要运用数字技术手段,引导人们以微感知的视角共同解读革命历史事件,并初步呈现出两种发展态势,一是强调要从同龄人的直接接触和微观解读的视角增加革命文化教育的吸引力,即要运用共情理论和朋辈教育逻辑,引导新时代大学生或是亲自参与"行走的红色课堂"实践,或是在线参与各类"红色直播"的观看与讨论,在此基础上,通过分享情绪、构建情感连接的方式实现价值认同。二是强调要用虚拟仿真技术制造身临其境的微观感知。中国特色社会主义进入新时代以来,"虚拟现实(VR)、增强现实(AR)、混合现实(MR)、影像现实(CR)以及由之催生的大数据学习平台、智能在线教育、虚拟学习助手"❷ 等现代数字技术在革命文化教育实践中的运用愈发广泛,各地的虚拟仿真革命历史体验馆、多媒体数字化展览馆建设规模均在不断扩大,社会各界更是愈发强调要让人们在互联网络的在线游览,或者现场的声光电的技术运用中微观感知革命文化的独特魅力。

第三,强调应从人类历史发展的维度读懂革命历史。习近平总书记指出:"一百年来,中国共产党领导中国人民经过顽强奋斗,迎来了从站起来、富起来到强起来的伟大跨越,迎来了从落后时代、跟上时代再到引领时代的伟大跨越,创造了人类历史上惊天地、泣鬼神的伟大史剧。"❸ 这不仅充分表明中国共产党领导中国人民浴血奋战、共同创造的革命历史是人类历史的重要组成部分,深入解读革命历史是坚定文化自信和历史自信的重要前提,而且也体现了新时代对革命文化教育内容的建构有了新的要求,即应在继承中国共产党革命文化教育优良传统的基础上,进一步从人

---

❶ 黄翯青,苏彦捷. 共情中的认知调节和情绪分享过程及其关系[J]. 西南大学学报(社会科学版),2010(6):15.

❷ 赵丽涛. 思想政治教育数字化转型的范式构建与优化逻辑[J]. 思想理论教育,2022(2):47.

❸ 习近平. 习近平谈治国理政(第4卷)[M]. 北京:外文出版社,2022:321.

类历史的纵深向上，挖掘中国革命文化对建构"完整的中国文化基因"❶的重要贡献，以及对实现中国式现代化和中华民族伟大复兴，对构建人类文明新形态的重要贡献。

（二）强调以历史经验升华教育理论

百年党史中蕴藏着丰富的革命文化教育智慧，对于提升新时代新征程大学生革命文化教育的实效性具有重要的价值。2021年2月，在党史学习教育动员大会上，习近平总书记明确强调，中国共产党是一个善于总结历史经验的马克思主义政党，必须坚持"从历史中获得启迪，从历史经验中提炼出克敌制胜的法宝"❷。为此，基于庆祝中国共产党成立一百周年和推进党史学习教育常态化长效化的契机，社会各界纷纷表明要坚持从百年党史中，不断挖掘中国共产党开展思想政治教育的重要经验，要切实"用百年党史的丰厚资源引领思想政治教育学科的创新发展"❸，以及拓展和丰富革命文化教育的理论体系。不仅如此，为了保障革命文化教育理论建构的高质量特性，理论界和教育界尤为强调要注重现实问题导向与历史经验总结的统一。

也就是说，从百年党史中汲取革命文化教育的经验，一方面，要注重保持问题意识，坚持以习近平总书记关于革命文化教育的现实性论述为遵循，坚持在客观审析新时代新征程大学生革命文化教育的热点、痛点、难点的基础上，明确开展新时代新征程大学生革命文化教育应切实探讨和期待解决的问题，并且应明确这是从百年党史中汲取革命文化教育经验的首要前提。另一方面，强调要以对应和解决现实问题为切入点，坚持凸显历史思维，要在客观梳理革命文化教育的历史事实的前提下，坚持做到既深入理解中华优秀传统文化教育理念对中国共产党开展革命文化教育实践的

---

❶ 习近平. 习近平谈治国理政（第4卷）[M]. 北京：外文出版社，2022：310.
❷ 习近平. 习近平谈治国理政（第4卷）[M]. 北京：外文出版社，2022：513.
❸ 冯刚. 推动新时代思想政治教育学科高质量发展[J]. 学校党建与思想教育，2022（7）：4.

影响，又切实将"弘扬优秀传统文化同马克思主义立场观点方法结合起来"❶，真正从中国共产党百年党史中，挖掘出升华新时代新征程大学生革命文化教育的理论富矿，进而为推进思想政治教育学科创新发展提供更富有新时代意蕴的理论范式。

（三）强调应凸显革命精神谱系教育

相较于新时代之前革命精神教育的内容与方式而言，党的十八大以来中国共产党对革命精神的教育具有新的时代特点和现实要求。习近平总书记在庆祝中国共产党成立一百周年大会上指明，在中国共产党百年发展的历程中，一代又一代中国共产党人以顽强的斗争意志和拼搏智慧，积极应对各种困难挑战，构筑了以伟大建党精神为源头的"中国共产党人的精神谱系"❷。基于此，社会各界纷纷强调，应科学审析习近平总书记关于建党精神，以及其他革命精神论述的理论飞跃，切实要从如下两个维度创新革命精神谱系教育。

一是科学解读新时代提出的新革命精神本身的内涵，并以此为前提推进革命精神教育。党的十八大以来，习近平总书记根据新时代发展的客观变迁和现实需要，在继承和强调中国共产党原有的井冈山精神、苏区精神、长征精神、抗战精神、西柏坡精神等革命精神的前提下，又创新和阐明了建党精神、红船精神、脱贫攻坚精神、科学家精神、载人航天精神等新时代的新革命精神，从而不仅丰富和拓展了中国共产党人的精神谱系，而且也生成了新时代对革命精神教育的新要求，即应以理论逻辑、历史逻辑与现实逻辑的辩证统一，科学解读这些新革命精神的生成机理、内在构成和时代价值，并要以此为前提推进革命精神教育理论与实践的时代创新。

二是强调要以整体性思维审视革命精神的共性与特质，并基于此探析

---

❶ 习近平. 习近平谈治国理政（第4卷）[M]. 北京：外文出版社，2022：315.
❷ 习近平. 习近平谈治国理政（第4卷）[M]. 北京：外文出版社，2022：7.

新时代新征程大学生革命文化教育的科学路径。习近平总书记指出，中国共产党在百年奋斗历程中创造的这些"革命加拼命的强大精神"，集中体现了"党的坚定信念、根本宗旨、优良作风，凝聚着中国共产党人艰难奋斗、牺牲奉献、开拓进取的伟大品格"❶，说明了中国共产党的革命精神谱系虽具有因历史时期、具体事件、发生场域带来的特质，但与此同时也具有一定的共性。因此，社会各界纷纷强调新时代以来，尤其是在实现第二个百年奋斗目标的新征程上，应当坚持以整体性思维审视革命精神，要教育引导新历史条件下的广大青年学生明确革命精神谱系是中华民族共有精神家园的重要构成，要坚持既将革命精神谱系的整体性价值作为"凝聚中华儿女团结奋进的精神力量"❷，又在挖掘其共有特质的基础上，引导新时代大学生深入理解中国共产党百年来一以贯之的精神意志、基因密码和初心使命情怀。

二、以革命文化培育大学生成长成才的标准要求更全面

人才的培养和其素质能力的提升是实现中华民族伟大复兴的基本保证。相较于先前中国共产党对人才培养的定位与要求，进入中国特色社会主义新时代以来，习近平总书记遵循马克思主义人学理论，坚持立足新时代的新形势、新问题和新使命，在提出要守正创新地推进革命文化教育的基础上，强调将"培养什么人"作为教育的首要问题，这不仅指明了时代新人的培养方向，而且还主要从素质构成、精神状态和实干担当这三个维度，对以革命文化培养新时代大学生的成长成才提出了更加全面的要求。

（一）从素质构成上提升新时代大学生成长成才的培养要求

党的十八大以来，以习近平同志为核心的新一届党中央多次强调，要

---

❶ 习近平. 学党史悟思想办实事开新局 以优异成绩迎接建党一百周年［N］. 光明日报，2021-02-21（01）.

❷ 中办国办印发《"十四五"文化发展规划》［N］. 光明日报，2022-08-17（01）.

在增强综合素质上下功夫,培养既具担当才干又拥有国际情怀的时代新人。"素质"一词在心理学上常常被理解为"有机体天生具有的某些解剖和生理的特性,主要是神经系统、脑的特性以及感官和运动器官的特性"❶,即个人固有的智力和从事一定劳动的特殊能力。人生而具有素质,但人的素质发展水平随着物质和精神的生产而提升。改革开放以后,随着人的精神需求的增强,我国的基础教育愈发凸显人的精神解放的需要,表现为逐步从"应试教育"向"素质教育"转轨,渐次实现从培养又红又专的"有社会主义觉悟的专门人材"❷,到"培养一代有理想、有道德、有文化、有纪律的建设人才"❸,这不仅从理想、道德、文化、纪律等内容上丰富了人的素质构成,而且逐步满足了人的自由全面发展的需要。

中国特色社会主义进入新时代以来,伴随我国总体解决了十几亿人的温饱问题和基本实现了全面小康的发展形势,人们对精神生产及人的素质发展的需要愈发强烈,而且在实现中国式现代化和"中国梦"、社会主义核心价值观、"四个自信"、人民美好生活的需要、人类命运共同体、培养历史主动精神等时代命题的感召下,以习近平同志为核心的党中央在原有的"德智体美"等素质要求的基础上,又明确以"有理想、有本领、有担当""勤学、修德、明辨、笃实""奋进者、开拓者、奉献者""德智体美劳全面发展的社会主义建设者和接班人"等论述进一步丰富了新时代大学生素质培养的新要求。这些论述表明,习近平总书记不仅高度强调青年学生的理想信念、爱国主义、责任意识、奋斗品质、品德修为等素质构成和精神状态,而且还从实干担当和国际思维等品质上丰富和创新了对新时代大学生的素质教育的新要求。具体而论,一是强调提升劳动素质。马克思主义认为,将生产劳动与人的智育和体育相结合推进,不仅具有提高社会

---

❶ 朱智贤. 心理学大词典［M］. 北京:北京师范大学出版社,1989:50.
❷ 教育部社会科学司,组编. 普通高校思想政治理论课文献选编(1949—2008)［M］. 北京:中国人民出版社,2008:79.
❸ 教育部社会科学司,组编. 普通高校思想政治理论课文献选编(1949—2008)［M］. 北京:中国人民出版社,2008:106.

生产的功能,"而且是造就全面发展的人的唯一方法"❶。遵循这一理论,2019年9月,习近平总书记在全国教育大会上提出:"要在学生中弘扬劳动精神,教育引导学生崇尚劳动、尊重劳动,懂得劳动最光荣、劳动最崇高、劳动最伟大、劳动最美丽的道理,长大后能够辛勤劳动、诚实劳动、创造性劳动。"❷ 由此表明了新时代劳动教育的价值功能,体现了劳动教育与"德智体美"这"四育"地位并举的实践意义。二是指明培养国际思维。习近平总书记指出,"个人梦""中国梦"和"世界梦"息息相通,立足新时代新征程的新形势和新使命,"我们要把弘扬爱国主义精神与扩大对外开放结合进来,尊重各国的历史特点、文化传统,尊重各国人民选择的发展道路,善于从不同文明中寻求智慧、汲取营养,增强中华文明生机活力"❸。

综合而论,新时代以来我国对人才素质培养目标论述的诸多新表述和新要求,直接决定了新时代新征程大学生革命文化教育的新要求,表明在以革命文化教育大学生的具体实践中,应该突出强调从素质构成上丰富和提升以革命文化培养新时代大学生的创新创造能力,以及善于担当使命的实干要求。不仅如此,还应当在科学解读革命文化对人类文明发展的重要贡献的基础上,引导新时代大学生形成具备国际视野的爱国主义素养,以及胸怀世界繁荣发展的创新思维和人类命运与同的价值情怀。

(二)从精神状态上深化新时代大学生成长成才的培养要求

中国特色社会主义进入新时代以来,习近平总书记十分重视从精神状态上涵育人才。习近平总书记指出,青年是国家的希望和民族的未来,是"整个社会力量中最积极、最有生气的力量"❹,社会各界不仅要注意用丰

---

❶ 马克思恩格斯文集(第5卷)[M].北京:人民出版社,2009:557.
❷ 习近平.坚持中国特色社会主义教育发展道路 培养德智体美劳全面发展的社会主义建设者和接班人[N].光明日报,2018-09-11(01).
❸ 习近平.大力弘扬伟大爱国主义精神 为实现中国梦提供精神支柱[N].光明日报,2015-12-31(01).
❹ 习近平.在纪念五四运动100周年大会上的讲话[N].光明日报,2019-05-01(02).

富的内容和科学的方法培养青年,特别是培养他们坚定理想、热爱祖国、砥砺奋进、勇于担当、品德高尚、乐于奉献的精神面貌,而且要以优秀文化帮助青年一代建构精神家园,实现传承基因、凝聚力量、达成梦想的人生归旨,这正如他所言:"青年一代的理想信念、精神状态、综合素质,是一个国家发展活力的重要体现,也是一个国家核心竞争力的重要因素。"❶ 因此,立足对青年一代的精神状态和综合素质的培育诉求,习近平总书记坚持以全方位、建设性、系统化的育人思维从增长知识见识、加强价值观教育、坚定理想信念、厚植爱国情怀、提高品德修养、培养奋斗精神、练就实干本领、强化担当意识等诸多方面对新时代的大学生提出了一系列提升精神素养的新要求和新内容。由此可见,相较于中国共产党在新时代之前各历史时期所阐明的人才培养目标,新时代新征程大学生革命文化教育更突出了要从精神状态上着力的培养要求。

(三) 从使命担当上凸显新时代大学生成长成才的培养要求

人的综合素质和精神状态要在担当使命的具体实践中得以外化和彰显。这正如马克思所言:"理论的对立本身的解决,只有通过实践方式,只有借助于人的实践力量,才是可能的。"❷ 任何事物的发展,理论建构是必要前提,实践是验证理论和提升理论的重要手段和关键所在。同理而论,实现中华民族伟大复兴的中国梦固然具有内涵、实质、目标等一系列较为丰富的理论体系,但个人梦统一于中国梦,实现中国梦应然是要依靠广大人民的力量,尤其是要依托于作为国家、民族和世界发展生力军的青年学生的实干担当和共同努力。对此,习近平总书记曾高度肯定并强调:"为实现中华民族伟大复兴的中国梦而奋斗,是中国青年运动的时代主题。"❸ 这里习近平总书记以"运动"一词凸显实践活动,说明新时代新征

---

❶ 中共中央文献研究室. 习近平关于青少年和共青团工作论述摘编 [M]. 北京:中央文献出版社,2017:9.

❷ 马克思恩格斯文集(第 1 卷)[M]. 北京:人民出版社,2009:192.

❸ 习近平. 习近平谈治国理政(第 1 卷)[M]. 北京:外文出版社,2018:53.

程对大学生素质发展和精神状态的要求，其最终是要使他们在转"知"成"识"中内化为对实现中国式现代化和中华民族伟大复兴使命的担当意识，在"知行合一"中外化为实干巧干的实践能力，进而再以理论的创新，既促进民族复兴之实践的发展，又实现新时代大学生综合素质、精神状态和实践能力的提升。

质言之，对于新时代大学生的培养，其最终目的就是在实现中国式现代化和中华民族伟大复兴的实践中，帮助广大青年学生无限接近人的自由全面的发展。因此，是否具备实干担当、奋发有为的精神品质与实践能力，已成为衡量新时代新征程大学生成长成才的一个显著且重要的标准，这既是中国共产党对人才培养定位的提升，也意味着推进新时代新征程大学生革命文化教育具有了两个方面的新要求。一方面是要以革命历史和经验总结为依托，在讲好革命故事、强化革命理论、凸显革命情感中，着眼担当品质和实干能力的塑造。另一方面是要在讲清楚革命文化与实现中华民族伟大复兴事业、文化自信、理想信念、爱国主义和社会主义核心价值观等时代命题的辩证关联的基础上，引导大学生以革命先辈为榜样和指引，传承好红色基因，要坚持以良好的综合素质和饱满的精神状态，敢于、乐于和善于为人民谋幸福、为民族谋复兴、为世界谋发展。

三、以革命文化培育大学生成长成才的方法要求更精准

党的十八大以来，中国共产党坚持顺应数字化、智能化、元宇宙等技术发展水平的跃升趋向，强调要积极推进教育现代化变革，要切实运用数字技术对学生的思想进行精准测绘，努力做到坚持以"精准数据"做好"靶向预警"，以"智慧资源"绘好"思政肖像"。在这一新趋势和新要求的推动下，新时代新征程上开展大学生革命文化教育自然具有了新的实践要求。

（一）强调对教育对象情况的剖析要精准

对教育对象思想状况的精准把握，是保障思想政治教育实效性的重要

前提。中国特色社会主义进入新时代以来，我国社会各界积极响应中国共产党所强调的要"加快信息化时代教育变革"❶的发展诉求，强调要逐步从"大数据"向"小数据"跨越，要更精准地汇集和剖析新时代大学生的"数据踪迹"，并以此为前提动态把握新时代大学生的成长特征、思想特质、兴趣爱好和教育需求。可见，作为思想政治教育的重要一环，推进新时代新征程大学生革命文化教育也需要全力汇聚学生生活与学习的大数据，且要在此基础上精准识别与革命文化教育相关的数据信息。鉴于此，也因紧扣新时代革命文化教育数字化与个性化相统一的发展趋向，理论界和教育界尤为强调，要从精神定位、精准定性、精准定因、精准预判等维度，实现对新时代大学生基本情况的精准剖析。

具体而论，一是强调凸显新时代大学生的主体地位，个性化把握新时代大学生的思想状况。与既往革命文化教育主要以教师的课堂讲授和单向输出不同，新时代以来理论界和教育界尤为强调要切实以个性化的大数据绘制好每一位大学生的"立体图像"，要精准剖析大学生对革命文化的认知水平、兴趣程度、价值取向等内容，以此纠正教育内容与主体需求错位及对个性化教育对象进行同质化输出的问题。二是强调要利用大数据科学分析教育对象存在的现实性问题，并针对问题精准施策。对教育对象存在的现实性问题进行精准剖析，是在凸显教育对象主体性的前提下，进一步实现个性化教育的重要手段。与既往革命文化教育基本只能笼统阐释教育对象所存在问题的方法不同，新时代以来，理论界和教育界尤为强调应当利用大数据资源，要透过数据表象审析教育对象所存在的现实问题，要在对问题精准定性与定因的基础上，个性化分析革命文化教育内容与那些存在问题的大学生之间的匹配程度，并基于此为优化新时代新征程大学生革命文化教育成效，进行精准预判和提出个性化实施方法。

---

❶ 中华人民共和国中央人民政府. 中共中央、国务院印发《中国教育现代化 2035》[EB/OL]. http://www.gov.cn/xinwen/2019-02/23/content_5367987.htm. 2019-02-23/2019-03-11.

(二) 强调对教育基本规律的把握要精准

规律是事物运动过程中内在的、固有的和本质的必然联系。2016年12月,习近平总书记在全国高校思想政治工作会议上强调:"要遵循思想政治工作规律,遵循教书育人规律,遵循学生成长规律,不断提高工作能力和水平。"❶ 由此,新时代社会各界掀起了以既有认知为原点,持续推进思想政治教育规律提炼与优化的研究浪潮,这不仅使新时代的思想政治工作规律、教书育人规律、学生成长成才规律成为学界研究的热点,而且也因习近平总书记的新论述和新时代新形势的变迁,新时代对大学生革命文化教育规律的挖掘具有了更精准化探析的要求。

具体而论,一是强调应基于新时代大学生革命文化教育的基本矛盾精准把握其中的基本规律。从词义上看,规律是指"事物运动过程中固有的本质的必然的联系,或事物之间的内在的必然联系,决定着事物发展的必然趋向"❷,说明对任何规律的把握都应当将事物本质之间的关系作为研究的切入点和立足点,这表明对新时代大学生革命文化教育规律的挖掘,应要精准辨析新时代新形势下革命文化教育活动,这一具体的实践中所特有的教育者、教育对象、教育环境、教育媒介等核心要素之间的关联、互动与矛盾,如此"以其内部矛盾为根据或许更能准确地揭示其中的规律"❸。二是强调应立足新时代的新形势精准挖掘和凝练具有现实意蕴的客观规律。党的百年思想政治教育工作的实践表明,思想政治教育规律、教书育人规律、学生成长规律,会随着不同历史条件和时代环境的变化而在呈现基本特性不变的基础上,生成彰显现实特质的客观规律,即思想政治教育规律的生成,既具有不唯人的意志为转移的客观独立性,又是历史性与现

---

❶ 习近平. 把思想政治工作贯穿教育教学全过程 开创我国高等教育事业发展新局面 [N]. 光明日报,2016-12-09 (01).
❷ 中国大百科全书总编辑委员会. 中国大百科全书(哲学1)[M]. 北京:中国大百科全书出版社,2002:269.
❸ 尚磊,王习胜,吴玉剑. 新时代高校思想政治教育管理规律初论 [J]. 思想教育研究,2020 (9):41.

实性相统一的结果。因此，立足新时代新征程革命文化教育者、教育对象、教育环境、教育媒介所呈现的诸多新变化，我国的理论界和教育界尤为强调要在客观审析既有革命文化教育规律的前提下，再科学挖掘新时代新形势下生成的新规律，比如基于虚拟仿真技术在新时代大学生革命文化教育实践的广泛运用，科学探析和凝练出面向"虚拟实践"的规律❶，以此切实为更精准地构建新时代新征程大学生革命文化教育的路径提供科学方法论。

（三）强调对教育实际成效的评价要精准

对革命文化教育的实际成效进行精准评价，是保障新时代革命文化教育高质量发展的要求之一。2020年9月，中共中央国务院印发的《深化新时代教育评价改革总体方案》指出："教育评价事关教育发展方向，有什么样的评价指挥棒，就有什么样的办学导向。"❷ 党的十八大以来，伴随新时代革命文化教育数字化转型的不断推进，各大高校对大学生革命文化教育实际成效评价的精准性也提出了新的要求，并且纷纷表明精准评价既"是精准思政的必然要求和重要环节"，也是高质量地开展新时代大学生革命文化教育的前提和基础。此深刻表明应当从以下几个方面着力，加强对新时代新征程大学生革命文化教育实际成效的精准评价。

具体而论，一是要科学构建新时代新征程大学生革命文化教育的评价指标。理论界与教育界尤为强调要在精准把握教育对象的基本特征，以及在科学明晰新时代大学生革命文化教育者、教育对象、教育环境、教育媒介等要素之间规律性关联的基础上，精准设计科学有效的大学生革命文化教育评价指标体系，要努力从教育内容满足教育对象个性化发展的维度，从教育对象经过革命文化教育后对革命文化认知、认同、自信、践行等维

---

❶ 何化利. 构建面向"虚拟实践"的大学生思想政治教育初探[J]. 理论导刊，2019(8): 116-121.

❷ 中共中央国务院. 深化新时代教育评价改革总体方案[EB/OL]. (2020-10-13) [2021-01-12]. http://www.gov.cn/zhengce/2020-10/13/content_5551032.htm.

度，以及从教育环境和教育媒介，乃至教育方法运用得当与否的维度构建形成科学评价指标，以此为精准评价和客观辨析新历史条件下大学生革命文化教育的现实问题提供准确依据。二是要精准开展新时代新征程大学生革命文化教育评价活动和用好评价结果。理论界与教育界尤为强调要开展好精准评价活动，即要协调用好传统调查问卷和现代无感采集的评价方法，要既以现代统计技术克服传统调查问卷等定性评价的主观性，又融合传统调查问卷的匿名信特征进行多维智能评价。不仅如此，还要求应当用好评价结果，及时进行精准的归因分析，由此达到科学把握新时代新征程大学生革命文化教育的基本现状、存在问题和发展趋向的目的，进而在精准施策的有效实践中推进新时代新征程大学生革命文化教育的高质量发展。

第四节　新时代新征程大学生革命文化教育需要新原则

　　为了顺应新时代发展的诸多新变化和新情况，习近平总书记在全国高校思想政治工作会议上旗帜鲜明地指出："做好高校思想政治工作，要因事而化、因时而进、因势而新。"❶ 因此，坚持在对"事""时""势"客观审视的基础上，科学分析革命文化教育中主体、客体、环体、介体等要素内在的矛盾关联，有利于从革命文化教育的内容建构、目标取向、资源转化、环境创设、方法选择、载体运用等方面探析新时代新征程大学生革命文化教育得以科学发展和大胆创新的新原则，也由此能更进一步建构和完善新时代新征程大学生革命文化教育的方法论。

---

❶ 习近平. 用新时代中国特色社会主义思想铸魂育人　贯彻党的教育方针落实立德树人根本任务［N］. 人民日报，2019 – 03 – 19（01）.

一、坚持教育内容的历史性与教育目标的政治性相统一

明确革命文化教育内容的构成及特征,把准教育目标的主导方向,并基于此辨析二者的内在关联,是保证革命文化教育实效性的重要前提。从实质上看,革命文化是属于具有鲜明的历史性特征的遗存遗迹。因此,革命文化教育在内容构成上可分为三个组成部分:一是以强化对革命文化的生成和发展历程为目标的认知教育;二是以明确革命文化所彰显的意识形态本质为导向的政治教育;三是以弘扬革命文化所内蕴的"真善美"特质的道德教育。马克思主义表明,在上层建筑中政治居于核心地位,在对无产阶级的教育过程中突出政治导向是代表一定阶级利益的政党或政治集团向广大民众有意识地传播政治理念、政治观点、政治信仰、政治情感等意识形态内涵,从而使民众在明确自身权益与政党或政治集团的政治目标的统一中,确立自己的政治意识、政治倾向和行为模式。

由此可见,上述革命文化教育内容的三个构成部分,在认知性、方向性和规范性的统一中既相互区别又相辅相成,其中又以强化理想信念、价值理念、道德观念、爱国主义、集体主义,以及新时代中国特色社会主义共同理想和共产主义远大理想等为主要教育内容,且这些是保证革命文化教育沿着正确方向推进的内在灵魂。这也正如习近平总书记所强调,我国是社会主义国家,有自己独特的历史、文化和国情,"我国高等教育肩负着培养德智体美全面发展的社会主义事业建设者和接班人的重大任务,必须坚持正确政治方向"❶。可见,坚持确立革命文化教育内容的历史性与教育目标的政治性相统一的原则,才能更好地从"六个下功夫"❷的科学维度保证新时代新征程大学生革命文化教育内容的时代特色和教育目标的政

---

❶ 习近平. 把思想政治工作贯穿教育教学全过程 开创我国高等教育事业发展新局面 [N]. 光明日报, 2016 - 12 - 09 (01).

❷ "六个下功夫",即习近平总书记 2018 年 9 月 10 日在全国教育大会上所提出的"要在坚定理想信念上下功夫""要在厚植爱国主义情怀上下功夫""要在加强品德修养上下功夫""要在增长知识见识上下功夫""要在培养奋斗精神上下功夫""要在增强综合素质上下功夫"。

治方向。具体而论，我们应当从如下几个方面坚持好新时代新征程大学生革命文化教育内容的历史性与教育目标的政治性的统一。

首先，要坚持以理想信念教育为核心内容。理想信念既是人的道德素质和思想觉悟的根本反映，又集中体现着人们的政治理性，是时代新人的首要品质。习近平总书记指出，对于新时代的培养首先要从理想信念上下功夫，但是"没有中华优秀传统文化、革命文化、社会主义先进文化的底蕴和滋养，信仰信念就难以深沉而执着"❶，这一论述充分表明了理想信念的生成和筑牢离不开中华文化的滋养。革命文化内蕴着广大人民对马克思主义、中国共产党领导、社会主义道路等内容的历史选择，是引导新时代大学生认同党的初心和使命，补足他们的精神之"钙"，以及支撑中华民族伟大复兴中国梦，实现"共产主义远大理想和中国特色社会主义共同理想"❷的重要素材。因此，加强新时代新征程大学生革命文化教育必须既坚持从内容上讲好与理想信念相关的理论内涵、历史意蕴和革命故事，又坚持从教学目标上以理想信念教育保证好教育的政治方向。

其次，要坚持以社会主义核心价值观教育为重要支撑。党的十九大报告指出："社会主义核心价值观是当代中国精神的集中体现，凝结着全体人民共同的价值追求。"❸ 社会主义核心价值观从国家、社会和个人三个层面表达了中国共产党领导广大人民推进中国特色社会主义的伟大事业所要达到的价值共识和实践准则，内蕴个人利益与集体利益的高度融合，是国家之魂、民族之魂、社会之魂、个人之魂的辩证统一。坚持加强社会主义核心价值观教育是凝心聚力的思想基础和政治保证。习近平总书记强调，"我们倡导的社会主义核心价值观，体现了古圣先贤的思想，体现了仁人

---

❶ 习近平. 全面贯彻落实党的十八届六中全会精神增强全面从严治党系统性创造性实效性[N]. 光明日报，2017－01－07（01）.

❷ 习近平. 坚持中国特色社会主义教育发展道路 培养德智体美劳全面发展的社会主义建设者和接班人[N]. 光明日报，2018－9－11（01）.

❸ 习近平. 决胜全面建成小康社会 夺取新时代中国特色社会主义伟大胜利——在中国共产党第十九次全国代表大会上的讲话[M]. 北京：人民出版社，2017：42.

志士的夙愿，体现了革命先烈的理想，也寄托着各族人民对美好生活的向往"。❶ 由此可见，社会主义核心价值观与革命文化具有同源、同质、同向的逻辑关联性和内在同构性。其具体体现为二者均以马克思主义为理论基础，以中华优秀传统文化为生成土壤，以国家、社会和个人的发展为价值追求，以民族复兴和人民幸福为根本旨归。故此，在新时代新征程大学生革命文化教育实践中，应当坚持以社会主义核心价值观教育为重要支撑，努力做到以革命文化教育内容的历史性保证教育目标的政治方向和价值准则。

最后，要坚持以初心和使命教育为根本引领。中国共产党的百年奋进史是"不忘初心、牢记使命"的生动诠释。初心和使命体现着中国共产党对马克思主义的根本立场和历史发展规律的价值遵循，既反映了广大人民对美好生活期盼的时代变迁，以及站起来、富起来、强起来的共同追求，更深刻表明了中国共产党一以贯之的使命担当和坚持为民的立党精神和政治追求。在新的历史方位中，当前世界各国普遍处于大发展、大变革和大调整的重要时期，我国的社会主要矛盾也发生了变化，实现中国式现代化和中华民族伟大复兴中国梦的征程也开启了新的序幕。面对新形势、新变化和新问题，中国共产党提倡要坚持开展"初心和使命"的主题教育，这是我们党从政治高度进行的深谋远虑，有利于在正确阐明初心和使命的科学内涵和现实意义的过程中，使广大人民在深刻理解其中所蕴含的理论、历史和现实的意蕴中生成巨大的号召力、凝聚性和向心力。如上文所述，革命文化内蕴我们党为了人民幸福和民族复兴而浴血奋战、不畏牺牲、顽强拼搏的血泪史，是使新时代大学生明确党的初心和使命的生动教材，这意味着新时代新征程上保证大学生革命文化教育内容与政治方向的统一性，还需要注意好马克思主义的"望远镜"和"显微镜"。一方面立足理论和历史的维度阐明革命文化与初心使命的本质关联，表明坚持初心和使

---

❶ 中共中央文献研究室. 习近平关于社会主义文化建设论述摘编 [M]. 北京：中央文献出版社，2017：119.

命的真理性和必然性；另一方面又从现实需要说清在统揽"四个伟大"、增强"四个意识"、坚定"四个自信"、做到"两个维护"、践行"两个确立"的逻辑必然中，坚守初心使命、生成政治定力、铸就政治灵魂，以及坚定中国共产党领导的价值意蕴，以此才能既契合新时代新征程大学生革命文化教育的新旨归和新趋向，又为理论教育与实践方向的统一奠定根本的政治立场。

二、坚持资源利用的科学性与环境建设的创新性相融合

坚持以创新性的手段对革命文化资源加以科学利用，可在遵循革命文化教育基本规律的前提下，从优化教育环境上保证新时代新征程大学生革命文化教育的实效性。这具体体现在资源利用与环境建设之间层次分明又辩证统一的关联上。

一方面，科学利用革命文化资源是正确构建革命文化教育内容和创设革命文化育人环境的重要基础。革命文化资源是指在新民主主义时期，中国共产党领导中国人民在实现中华民族伟大复兴的革命斗争中所创造的革命文化遗产。这些遗产在内容和形式上主要体现为革命战争遗址遗迹、革命领导人物故居、革命纪念馆、革命纪念碑、革命烈士陵园、革命人物遗存物件、红色标语、红色报刊等一系列物质性遗迹，还有诸多体现党的政策纲领的制度性遗存，以及诸如《松花江上》《义勇军进行曲》《黄河大合唱》《南泥湾》等红色歌曲和革命斗争时期的红色故事、红色漫画、红色戏剧、红色电影、红色家风家训等精神性遗产。这些革命遗存遗迹"见证着党带领人民的奋斗足迹，承载着历久弥新的革命精神"❶，具有溯源、寻根、追魂的现实价值，对于强化人们的革命文化记忆和确立中国人的身份认同具有重要的作用。此外，正如德国著名文化学者扬·阿斯曼和阿莱达·阿斯曼夫妇所言："记忆是那种能够使我们无论是在个人层面还是集

---

❶ 黄坤明. 以庆祝新中国成立70周年为契机充分激发爱国热情 广泛凝聚奋斗力量［N］. 光明日报，2019-03-30（03）.

体层面上形成一种自我意识（身份认同［identity］）的能力。反过来，身份认同又与时间有关。"❶ 这一论断深刻表明人的身份认同是由时间沉淀而形成，文化资源可成为人们通过教育引导并确立身份认同，以及明确现实存在来源和未来发展趋向的重要素材。鉴于此，我们必须相信并确立这样的信念和原则，即任何人对任何事的记忆，都需要在其与他人的接触、沟通和交往中才能产生，不仅如此，任何人在与他人进行交往和沟通的时候，还"不可避免地涉及物体，诸如文字、图画、地域、仪式、饮食、气味、声音"❷，等等。因此，当那些已被岁月冲刷且在代际传承中愈发模糊的革命历史难以做到让现代人直接接触且直观感知烽火连天、浴血奋战、饱含初心与使命的革命记忆时，就自然需要我们加强对承载着这些理论内涵和精神本质的革命文化资源的有效保护、合理挖掘和科学利用，因为它们是构建革命文化教育内容和创设有利育人条件的重要前提。

另一方面，创新性建设和优化革命文化教育环境可保证革命文化资源的科学利用。马克思认为，文化既是人类实践活动的产物，更在人类的交往实践中形成不同的文化环境，进而可通过环境的建设与改造而不断传播、交往和进步。以苏联文化符号学大师洛特曼为代表的现代结构主义对文化及文化环境的理解在一定程度上与马克思主义相似，他们认为，文化是通过各种类型的符号系统进行社会相关表意活动的总集合❸，人类实践活动的过程正是文化符号传播与交往的过程，即"人的劳作的最本质的特征是运用符号，人运用符号的活动创造出符号世界"❹。也就是说，人们在劳动实践中通过对文化符号的运用和解读，创造出具有丰富多彩的文化意蕴的客观世界，因此，每一种文化符号中特定的文化价值会因此融入不同的现实环境中，并以现实环境的潜移默化功能影响个体的自在意识、感性

---

❶ ［德］扬·阿斯曼. 交往记忆与文化记忆［J］. 管小其，译. 学术交流，2017（1）：10.

❷ 陈新，彭刚. 文化记忆与历史主义（第1辑）［M］. 杭州：浙江大学出版社，2014：12.

❸ 叶舒宪，章米力，柳倩月. 文化符号学——大小传统新视野［M］. 西安：陕西师范大学出版社，2018：3.

❹ 周志培，陈运香. 文化学与翻译［M］. 上海：华东理工大学出版社，2013：90.

认知和理性认同。这正如马克思所说："人创造环境，同样，环境也创造人。"❶ 由此可见，革命文化教育的时空环境能够通过对现存的革命文化资源中文化符号的科学性利用和创新性塑造达到以环境育人的功效。然而，在革命文化教育环境的建设上，我们又需要清醒地认识到，相对现实世界而言，革命文化资源中所蕴含的文化符号总是"以'遗物'或'残片'的形式、'萎缩'或'发展'的形式存在于现实社会中"❷，这就意味着为了强化新时代新征程大学生的革命历史记忆，以及引导他们明确革命精神价值，并科学确立革命文化身份认同，除了需要明确科学利用革命文化资源的重要意义，还需要创新性地将革命文化中物质、制度和精神等层面上所蕴含的文化符号与新时代的历史方位、发展诉求、现实需要有效衔接。唯此才能既有力回应现实问题，又在切合新时代大学生认知特征、成长规律和发展诉求的前提下，达到以革命文化教育环境的创新性建构，使革命文化的记忆符号能以不断契合时代发展需要的技术手段、话语体系和载体模式而有效转化，从而真正通过革命文化的物质环境和精神氛围使革命历史符号潜移默化地进入学生大脑、沁入学生心脾、融入学生血液，进而为文化自信的生成和发展，以及实现中华民族伟大复兴的初心和使命奠定鲜活的红色基因。

概言之，为了强化新时代新征程大学生革命文化教育环境的育人功效，我们应当在遵循革命文化教育基本规律的基础上，有效解读革命文化教育实践中具有象征性意义的文化符号，而且要以切合时代发展需要的教育环境的建设来正确解码革命文化资源中文化符号的理论本质、精神密码和实践意义，即在建构新时代大学生革命文化教育的具体路径时，极有必要立足新时代新征程的新境遇，尤其是以化解新时代大学生革命文化教育的新问题为指向，坚持好革命文化资源利用的科学性和环境建设的创新性相融合的实施原则。

---

❶ 马克思恩格斯文集（第1卷）[M]. 北京：人民出版社，2009：545.
❷ 吴晓明，陈立新. 马克思主义本体论研究 [M]. 北京：北京师范大学出版社，2012：12.

三、坚持线下教育的主导性与线上教育的辅助性相促进

在方式方法上注重统筹好线上教育与线下教育之间的主次关系，也是新时代新征程大学生革命文化教育所呈现的新原则之一。随着中国特色社会主义进入新时代，尤其是新冠疫情的突发，使大学生革命文化教育在场域上愈发彰显线上教育与线下教育深度融合的发展态势。具体而言，线上教育不仅扩大了革命文化教育者和受教育者的交往范围，而且也使教育者和受教育者之间的边界关系愈发模糊，既极大程度上改变了教育者和受教育者原有的思维方式、教育习惯和价值定位，也切实创新了革命文化教育与全媒体运用相融合的教学方式，弥补了革命文化线下教育在时间、空间、师资、设备、资源等方面的不足。然而，由于当前技术发展水平的限制，线上教育还基本存在网络兼容量有限、监管不力、交流不够、考核方式比较单一等通病，在一定程度上限制了革命文化线上教育的实效性，这意味着我们需要在明确线上教育与线下教育相关利弊的基础上，把握好线上教育与线下教育主次有序及融合发展的原则。

一是要保证线下教育的主导地位。一方面，当前我国的线上教育还处于探索与发展阶段，普遍存在"数字教育资源开发与服务能力不强，信息化学习环境建设与应用水平不高，教师信息技术应用能力基本具备但信息化教学创新能力尚显不足，信息技术与学科教学深度融合不够，高端研究和实践人才依然短缺"❶等一系列问题，使革命文化线上教育水平不强。另一方面，习近平总书记曾在全国教育大会上明确指出，要坚持"让爱国主义精神在学生心中牢牢扎根，教育引导学生热爱和拥护中国共产党，立志听党话、跟党走，立志扎根人民、奉献国家"❷，这一论断充分体现出包

---

❶ 中华人民共和国教育部. 教育部关于印发《教育信息计划 2.0 行动计划》的通知 [EB/OL]. (2018 - 04 - 18) [2018 - 05 - 06]. http://www.moe.gov.cn/srcsite/A16/s3342/201804/t20180425_334188. html.

❷ 习近平. 坚持中国特色社会主义教育发展道路 培养德智体美劳全面发展的社会主义建设者和接班人 [N]. 光明日报, 2018 - 09 - 11 (01).

括革命文化教育在内的思想政治教育其重要的旨归不是仅限于知识的传达，而是在于思想、情感与行动的引导。然而，线上教育由于师生之间的互动是以人机交流的形式进行，表现为师生双方在隔着屏幕的前提下主要利用文字或者语音进行沟通与交流。这样的方式，使教师自身的信仰信念和精神素质很难真切地传递、示范和感染学生，学生在遇到与革命文化教育相关的现实困惑和情感障碍时也很难与教师进行贴心的沟通与交流。此外，线上教育还很难推进革命文化教育的实践活动，难以引导学生通过身临其境的探析与感知实现对革命文化认知、认同、自信与践行的有机统一。因此，开展新时代新征程大学生革命文化教育必须明确和坚持线下教育的主导地位。

二是要保证线上教育的政治导向。美国著名学者埃瑟·戴森曾意味深长地指出："数字化世界是一片崭新的疆土，可以释放出难以形容的生产能量，但它也可能成为恐怖主义者和江湖巨骗的工具，或是弥天大谎和恶意中伤的大本营。"❶ 对于革命文化教育的线上课程而言，这些蕴含着革命文化教育内容的课程不仅具有深刻的理论知识、丰富的历史案例，更必然彰显着鲜明的政治导向。然而，由于网络世界具有开放性和虚拟化的特征，使具有不同国别、年龄、身份的人都可在开放式的平台中对课程进行交流、评价、传播，这一过程在一定意义上有利于革命文化教育的发展，但也正因为网络世界的开放性与虚拟化的特征，所以在屏幕背后也隐藏着许多不同政治信仰和价值追求的人，从而使以历史虚无主义、极端个人主义、反智主义等为主要代表的西方社会思潮易于借此平台和交流手段，实现对以大学生为主体的线上学习者的意识形态的渗透，这无疑会给革命文化线上教育带来难以避免的挑战。因此，开发和建设革命文化教育的线上教育课程，我们务必在坚持发挥革命文化线上教育辅助性作用的基础上，再有效权衡价值理性与工具理性的辩证关系，坚持以正确的政治导向为建构原则，保证革命文化线上教育内容的政治性、正确性、价值性，从而充

---

❶ [美]埃瑟·戴森. 数字化时代的生活设计[M]. 胡泳，等译. 海口：海南出版社，1991：17.

分辅助线下教育主导性活动的开展，进而全面、统一且有力地应对线上线下各种社会思潮的错误解构。

　　综上而论，中国共产党自建立以来就十分注重以马克思列宁主义文化教育思想为指导，且在逐步丰富和完善革命文化教育思想的基础上，开展青年学生革命文化教育，并在这一历史进程中，不断推进且深化对人才培养目标、教育发展趋向、核心内容要求、基本施策原则等教育理论的建构，尤其是中国特色社会主义进入新时代以来，新发展新格局所面临的新形势、新使命与新要求，使新时代新征程大学生革命文化教育相较先前的历史实践而言，有了新的实践目标、发展趋向、现实要求和实施原则，也使新时代新征程大学生革命文化教育呈现了诸多新样态与新问题。

第四章

新时代新征程大学生革命文化教育的现实样态
——基于福建省 7 所高校的调查

对于人类生命活动与时代变迁的辩证关联,马克思指出:"人类的理性最不纯洁,它只具有不完备的见解,每走一步都要遇到新的待解决的问题。"❶ 这一论断表明,问题是人类生命活动中客观且必然的存在,人类的一切历史的实践活动都是在时代变迁的条件下不断生成问题、发现问题、研究问题和解决问题的结果,所以新时代新征程的发展固然会带来新情况,新情况也自然会生成新问题。因此,在客观把握新时代新征程大学生革命文化教育创新路向的基础上,我们还应主动顺应时代变迁和实践要求,正确审视新时代新征程大学生革命文化教育的现状、成效、问题及影响因素,如此才能在精准聚焦和剖析现实问题中找准教育着力点,从而真正响应新时代新征程大学生革命文化教育高质量发展的时代诉求。

第一节　新时代新征程大学生革命文化教育现状的调查设计

开展调查研究可以使我们超越理论认知和历史经验的局限性,获得更加全面、丰富和深刻的现实认知。正如习近平总书记所指出:"调查研究是谋事之基、成事之道。没有调查,就没有发言权,更没有决策权。"❷ 鉴于此,为了更加准确地把握新时代新征程我国大学生革命文化教育的现实样态,笔者不仅查阅了相关文献资料,而且在认真请教有关专家和经过两次小规模测试❸,以及反复修改的基础上,设计和编制了"新时代新征程

---

❶ 马克思恩格斯文集(第1卷)[M]. 北京:人民出版社,2009:610.
❷ 习近平. 加强对改革重大问题调查研究 提高全面深化改革决策科学性[N]. 人民日报,2013-07-25(01).
❸ 本书所采用的调查问卷在访谈调研的基础上,初次设计于2018年3月,并于笔者所在工作单位随机抽取了100名不同专业、年级、性别以及来自不同生源地的大学生进行测试。2018年5月,在初次测试的基础上,笔者补充、修订了部分内容,并开展了抽样调查和撰写了博士学位论文。2021年6月,为了进一步完善书稿内容,笔者在先前设计的前提下,又按照调查对象的专业、年级、性别以及生源地的差异,在福建省部分高校随机抽取了200名大学生进行了抽样测试。在此基础上,再次查阅资料,请教有关专家、教师、辅导员,且对问卷进行了修订与完善。

大学生革命文化教育现状调查问卷"。具体情况如下。

一、问卷设计思路与基本结构

本次调研旨在考察和了解我国新时代大学生对革命文化的认知、认同、自信、践行等基本情况，以及学校、家庭、社会已开展的革命文化教育对我国新时代大学生的影响情况与基本成效。换言之，调查拟在获取第一手资料的基础上，据实分析和合理研判新时代我国大学生革命文化教育的开展状况、主要成效、存在不足及影响因素，进而为更加科学地研判我国新时代新征程大学生革命文化教育存在的主要问题及其制约因素，以及为更加精准地解决这些现实问题提供准确性和合理化的对策与建议。

笔者在尽力收集相关主题资料及广泛吸收借鉴国内相关调查问卷和分析报告的基础上编制了调查问卷。问卷共分为两个部分，共计51题，其中50道客观题，1道主观题。第一部分为"个人基本信息"，主要了解学生的性别、年级、专业、政治面貌、学生干部经历、父母亲的学历、生源地等内容。第二部分是"问卷的主要内容"，共分三个小部分，分别采用选择题、观点题和问答题的方法，主要从认知、认同、自信、践行，以及教育的方式方法这五个维度，考察新时代新征程上我国开展大学生革命文化教育活动的现实样态。此外，为了保障调查问卷的科学性与专业性，笔者编制问卷时严格按照访谈了解大致情况、编制初始问卷、反复进行预测和修改、形成正式问卷等程序进行。在此基础上，笔者还诚恳请教了马克思主义哲学、思想政治教育学、教育学、社会学等领域的有关专家、学者、思想政治理论课教师、部分思想政治辅导员，分别就问卷中所涉及的内容是否反映新时代新征程大学生革命文化教育现状，以及条目内容是否具有可理解性和清晰性等问题进行了修正与评价。在与专家学者及一线教育工作人员请教交流的基础上，笔者再反复斟酌、修订和完善了调查问卷。

二、调查选取对象

本研究的调查对象是福建省 7 所高校❶的在读本科生，包含了大一、大二、大三、大四这四个年级。在调查对象的选取上，笔者考虑的原因有如下几点：

首先，在群体界定上以大学本科生为主。"大学生"是指"经过大学注册入学，正在接受高等教育的在校学生，包括专科生、本科生和研究生（硕士生、博士生）"❷。显然，从概念界定上看，"大学生"群体所涵盖的主体范畴学历层次不一、较为庞杂。因此，为了研究和数据整理的方便，本次调研所涉及的大学生是我国 2021 年 9 月开始在读的大一至大四的非港澳台同胞的大学本科生，因为"这部分学生当是大学生的主体，人数最多，最能体现当代中国大学生的特点"❸。其次，在区域选择上以福建省 7 所高校为例。笔者考虑到研究精力和经费问题，本次调研主要抽取了福建省 7 所高校的大学本科生。这 7 所高校涵盖"211 工程"高校、省属高校，包含综合类、师范类、农业类、医药类等不同类别。最后，从学生特点上考虑，本次调研选取的大学生来自全国各地，具有较强的代表性，且所调查的大学生中绝大部分为"00 后"，是我国第一批在"千禧之年"出生并成长起来的"00 后"大学生。此外，2004 年以来，中共中央、国务院、教育部、中宣部、共青团中央先后下发了关于以红色文化资源增强青少年素质教育的各种文件❹，所以本次调查所面向的这些"00 后"大学生又普

---

❶ 调查的高校有：福建师范大学、福州大学、福建农林大学、福建医科大学、福建工程学院、闽南师范大学、三明学院。

❷ 李进才. 高等教育教学评估词语释义［M］. 武汉：武汉大学出版社，2016：17.

❸ 朱志敏. 大学生中国精神认同力研究［M］. 北京：北京师范大学出版，2013：13.

❹ 例如 2004 年中共中央、国务院先后下发了《中共中央 国务院关于进一步加强和改进未成年人思想道德建设的若干意见》（中发〔2004〕8 号），以及《中共中央 国务院关于进一步加强和改进大学生思想政治教育的意见》（中发〔2004〕16 号）。教育部、共青团中央联合下发了《关于加强和改进高等学校校园文化建设的意见》（教社政〔2004〕16 号），中宣部、教育部等联合印发了《关于加强和改进爱国主义教育基地工作的意见》（中宣发〔2004〕22 号）等文件，均明确规定要通过各种形式加强红色文化教育。

遍是在接受革命文化教育的背景下长大的。

综上可见，以新时代的"00后"大学本科生为主要调查对象，了解他们对革命文化的认知、认同、自信和践行的情况，有利于客观掌握新时代新征程我国大学生革命文化教育的主要成效，特别是可在把握教育总体情况的基础上，找准问题、分析问题、解决问题，这对不断增强新时代新征程我国大学生革命文化教育的针对性和实效性具有格外重要的意义。

三、样本情况

本次正式调研从2021年9月初开始，到2022年1月中旬结束。调查在拟定抽取的福建省7所高校中以纸质问卷的形式进行，整个过程基本采用现场施测的方式开展。本次调研共发放1200份问卷，回收问卷1173份，回收率为97.8%。其中一部分问卷存在所有选题答案都一样，或者漏答、多答等情况。因此，剔除这一部分问卷，剩余有效问卷1093份，有效回收率为91.1%。总体而言，样本涉及我国高校本科四个年级的大学生接受革命文化教育活动的基本情况，各年级人数比例较为均等，专业类别覆盖文史、理工、体育、艺术等，男女生人数、年龄、父母学历、生源地等比例分布基本均衡，具有较高的信度与效度（具体情况见表4-1）。

表4-1 调查样本基本情况分布表

项目	类别	人数	占比（%）
性别	男	498	45.6
	女	595	54.4
年级	大一	368	33.7
	大二	282	25.8
	大三	255	23.3
	大四	188	17.2
专业	文史类	351	32.1
	理工类	308	28.2
	体育类	219	20.0
	艺术类	215	19.7

续表

项目	类别	人数	占比（%）
政治面貌	中共党员	92	8.4
	共青团团员	951	87.0
	群众	50	4.6
学生干部经历	有	749	68.5
	没有	344	31.5
父亲学历	小学及以下	202	18.5
	初中	404	37.0
	中专/高中	286	26.2
	专科	77	7.0
	本科及以上	124	11.3
母亲学历	小学及以下	374	34.2
	初中	338	30.9
	中专/高中	229	21.0
	专科	77	7.0
	本科及以上	75	6.9
生源地	城市	276	25.3
	乡镇	289	26.4
	农村	528	48.3

四、工具与方法

在回收与整理问卷后，笔者首先将调查信息录入计算机并建立数据库，随后运用SPSS19.0软件对数据进行整理和分析。

第二节　新时代新征程大学生革命文化教育的数据分析

调查显示，由于中国共产党长期以来对革命文化教育活动的坚持与开展，特别是随着2004年革命文化教育以"红色旅游"的形式在青少年中的广泛推广和持续推进，使新时代大学生对革命文化的认知、认同、自信与践行情况总体较为良好，而且在发展态势上呈现革命文化的教育活动与教育成效之间基本稳定且有良性发展的趋势。然而，调查也发现了一些反映新时代新征程大学生革命文化教育的缺陷，以及制约其成效的现象和问题。

一、对革命文化的认知态势

马克思主义认识论表明，人们对事物的认识是感性而能动的辩证过程。在这一过程中，感性认识是理性认识的必要性前提。因此，对革命文化认知情况的考察，既是检验革命文化教育成效的基础性指标，又能为准确把握革命文化教育实践存在的现实问题提供重要且最基本的参考数据。

（一）关于认知革命文化的必要性

数据表明，累计共有89.1%的受访大学生表示有必要了解革命文化。其中32.8%的学生表示"非常有必要"，56.3%的学生认为"有必要"，另有8.9%的学生表示"不确定"，1.7%的学生认为"没有必要"，0.3%的学生表示"非常没有必要"。此外，在做出有效选择的1093名受访学生中，共有939人认为认知与学习革命文化对自己将来的成长有意义，所占比例为有效受访人数的85.9%（含"非常有意义"和"有意义"，见表4-2）。再者，通过多重响应频率分析，笔者发现新时代大学生普遍认为认知与学习革命文化具有能以革命精神进行自我激励、了解历史和国情、使自己更加珍惜现实生活、明确理想信念并为之奋斗等现实意义（见表4-3）。综上可见，新时代大学生对于认知与学习革命文化的必要性和重要性的态度可谓总体良好且趋于理性。

表4-2 新时代大学生对认知与学习革命文化的意义评判

内容	类别	占比（%）
您觉得认知和学习革命文化对自己将来的成长有意义吗？	非常有意义	26.1
	有意义	59.8
	不确定	12.5
	没有意义	1.3
	非常没有意义	0.3

表4-3 新时代大学生对认知与学习革命文化的具体意义的看法

内容	类别	占比（%）
您认为认知与学习革命文化对您的成长有哪些意义？	能以革命精神激励自己	24.3
	有助于了解历史和国情	29.7
	更加珍惜现在的生活	24.7
	明确理想信念并为之奋斗	18.4
	没多大意义	1.0
	其他	1.9

（二）对"革命精神谱系"的知晓情况

革命精神是革命文化的内在核心，中国共产党在领导中国人民实现中华民族伟大复兴的百年奋进历程中创造了以"建党精神"为源头的革命精神谱系。因此，对大学生认知革命精神谱系情况的考察，有助于我们从本质上更好地了解新时代新征程大学生对革命文化的认知程度。调查发现，在对"革命精神谱系"的知晓度上，90%的受访大学生表示自己知晓革命精神，但仍有10%的大学生表示没有听说过"革命精神谱系"这一概念。通过多重响应分析，从数据上看，总体而论，新时代大学生对新民主主义革命时期所生成的各种革命精神有较高的知晓度（见图4-1）❶。其中受访大学生中对"建党精神""井冈山精神"和"长征精神"表示"印象深刻"

---

❶ 需要说明的是，因本研究将革命文化界定为新民主主义革命时期中国共产党领导中国人民创造的一种文化形态，因此本研究在所采用的调查问卷中，设置"革命精神谱系"的选项主要为新民主主义革命时期具有代表性意义的革命精神，其他选项为开放选项，供受访者自主填写。

的人数比较多,在所有对"革命精神"作出有效选择的回答里,前三种革命精神分别达到21.4%、20.8%和22.5%。其次,对"红船精神"和"延安精神",分别有8.3%和15.7%的学生选择"印象比较深刻",表示知晓"苏区精神"的受访学生占比为6.9%,对"西柏坡精神"表示知晓的程度则相对较低,占比为3.7%。此外,也有0.7%的受访学生选择了"其他精神",部分学生在开放式选项中填写了"五四精神""抗疫精神""航天精神""抗震救灾精神""红岩精神""红旗渠精神""雷锋精神""焦裕禄精神"等内容。由此可见,新时代大学生对革命精神的认知程度总体较好,但也存在认知程度参差不齐、差异明显的状况（$X^2 = 41.337$,$P = 0.000 < 0.001$）。

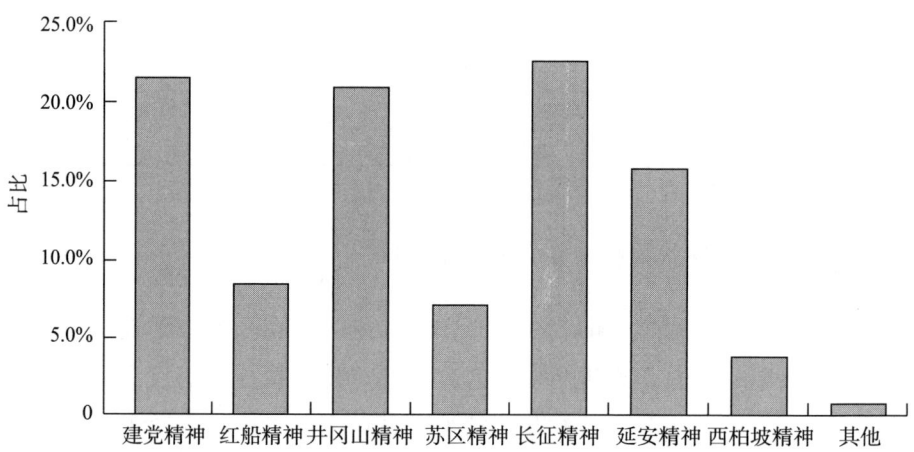

图4-1 新时代大学生对新民主主义革命时期革命精神的知晓程度

(三) 认知革命文化的主要方式

数据显示,新时代大学生认知革命文化的途径具有渠道多元和方式多样的特征。他们采用的方式主要包括学校课程、网络媒体、社团活动、报刊书籍、党课宣讲、红色旅游、长辈传授、影视作品、同伴告知,等等。卡方检验表明,新时代大学生认知与学习革命文化的方式方法存在显著差异（$X^2 = 17.907$,$P = 0.022 < 0.05$）。运用多重响应分析也可较为直观地

发现，新时代大学生通过学校课程、网络媒体和影视作品等方式了解革命文化的比例较高，分别达到21%、18.2%、14.8%（见图4-2）。这表明我国长期推行的以"学校教育为主，社会媒介为辅"的革命文化宣传教育方式具有一定的实践成效，但同时也说明随着新时代新形势的发展，我们在保障既有宣传教育方式的基础上，也应主动适应学生的认知需求而与时俱进地发展新的教育方式。

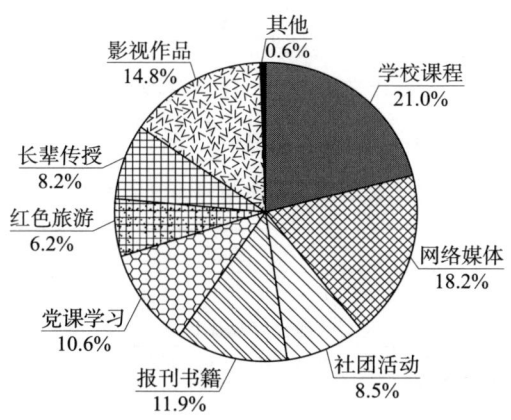

图4-2 新时代大学生了解与学习革命文化的主要途径

二、对革命文化的认同程度

新时代大学生对革命文化的认同是夯实其对革命文化自信和践行的心理基础，也是我们把握新时代新征程大学生革命文化教育现状的一个重要维度。因此，笔者主要从三个方面考察了新时代新征程大学生对革命文化认同的基本情况。

（一）对革命文化价值品质的认同

调查结果显示，新时代大学生对革命精神中所蕴含的价值品质的认同情况总体较好，在开放式选项中还有一些学生表示革命精神还具有"自力更生""实事求是""为人民服务"等重要价值（见表4-4）。此外，新时代大学生对革命文化的价值地位也基本给予了较高的认同与肯定,但也存在一些不容忽视的问题。具体而言,对于观点"革命文化是中华文化的一部分,具有重要的价值",在作出有效选择的1093名受访大学生中,有387人选择"非常赞同",占35.4%;402人选择"赞同",占36.8%;205人选择"不确定",占18.8%;67人选择"不赞同",占6.1%;32人选择"完全不赞同",占2.9%。因此,从选择情况来看,累计有72.2%的受访大学生对"革命文化是中华文化的一部分,具有重要的价值"这一说法持认同态度,但表示"不确定"和"不赞同"的累计百分比超过两成,这需要我们加以关注和重视(见图4-3)。

表4-4 新时代大学生对革命精神的价值品质的认同情况

内容	类别	占比(%)
您认为新民主主义革命时期的革命精神中包含的基本精神,哪一些值得您学习?	爱国主义精神	20.6
	坚定的理想信念追求	16.7
	立足实践、勇于创新的品质	13.4
	不断进取、百折不挠的意志	16.2
	团结一致的精神	12.5
	自我牺牲的精神	6.8
	艰苦奋斗的精神	12.2
	其他	1.6

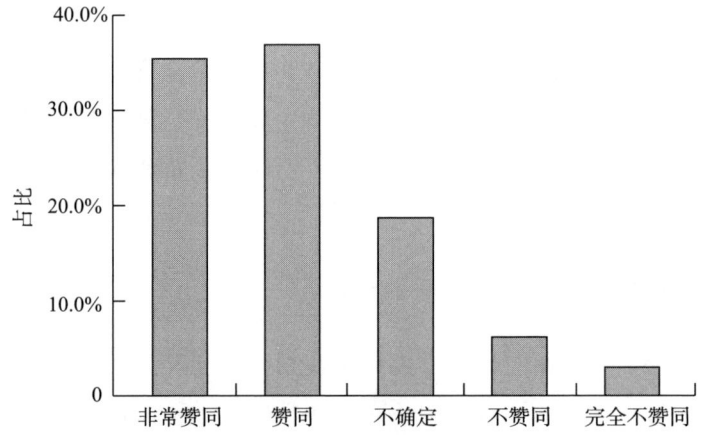

图4-3 新时代大学生对观点"革命文化是中华文化的一部分,具有重要的价值"的认同情况

(二) 对革命英雄的评价与认同

革命英雄是创造革命文化的重要主体,他们身上凝结着伟大的革命精神。习近平总书记曾指出:"历史是人民创造的,英雄的人民创造英雄的历史。"[1] 伟大的革命文化由"英雄的人民"共同创造,革命英雄主义精神是革命文化中极其重要的精神品质。因此,调查分析新时代大学生对革命英雄的评价与认同情况也是考察大学生对革命文化认同程度的重要指标之一。

调查结果表明,在对"革命精神主义"的解释作出有效选择的1093名受访学生中,有38.7%的受访学生赞同了"这是一种为了崇高理想献身的精神"的看法,另有35.1%的受访学生认为革命英雄们的"事迹和精神永远值得我们尊敬",对于"为了集体利益,严守纪律、牺牲自己是应当的"这一观点,有13.8%的受访学生表示赞同。此外,认为"这些精神党员干部需要,普通人不需要"的有8.1%,认为革命英雄主义精神"已经过时"的占3.1%,另有1.2%的大学生在开放式选项中填写了自己的想法。可见,大学生对革命英雄主义精神的认同程度总体较高。这一结果在另一道调查选题"革命英雄身上有着伟大的革命精神,我们需要向他们学习"的调查统计中得到了更明确的说明和验证。在这一选题中,62.1%的受访学生表示"非常赞同",30.7%的学生表示"赞同",只有5.6%的大学生认为"不确定",0.9%的学生认为"不赞同",0.7%的学生表示"非常不赞同",可见,有超过90%的受访大学生认同革命英雄主义精神。此外,对于一些书刊和网络上曾出现的质疑邱少云、董存瑞、黄继光等革命英雄人物的事件,大部分受访学生作出了理性的评价(见表4-5)。对于国家在2018年5月颁布《中华人民共和国英雄烈士保护法》的必要性,受访学生的认同比例近81%,说明新时代大学生对革命英雄的评价与认同,虽然仍存在一些"不确定"和"不赞同"的声音,但总体趋于理性

---

[1] 习近平. 习近平谈治国理政(第2卷)[M]. 北京:外文出版社,2017:48.

(见图4-4)。

表4-5　新时代大学生对质疑革命英雄人物事件的态度

内容	类别	占比（%）
您如何看待一些杂志、网络上曾出现的"质疑邱少云事迹的真实性、董存瑞是否自愿炸碉堡、黄继光是否堵了枪眼"等事件？	这是对革命英烈的侮辱，触碰了道德底线	26.4
	革命英雄的牺牲是伟大的，不应该受到无情的质疑	27.9
	这类新闻只是一种娱乐，不需要太重视	6.3
	必须加强社会舆论的监控与管理	25.6
	抹黑英雄烈士的人必须受到法律的严惩	11.4
	其他	2.4

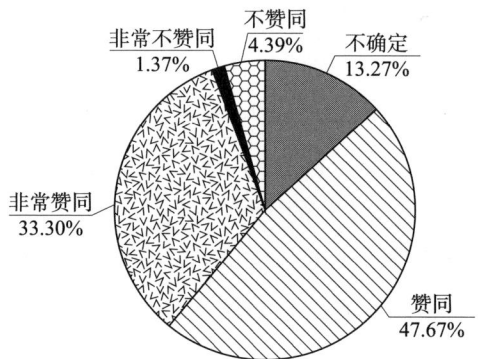

图4-4　新时代大学生对国家颁布《中华人民共和国革命英烈保护法》的看法

（三）对革命理想的认同情况

革命文化贯穿着理想信念的鲜活脉络，理想信念是革命文化须臾不可分离的政治灵魂。"凡是认同人生意义和理想的人都能对中国革命精神产生共鸣；相反，那些放弃'崇高'、颠覆'道德'的人，很少能够认同革命精神"[1]，所以客观分析新时代大学生对革命理想的认同情况，在一定意

---

[1] 朱志敏.大学生中国革命精神认同力研究[M].北京：北京师范大学出版社，2013：166.

义上既能够反映新时代大学生对理想信念的价值评判,又能体现他们对革命文化的认同程度。数据显示,对于"革命理想高于天"这一观点,受访学生中表示赞同的累计百分比为89.6%(其中64.5%的受访学生表示"非常赞同",25.1%的学生表示"赞同"),9.1%的学生认为"不确定",0.8%的受访学生持"不赞同"的态度,0.5%的大学生选择"非常不赞同"(见图4-5)。由此可见,新时代大学生比较认同革命理想的价值意蕴,这一态势也表明了以革命文化加强大学生的理想信念教育,不仅具有重要的现实意义,而且还有较为广阔的教育空间。

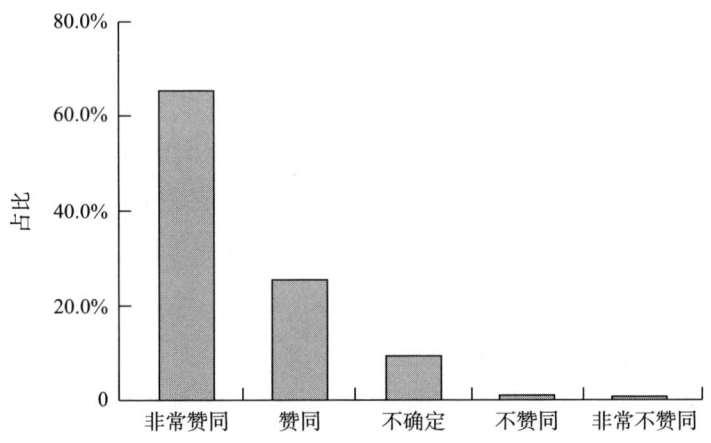

图4-5 新时代大学生对观点"革命理想高于天"的认同情况

三、对革命文化的自信心理

文化自信心,是个体在对文化认同的基础上形成的"对文化的一种肯定性体认,体现为对本民族、国家的文化感到骄傲与自豪,对文化充满信心的一种心理状态"❶。新时代大学生对革命文化的自信主要体现为对革命文化自身价值与未来发展的自信,对革命文化所凝结的实现中华民族伟大

---

❶ 沈壮海,等.中国大学生思想政治教育发展报告2016[M].北京:北京师范大学出版社,2017:254.

复兴中国梦的自信，以及对革命文化的创造主体——中国共产党及其领导的自信。

（一）对革命文化的自信程度

从时间维度分析，新时代大学生对革命文化的自信应当包含两个方面的内涵，一方面体现为新时代大学生对既有的革命文化的价值感到自豪，另一方面表现为新时代大学生对革命文化未来的发展充满信心。调查发现，在革命文化价值自信方面，累计有86.6%的受访学生赞同"我为革命文化的历史价值感到自豪"的观点，12.3%的受访学生对这一观点表示"不确定"，另外持"不赞同"态度的受访学生占比累计为1.1%。另外，对于"我对革命文化的传承与弘扬充满信心"的观点，表示"非常赞同"和"赞同"的比例分别为54.6%和32%，持"不确定"态度的占比为11.7%，对这一观点明确表示"不赞同"和"非常不赞同"的比例累计为1.7%。此外，笔者通过交互分析发现，结果具有统计学意义的少数变量内部的差异性比较小，基本不存在性别、年级、专业、生源地、政治面貌、父母学历等因素的区别。由此可见，新时代大学生对革命文化的历史价值和未来发展都具有比较高的自信心。但上述两个观点中表示"不确定"态度的占比都超过了10个百分点，加之考虑到新时代大学生具有价值辨识能力不强和易受外界影响的成长特征，因此，如何通过科学的教育引导，不断增强新时代新征程大学生的革命文化自信，这显然是需要引起广大教育者共同重视的问题。

（二）对实现"中国梦"的信心

革命文化生成于近代救亡图存的历史条件中，凝结着"中国梦"的理论意蕴和历史实践。因此，了解新时代大学生对实现"中国梦"的认同与信心，也是考察他们对革命文化自信程度的一个重要指标。数据显示，对于"中华民族伟大复兴的中国梦是近代以来的梦想，我们有信心实现它"的观点，在作出有效选择的1093名受访大学生中，有699人选择"非常赞同",占 64%，297 人表示"赞同"，占 27.2%，77 人选择"不确定"，占 7%，14 人认为"不赞同"，占 1.3%，表示"非常不赞同"的有 6 人，占 0.5%。这些数据不仅说明新时代大学生对实现中华民族伟大复兴中国梦的认同与自信程度比较高，而且从一定意义上也反映了他们对革命文化具有较高的认同度。

（三）对中国共产党领导的信心

中国共产党是创造革命文化的主导者，革命文化是中国共产党领导中国人民为了实现共产主义事业而奋斗的历史产物。亚里士多德曾指出："一种政体如果要达到长治久安的目的，必须使全邦各部分（各阶级）的人们都能参加而且怀抱着让它存在和延续的意愿。"❶ 这种意愿实质上就是一种政治归属感与政治自信心。因此，对新时代大学生而言，对革命文化的认同与自信在其本质上就体现为他们对中国共产党的领导，以及对中国共产党的奋斗事业一以贯之的信心与拥护。从历史维度分析，调查显示，超过九成的受访大学生对中国共产党在实现中华民族伟大复兴的革命历史中的重要贡献和价值地位给予了充分的肯定。例如，对于观点"中国共产党在领导人民实现中华民族伟大复兴的革命历史中发挥着中流砥柱的作用"，64.9%的受访学生表示"非常赞同"，29.4%的大学生选择"赞同"，持中立和否定态度的学生仅占 5.7%，说明新时代大学生对中国共产党的历史功绩给予了较高的评价与认同。从现实和未来维度分析，对于"我相信中国共产党能够领导我们实现共产主义"的观点，所显示的数据表明，在作出有效选择的 1093 名大学生中，有 30.3%的人选择了"非常赞同"，28.2%的人选择了"赞同"，29.6%选择"不确定"，9.7%的人表示"不赞同"，2.2%的人选择"非常不赞同"（见图 4-6）。从受访大学生的选择情况来看，这一调查数据说明了两个方面的现状，一方面是累计近六成的大学生对中国共产党的领导及其所引领的共产主义事业的实现充满信

---

❶ ［古希腊］亚里士多德. 政治学［M］. 吴寿彭，译. 北京：商务印书馆，1965：88.

心；另一方面是由于受历史虚无主义等社会思潮和西方敌对势力的错误影响，加之人类对未知事物易产生不确定心理，以及大学生还无法正确理解中国共产党所领导的中国特色社会主义共同理想与共产主义远大理想之间的辩证关联，导致仍有部分大学生对此观点表示"不确定"或"不赞同"。上述现象不仅深刻表明加强新时代大学生革命文化教育的紧迫性，也说明在新时代新征程大学生革命文化教育过程中，着力凸显中国共产党在创造革命文化历程中的主导地位，尤其是要说清中国共产党自新民主主义革命以来在引领中国人民实现中国特色社会主义共同理想，乃至共产主义事业中所创造的坚强领导的重要性。

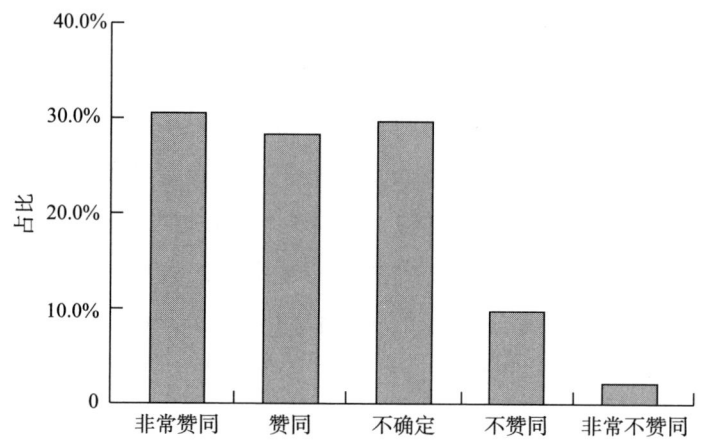

图4-6 新时代大学生对观点"我相信中国共产党能够领导我们实现共产主义"的认同情况

四、对革命文化的践行情况

知是行之先导，行是知之旨归。因此，调查分析新时代大学生对革命文化的参与意愿、活动评价与践行差异等内容，也是了解新时代我国大学生革命文化教育状况的重要维度。

(一) 对革命文化教育活动的参与意愿

调查结果显示,总体上新时代大学生参与革命文化教育实践活动的意愿比较强。数据表明,在作出有效选择的1093名受访大学生中,有801人表示"会主动参加缅怀革命先烈的活动",其所占比例为73.3%,292人选择"不会",占26.7%。对于"如果让您组织或者参与革命文化的宣传教育活动,您是否愿意?"的问题,294人表示"非常愿意",占26.9%,542人选择"愿意",占49.6%,225人表示"不确定",占20.6%,28人选择"不愿意",占2.6%,4人表示"非常不愿意",占0.3%(见图4-7)。

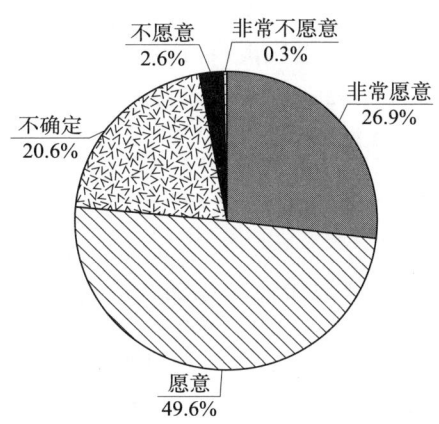

图4-7 新时代大学生参与革命文化宣传教育活动的意愿

(二) 对参观考察革命遗址遗迹的评价

数据分析显示,新时代大学生对参观和考察革命遗址遗迹活动的参与意愿较高。有75.7%的受访学生表示愿意"主动到革命历史博物馆之类的展馆瞻仰参观",24.3%的大学生表示"不会"。通过多重响应频次分析,笔者还发现新时代大学生对"红色旅游"活动的评价总体趋于理性(见表4-6)。不仅如此,对于选题"如果您有一次旅游的机会,您会选择前往革命老区参观学习吗?",在作出有效选择的1093名大学生中,有近八成的受访学生(78.3%)明确表示"会"。此外,开放式问卷"您对当前开展的大学生革命文化教育还有什么建议?"的调查结果也很好地说明了新时代大学生渴望能有较多机会参观革命遗址遗迹。对于这道题,在给出明确观点的496名大学生中,有258名大学生表达了他们或是"期待疫情尽快结束,可前往革命老区参考学习",或是"多去与革命相关的遗址遗迹进行考察学习",或是"希望学校能时常组织学生去革命遗址遗迹进行参观和学习"的积极意愿。

表4-6 新时代大学生对红色旅游的评价

内容	类别	占比(%)
对于红色旅游,您的看法是?	是学习革命文化、传承革命精神的一种重要的方式	35.1
	能够丰富自己对国情国史的了解	32.2
	可以提升自己的世界观、人生观和价值观	29.1
	和普通旅游差不多	2.9
	其他	0.7

(三)不同大学生群体对革命文化的践行程度

分析发现,父母学历、生源地等因素对大学生践行革命文化活动的影响不大,但性别、年级、政治面貌、学生干部经历、专业类别等因素上的差异会影响大学生群体对革命文化的践行程度。例如,对于选题"您会主动参加缅怀革命先烈的活动吗?",不同性别大学生的参与意愿存在显著差异($X^2 = 8.608$,$P = 0.003 < 0.05$),数据显示,在作出有效选择的1093名受访学生中,表示会主动参加的学生总数为803名,其中女生占432人,男生占371人,因此在男女生总量较为均衡的前提下,女生主动参与革命文化教育活动的意愿相对高于男生。从专业类别上看,同样是这一选题,在作出有效选择的1093名受访大学生中,艺术类和体育类学生的参与意愿明显低于文史类和理工类的大学生($X^2 = 402.521$,$P = 0.000 < 0.001$)。另外,从受访学生的政治面貌上看,具有中共党员、共青团员和群众身份

的大学生对革命文化的践行意愿也有显著差异（$X^2=40.721$，$P=0.000<0.001$）。不仅如此，来自不同年级的大学生对革命文化活动的践行意愿也存在显著差异（$X^2=60.951$，$P=0.000<0.001$），数据表明，随着年级的递增，大学生选择主动参与革命文化实践活动的意愿递减（见图4-8）。这可能与大学生年龄的增长、眼界的提升、学业繁忙程度，以及所要面临的升学与就业压力有关，这个现象也在一定程度上表明及时把握和针对不同年级大学生的具体情况，持续性推进大学生革命文化教育的重要性，以及有针对性地开设符合不同年级大学生成长需求和不同类型的革命文化教育活动的必要性和紧迫性。此外，通过交互分析还发现，有学生干部经历和没有干部经历的大学生对主动践行革命文化活动的意愿也具有显著差异（$X^2=150.069$，$P=0.000<0.001$）。例如，对于观点"对革命文化资源的挖掘与保护是社会相关部门的事务，大学生不需要关注和参与"，有学生干部经历的受访学生表示不赞同这一观点的累计百分比为78%（含"非常不赞同"与"不赞同"），没有学生干部经历的受访学生中表示不赞同的占比累计为65.4%（含"非常不赞同"与"不赞同"），说明具有学生干部经历的大学生参与革命文化资源挖掘与保护的意愿高于没有学生干部经历的大学生（见表4-7）。

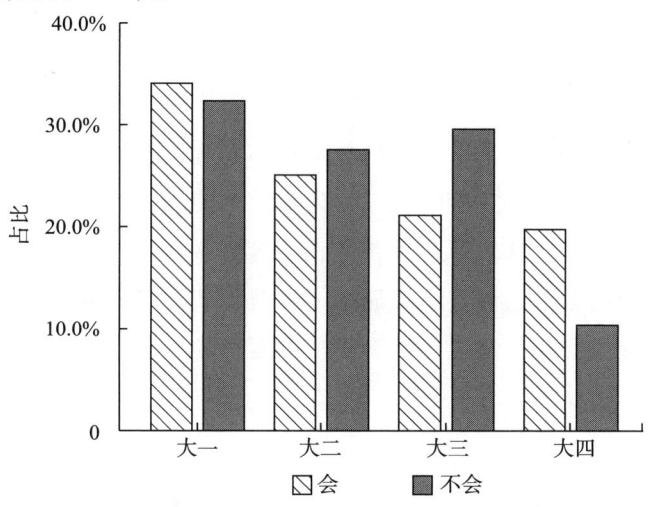

图4-8 不同年级大学生对革命文化活动的践行意愿

表4-7 新时代大学生对于观点"对革命文化资源的挖掘与保护是社会相关部门的事务，大学生不需要关注和参与"的认同情况

认同程度			非常赞同	赞同	不确定	不赞同	非常不赞同
学生干部	有	人数	70	46	49	255	329
		群体占比（%）	9.3	6.2	6.5	34.1	43.9
	没有	人数	40	36	43	104	121
		群体占比（%）	11.6	10.5	12.5	30.2	35.2
合计		人数	110	82	92	359	450
		总人数占比（%）	10.1	7.5	8.4	32.8	41.2

概言之，新时代大学生对革命文化教育实践活动的意义较为明确、参与意愿较强，他们在一定程度上能以自己的实际行动参与和组织革命文化教育宣传活动，但是其中具有不同群体特征的大学生在践行程度上仍然存在较大的差异。

第三节 新时代新征程大学生革命文化教育的主要问题

通过数据分析，我们不难发现当前大学生革命文化的教育成效总体良好，但也仍然存在不少不容忽视的问题。"什么叫问题？问题就是事物的矛盾。哪里有没有解决的矛盾，哪里就有问题。"❶ 这就意味着我们在初步把握新时代新征程大学生革命文化教育整体状况的基础上，还要再深入地聚焦实际、明确矛盾、找准问题，因为唯此才能为进一步分析问题和解决问题提供必要准备。从教育对象、教育内容、教育方式、教育目的和教育成效的比较分析上看，调查结果显示，新时代新征程上我国大学生革命文化教育的问题主要集中体现在如下四个方面。

---

❶ 毛泽东选集（第3卷）[M]. 北京：人民出版社，1991：839.

一、学生对革命文化的评价度高与主动关注度低之间存在矛盾

调查发现，当前我国革命文化教育比较凸显的一个问题是大学生对革命文化的评价度高但主动关注度低的矛盾。如上文所述，有超过九成的受访大学生表示革命文化具有明确理想信念、强化自我意志、激发爱国主义情感、了解历史与国情等重要价值（见表4-3），不仅如此，他们中累计有85.9%的人还明确表示学习革命文化对自己的成长具有现实意义（见表4-2），然而，调查结果也显示，虽然新时代大学生对革命文化的价值认可度高，但他们主动关注与学习革命文化的程度又比较低。其所存在的问题主要体现在三个方面。

第一，新时代大学生总体上对革命文化的兴趣度不高。数据显示，在问及"您对革命文化是否感兴趣"时，在作出有效选择的1093名大学生中，数据显示有将近五成的受访大学生表示"一般"和"没有兴趣"，其中表示"一般"的占比达到40.7%。通过交互分析，笔者发现具有不同性别、专业、年级、政治面貌的大学生对革命文化的感兴趣程度存在显著的统计学差异，男性大学生对革命文化感兴趣的程度明显高于女性大学生（$X^2=699.402$，$P=0.000<0.001$）（见图4-9）。另外，艺术类与体育类大学生对革命文化表示"一般"和"不感兴趣"的程度也明显高于文史类和理工类的大学生（$X^2=402.521$，$P=0.000<0.001$）。不仅如此，通过数据分析也发现具有中共党员和共青团员身份的大学生相对具有群众身份的大学生对革命文化的感兴趣程度更高（$X^2=1419.438$，$P=0.000<0.001$）。

第二，新时代大学生对革命文化的主动关注度和学习度不高。调查发现，在问及"除了接受教育，您会主动关注以革命历史、革命英雄为背景的小说、舞台剧或者影视作品吗？"，只有四成的大学生表示基本能够主动关注，其中表示"非常关注"的占11.9%，"比较关注的"占29.4%。然而，也仍有超过四成的大学生表示自己对革命文化主动关注和学习的程度"一般"，这个比例达到47.7%，另有10%的受访学生认为自己不会主动

关注革命文化，1%的大学生表示"完全不关注"。通过交互分析，笔者同样发现具有不同性别、专业、年级、政治面貌的大学生对革命文化主动关注与学习的程度存在显著的统计学差异。例如，男性大学生主动关注学习革命文化的占比为61.5%，高于女性大学生的38.5%。艺术类和体育类大学生对此表示"一般"和"不主动关注"革命文化的占比分别为67.4%、56.8%，其不关注程度显然高于文史类（46.7%）和理工类（53.4%）的大学生。此外，分析发现具有中共党员和共青团员身份的大学生对革命文化的主动关注与学习的程度相对更积极，尤其是具有中共党员身份的大学生对"主动关注和学习革命文化"表现出更强烈的意愿（见图4-10）。总体而论，通过比较分析，我们也发现新时代大学生对革命文化的感兴趣程度与他们主动关注与学习革命文化的态度成正比。

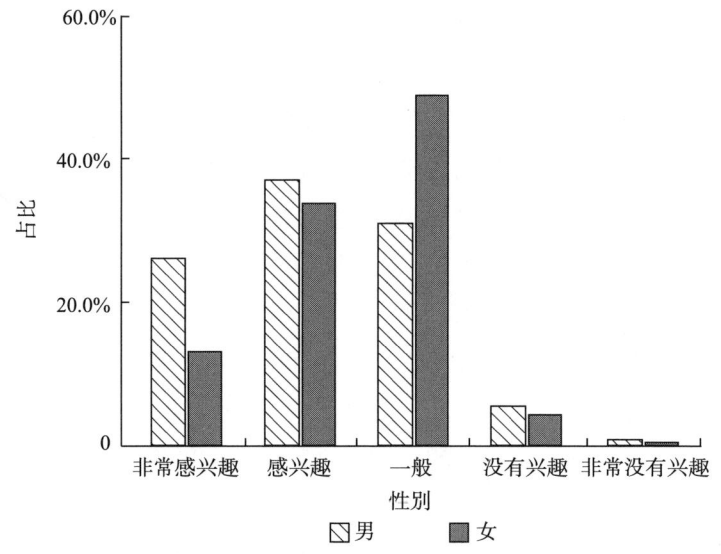

图4-9 不同性别的大学生对革命文化的感兴趣程度

第三，新时代大学生对革命文化的感知度不高。所谓"感知"，是指人对事物存在形式的理解与认识，即意识对内在机体和外在信息的注意、察觉、认知和感受。对革命文化教育而言，革命历史是其中的一个重要内容，革命历史也是承载革命文化生成与发展的时间本体。然而，由于革命

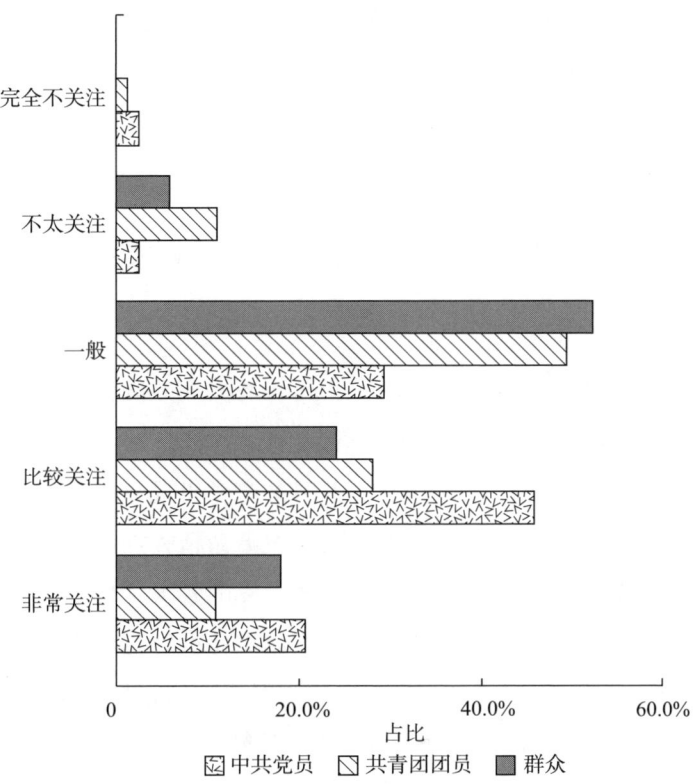

图4-10 不同政治面貌的大学生主动关注和学习革命文化的情况

历史本身具有难以身临其境去感同身受的现实特征,这使新时代大学生对革命文化的感知度相较中华优秀传统文化和社会主义先进文化而言,其为人们所可感知和认同的程度明显偏低。例如,国内权威的思想舆情调查机构——人民论坛问卷调查中心曾于2016年、2017年连续两年面向全国展开"中国公众文化自信指数"的调查。其中2017年的调查研究显示,包括新时代大学生在内的不少青年受访者均明确表示,相对于各种以乡风民俗的形态保留和彰显的优秀传统文化,以及能够在身临其境和耳濡目染中感知的社会主义先进文化而言,对中国共产党领导中国人民在革命斗争实践中所创造的"革命文化和其中所体现出的革命精神,我们没有经历过,难以感同身受"❶。由此可见，以切合新时代大学生成长成才特征的有效方式不断激发学生的学习兴趣，努力实现革命文化教育内容的历史性与现实性的统一，是新时代新征程上引导大学生主动关注和学习革命文化的实践前提。

二、党对革命文化理论教育重视度高与现实成效度低之间存在矛盾

党对革命文化理论教育的重视程度高与现实成效度低之间的矛盾也是当前大学生革命文化教育所存在的主要问题之一。

其一，体现在理想信念教育上。中国共产党自成立以来，就十分重视在革命文化教育中以革命理论、革命历史和革命精神加强对青年学生的理想信念教育。党的十八大以来，中共中央下发的各大文件，以及习近平总书记的诸多重要讲话，更是高度强调在革命文化教育过程中，要一以贯之地"把理想信念教育放在首位"❷，要坚持用理论的力量征服和赢得学生，"用共产主义和中国特色社会主义引领青年"❸。可是，数据显示，当前我国以革命文化进行理想信念的教育还明显存在"高开低走"的现实问题，表现为党和国家高度重视但实际成效还不强。例如，对于观点"中国共产党的革命历史表明人的一生应当有理想信念"，表示"非常赞同"的占33.5%，表示"赞同"的占48.4%，13.4%的受访学生认为"不确定"，累计有4.7%的受访学生表示不赞同。然而，对于"通往共产主义的道路是遥远的，对于我们来说可望不可即"的观点，虽然表示"不赞同"和"非常不赞同"的学生所占比例的总和超过五成，但仍然有46.6%的受访

---

❶ 人民论坛课题组，陈琳，于飞. 2017 中国公众文化自信指数调查 [J]. 人民论坛，2017 (17): 14.

❷ 中共中央国务院印发《关于加强和改进新形势下高校思想政治工作的意见》[N]. 光明日报，2017 – 02 – 28 (01).

❸ 中共中央国务院印发《中长期青年发展规划（2016—2025 年）》[N]. 光明日报，2017 – 04 – 14 (01).

大学生对此保持中立或者直接表示"赞同"。具体而言，17.7%的受访学生表示自己"不确定"共产主义理想信念是否可以实现，15.6%的学生表示"赞同"这一观点，表示"非常赞同"的学生也超过了10个百分点，占比达到了13.3%（见表4-8）。显然，这在一定程度上表明了当前我们以革命文化加强理想信念的教育具有一定的成效，但还未能真正有效地从现实和未来着力，未能真正在理论和情感上教育学生树立并坚定共产主义理想信念。

表4-8 新时代大学生对"通往共产主义的道路是遥远的，对我们来说可望不可即"观点的认同情况

认同程度	频次	占比（%）	累计占比（%）
非常赞同	145	13.3	13.3
赞同	171	15.6	28.9
不确定	193	17.7	46.6
不赞同	327	29.9	76.5
非常不赞同	257	23.5	100.0
合计	1093	100.0	

其二，体现在初心和使命的教育上。革命文化形成和发展的过程"体现着党的性质宗旨，承载着党的初心使命"❶。因此，不论从效果导向，还是从需求导向而论，以革命文化加强初心与使命的教育都应当是新时代新征程大学生革命文化教育的重要内容之一。正如习近平总书记所说，我们缅怀革命斗争历史，弘扬革命文化，"就是要继承和发扬老一辈革命家坚持立党为公、执政为民的革命情怀，始终赢得人民的衷心拥护，始终保持同人民群众的血肉联系，始终把人民对美好生活的向往作为奋斗目标"❷，当前党和政府高度重视和提倡要以革命故事讲好党的初心与使命，强调要

---

❶ 黄坤明. 大力传承弘扬红色文化 激励人民奋力走好新时代的长征路 [N]. 人民日报, 2019-07-11 (04).

❷ 习近平. 不忘初心牢记使命锐意进取 满怀信心继续把新中国巩固好发展好 [N]. 光明日报, 2019-09-13 (01).

多从理论、历史和现实的维度向新时代的大学生说清我们党的初心与使命的重要性和必然性。然而，调查结果显示，除上文所提到当前大学生对中国共产党执政的信心还有待于更进一步提升之外，他们对初心和使命的理解也存在认知模糊、责任意识还不强的问题。数据表明，对于"党员干部需要具备为人民服务的精神，大学生现在还不需要"的观点，有近四成的受访大学生持中立或者赞同的态度，具体情况是 9.5% 的受访学生表示"非常赞同"，11.1% 的大学生表示"赞同"，15.2% 的学生选择了"不确定"。从选择情况上看，累计仅有 64.2% 的受访大学生对此观点明确表示不赞同，这个比例相对我们党对以革命文化引领初心使命教育的重视程度而言，显然存在较大差距。此外，对于"实现中华民族伟大复兴主要是党和国家领导人的事，我现在是一名大学生，所以与我的关系还不大"的观点，选择"非常赞同"的受访大学生所占比例为 11.4%，表示"赞同"的有 21.1%，持"不确定"态度的比例为 11.4%，选择"不赞同"的受访学生占 23.3%，表示"非常不赞同"的比例是 32.8%。显然，也有超过四成的大学生对实现中华民族伟大复兴使命的担当意识还不强。

综上可见，当前大学生革命文化理论教育还存在理论解析程度不深、关注现实程度不够、情理说服能力不强的问题，这切实需要我们在新时代大学生革命文化教育的相关研究与实践中不断加以改进。

三、政府公共文化服务供给力弱与学生实践体验诉求强之间存在矛盾

新时代新征程大学生革命文化教育还存在政府公共服务供给力弱与大学生的实践体验诉求强之间的矛盾。马克思说："人的思维是否具有客观的真理性，这不是一个理论的问题，而是一个实践的问题。"❶ 实践教育既是人的自由全面发展的本质诉求之一，也是提升革命文化教育效果的重要形式，其不仅有助于在课堂教学之外激发学生将革命理论知识内化为现实

---

❶ 马克思恩格斯文集（第1卷）[M]. 北京：人民出版社，2009：500.

感知，而且能够引导学生通过现实感知将革命理论和革命精神外化成实际行动。然而，从当前全国大学生革命文化实践教育实施的情况来看，还明显存在政府公共文化服务供给力偏弱的问题。

所谓"政府公共文化服务供给力"，是指在政府主导下，社会各界积极参与，以满足广大人民基本文化诉求为主要目标，努力协同提供"公共文化设施、文化产品、文化活动以及其他相关服务"❶的能力。党的十八大以来，习近平总书记多次强调要推动公共服务发展，要"坚持政府主导、社会参与、重心下移、共建共享，完善公共文化服务体系，提高基本公共文化服务的覆盖面和适用性"❷。因此，中国特色社会主义进入新时代以来，在党中央的坚强领导下，各地政府不断推进公共文化服务事业发展，也正努力完善对革命文化保护、利用和教育的各项工作，但从总体上看，目前仍主要存在如下四个方面的问题。

一是对已挖掘和开发的革命文化资源还无法有效实现大众化供给。当前，各地已被挖掘和开发的革命文化资源或是收藏于各省县市的博物馆中，或是为了迎合市场经济的发展需求而迁移、改造、扩建、拆除，或是将已收集整理的革命文化史料收编在并不对外开放阅读的地方志和地方党史之中。二是未被合理开发和利用的资源尚有不少。由于遭受战争摧毁、自然老化、人为破坏等主客观因素的制约，加上当前一些地方政府在资金和技术投入上的不足，深刻影响着全国革命文化史料的收集、梳理和总结，这也导致了当前全国各地还难以实现对革命文化资料的全面梳理、集中出版、建立网络数据库和对资源信息进行全面开放共享。三是各地政府有力协同社会各界力量开发和保护革命文化资源的组织和管理机制还不完善。当前，大部分地方政府尚无法有力组织和发动社会各界力量为学生的革命文化实践教育免费提供诸如车辆、经费和食宿，更不能完全打通物理空间的公共服务与虚拟空间公共服务的实践性壁垒，真正做到利用人工智

---

❶ 中华人民共和国中央人民政府. 中华人民共和国公共文化服务保障法［EB/OL］.（2016 - 12 - 26）［2017 - 03 - 28］. http：//www.gov.cn/xinwen/2016 - 12/26/content_5152772.htm.

❷ 习近平. 习近平谈治国理政（第3卷）［M］. 北京：外文出版社，2020：314.

能技术突破空间和管理限制。四是对现代化数字技术的运用还未完全普及。由于相较传统公共展览形式而言，现代数字技术在革命纪念馆、革命文化资源开发和数据库建设等方面的投入资金和维护成本都明显更高，因此虽然已有部分地区投入建成了革命文化现代化数字实践体验馆，但是由于考虑经费成本、组织展览、管理投入和后期维护等方面的问题，导致目前各地数字化公共服务体系在革命文化教育实践运用上的普及程度仍较低下。

由于上述这些原因，加上对出行安全问题的考虑，当前高校在推进革命文化实践教育时普遍存在普及面低、无法做到"人人俱到"的现实问题。换言之，由于受政府对革命文化资源开发不足、数据信息开放共享度不高，以及基地容量、经费支持、出行条件、科技设备等客观因素的限制，加之长达三年的疫情防控影响，当前各大高校开展革命文化实践教育仍基本是融合在思想政治理论课、社团活动或者学生就地短途研学活动之中，并主要是通过线上游览革命纪念馆，或者是就地开展短期的暑期社会实践的方式进行。在具体做法上，一般是采用部分教师主导和学生代表参与的形式开展革命文化实践教育活动。即首先，由教师联络好革命文化实践教育基地、做好组织策划，并在此基础上考虑外出调研的安全系数、学生数量、选取标准、食宿安排，以及疫情防控管理等问题。其次，再由各个院系、社团组织或相关教学班推选出优秀学生代表或者社团成员，仅让这部分学生参与革命文化的调研活动。最后，对于无法作为代表跟随教师参与调研实践的学生，则要求他们或在学校周边，或回到自己的家乡自行进行实践调研，并完成调研报告。

本次调查结果的数据统计分析印证了政府公共服务供给力不足和高校实践教育普及度低的缺陷。数据显示，在问及"上大学以来，您所在学校的社团或班级有组织您参观过革命文化博物馆、烈士陵园、革命斗争遗址遗迹等爱国主义教育基地吗？"，选择"经常有"的受访学生占比是18.4%，表示"偶尔有"的比例是30.6%，认为"不清楚"的比例是16.6%，而表示"很少有"的比例达到了26.6%，认为"几乎没有"的占比是 7.8%。对于观点"我希望政府、社会和学校可以共同合作,多给我们提供便利的革命文化实践教育的条件与机会",累计有近八成的受访大学生(77.6%)的受访学生表示赞同,其中表示"非常赞同"的占比为 35.1%,表示"赞同"的占比为 42.5%,表示"不确定"的比例为 12.9%,仅有 9.5% 的受访学生表示不赞同(含"非常不赞同"与"不赞同")(见图 4-11)。此外,对于问题"您对目前学校所开展的革命文化教育的总体情况感觉如何?",将近五成的大学生(46.8%)表示"一般"。

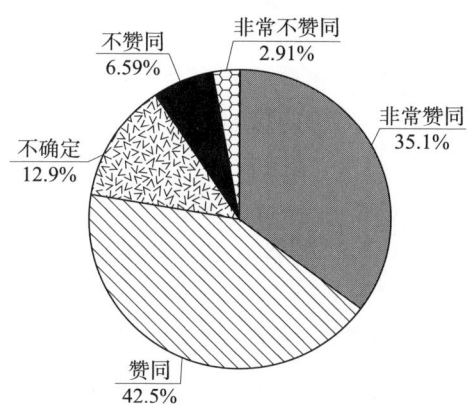

图 4-11　新时代大学生对高校革命文化实践教育的满意程度

不仅如此,调查也发现,新时代大学生对革命文化实践教育有强烈的体验诉求。例如,数据分析显示,对于观点"我希望学校可以经常组织我们到博物馆、革命遗址、领袖故居等地方,开展革命文化教育实践活动",累计有 86.2% 的受访学生表示赞同,其中表示"非常赞同"的比例达到了 41.9%,而仅有 3.3% 的学生表示"不赞同"(见图 4-12)。在调查问卷最后一道的开放式问题"您对当前大学生的革命文化教育还有什么建议?"中,在做出明确回答的 496 名大学生中,有 153 名大学生提到"希望结束疫情且到博物馆参考""希望不是只有部分同学,而是全员式开展革命文化教育实践活动""希望不断加强革命文化遗址保护和提升数字化展览技术"。由此可见,不断增强政府公共文化服务供给能力,以此既有效挖掘和梳理革命文化教育资源,努力提升革命文化公共服务设施建设、现代化数字技术展示和利用水平,又切实加大资金和科技投入,以及从机制健全上系统组织且联合社会各界共同保障革命文化实践教育活动的开展,是满足新时代新征程上大学生实践化和体验式感知革命文化价值魅力的有力保障。

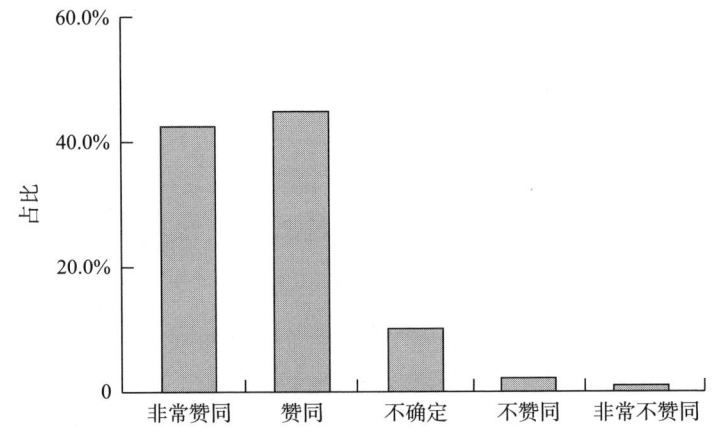

图 4-12 大学生对"我希望学校可以经常组织我们到博物馆、革命遗址、领袖故居等地方,开展革命文化教育的实践活动"观点的认同情况

四、学校革命文化教育方式单一与传播媒介多元化发展之间存在矛盾

学校革命文化教育方式的单一性选择与信息传播媒介的多元化发展之间的矛盾也成为新时代新征程大学生革命文化教育的现实问题。进入中国特色社会主义新时代后,随着 5G、移动直播、物联网、人工智能、H5 应用等技术发展和媒介变革的日新月异,人类社会已经进入全媒体时代,发展形成具有多元化、智能化、融合化特征的全媒体舆论传播生态。在融合媒体的传播生态系统中,"新闻客户端和各类社交媒体成为很多干部群众特别是年轻人的第一信息源,而且每个人都可能成为信息源"[1]。因此,信

---

[1] 习近平. 加快推动媒体融合发展 构建全媒体传播格局 [J]. 求是,2019 (6):5.

息传播媒介多元化和融合化的发展给教育领域也带来重大的影响,这主要体现在如下三个方面。

首先,在教育手段上,多元媒介的存在与发展为革命文化教育提供了包括微博、微信、QQ、抖音、快手、直播等在内的各种教育载体,这极大地拓展了革命文化教育的传播途径。其次,在教育内容上,媒介的智能化、融合化和多元化的发展使革命文化教育的信息来源不再受时空限制,这切实提高了新时代大学生获取丰富信息的可能性与时效性。最后,在教育环境上,融合化和多元化的媒介生态系统,不仅延伸了新时代大学生获得革命文化教育的生活时空,而且也打通了学校、家庭、社会,乃至国际的教育场域。在新的历史条件下,习近平总书记指出,"很多人特别是年轻人基本不看主流媒体,大部分信息都从网上获取"。[1] 由此可见,当前针对"网生一代"的大学生,我们开展革命文化教育的方式方法必须具备多元化、丰富性和科学性等特征。

然而,调查显示,当前我国绝大多数高校的革命文化教育仍然主要是采用课堂教学、红歌比赛、专家讲座、组织到革命遗址或者博物馆参观,以及观看红色影视作品等方式进行,其中采用课堂教学方式的占比最高(见图4-13)。对于问题"您的学校有专门用于宣传革命文化的网络或者新媒体平台吗?",有超过五成的受访学生(52.5%)表示"不清楚",认为"没有"的比例是6.2%,而明确表示"有"的受访学生的占比为41.3%,显然还不到一半,这也足以说明当前高校在革命文化教育的方法上仍主要是采用线下教育,方式传统且单一,或者即使建立了线上教育平台,但宣传与使用效果还极为一般。

不仅如此,从学生的需求维度分析,调查也发现,新时代大学生对从多元化媒介了解革命文化的需求程度和实践呼声极强。例如,对于观点"相比学校的教育宣传,我更喜欢自己从微信、微博、抖音、直播等新媒

---

[1] 中共中央文献研究室. 习近平关于社会主义文化建设论述摘编[M]. 北京:中央文献出版社,2017:29.

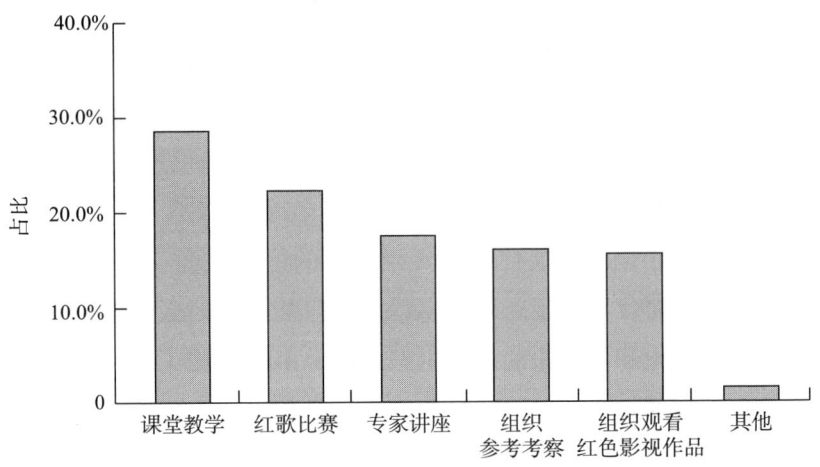

图 4-13　当前高校开展革命文化教育的主要方式

体、互联网络及客户端上了解革命文化",累计有 83% 的大学生表示赞同,其中表示"非常赞同"的比例达到 44%,表示"赞同"的比例是 39%,表示"不确定"的受访学生的占比是 12.6%,认为"不赞同"的有 3%,"非常不赞同"的仅为 1.4%。此外,对于观点"我认为当前开展革命文化教育的方法单一枯燥,应当适当变换方式,增加趣味性",表示赞同的累计占比为 78.4%,其中认为"非常赞同"的学生超过三成(36.2%)。而且通过交互分析,笔者发现不同性别、年级、专业、生源地、政治面貌、学生干部经历的受访学生对这一观点均不存在差异。在开放式问题"您对当前开展的大学生革命文化教育还有什么建议?"中,在给出明确观点的 496 名大学生中,累计有 124 名同学强调了希望学校可以创新教育形式,不断增强革命文化教育的趣味性,他们的观点如"学校可以丰富活动形式,让学生从被动参与变成主动参与""学校应当更加重视革命文化教育的方式,应当少强制,多创新,让形式更多样有趣,让学生更好地参与其中""学校可通过线上线下相结合的方式,让革命文化教育变得更有趣味性""要从符合大学生成长的需求出发,多开展既让大学生感兴趣,又具有丰富内涵的教育活动",等等。由此可见,保障新时代新征程大学生革命文化教育方式的多样性与趣味性具有鲜明的实践性诉求,这也充分说明了当前基于百年奋进新征程的新形势，尤其是数字化技术的不断发展，努力推进革命文化教育方式方法的变革创新，既具有契合时代发展需要的必要性，也具有呼应新时代大学生成长特征和教育诉求的紧迫性。

总而言之，"任何称得上是学术研究的工作，都必须具有双重特点。一是回答现实的实际问题而不是伪问题。因此研究的问题必须是确实的问题，而不是假问题。"❶ 因此，为了得到"确实的问题"，而采用实证研究方法，在抽样调查的基础上把握新时代新征程大学生革命文化教育的现实样态，从而在客观分析相关教育成效的前提下，再科学梳理其中存在的现实问题，这是保障新时代新征程大学生革命文化教育研究工作能够回答"现实的实际问题"的必要环节，也为精准把握新时代新征程大学生革命文化教育存在的现实问题和做好相关归因分析奠定了科学基础。

---

❶ 陈先达. 马克思主义十五讲［M］. 北京：人民出版社，2017：115.

第五章

新时代新征程大学生革命文化教育问题的归因分析

毛泽东指出："常常问题是提出了，但还不能解决，就是因为还没有暴露事物的内部联系，就是因为还没有经过这种系统的周密的分析过程，因而问题的面貌还不清晰，还不能做综合工作，也就不能好好地解决问题。"❶ 可见，从宏观、中观与微观的辩证统一上着力，系统分析制约新时代新征程大学生革命文化教育问题的具体原因，既能构建"发现问题"和"解决问题"的桥梁纽带，也可为我们更清晰地解决问题奠定基础。因此，秉承系统性思维，应在基本把握新时代新征程大学生革命文化教育现状的基础上，再以宏观、中观和微观辩证统一的正确逻辑，继续解析制约新时代新征程大学生革命文化教育实效的主要原因。

第一节　经济市场化改革进程中大学生革命文化教育面临挑战

20世纪70年代末期以来，随着我国经济体制不断由计划性向市场化推进，社会主义经济的市场化进程逐步推动了我国革命文化教育的产业化发展，这切实为我国革命文化的创造性传承和大众化传播带来了良好的机遇。然而，由于全球加剧的不稳定局势，加上新发展格局下国内各种错综复杂因素的新变化，当前我国对经济体制的改革仍处于深入探索和攻坚克难阶段，加之经济市场化进程本身所固有的一些弊端暂时还无法完全克服，因此新时代新征程大学生革命文化教育，在世界百年未有之大变局和全球经济复苏乏力的背景下，不仅积累着经济市场化进程固有本质带来的弊端性影响，而且面临着新的压力与挑战。

一、市场经济的逐利性本质消解大学生对革命精神的崇尚心理

市场经济世俗化和逐利性的本质易冲淡和消解大学生对革命精神的崇

---

❶ 毛泽东选集（第3卷）[M]．北京：人民出版社，1991：839．

尚与践行程度，其缘由主要体现在如下几个方面。

其一，市场经济的逐利性本质影响革命文化物质遗产的保护。如前文所述，革命文化的物质遗产是革命精神的外在呈现，是教育和引导当代大学生明确革命文化价值和精神实质的重要载体。然而，当前由于受市场经济逐利性本质的影响，一些社会主体趋于对利益的追求，会以功利性、娱乐化或错误性的方式对待革命文化物质遗产。正如马克思所言："'思想'一旦离开'利益'就一定会使自己出丑。"❶ 人生而趋利，社会主义市场经济体制下，社会成员的主体意识增强，个人利益更是成为社会主义市场经济发展的最大动力。然而，随着市场经济的发展，虽然个人利益被认可程度得以提升，但是一旦部分社会成员的获利性取向趋于狭隘，他们就容易陷入只重眼前利益，漠视长远性、全局性、精神性的价值追求与道德规范，这极易促发一些房地产或旅游业的开发商为了眼前利益，而拆毁、破坏或功利化改造革命遗址遗迹的行为，进而导致地方政府对革命文化实践教育基地的开发、设置与利用不当，甚至制约了地方政府公共文化服务供给能力的发挥与提升。

其二，市场经济的逐利性本质会消解革命文化的庄重性和价值性。当前一些商家或者文化工作者为了点击量、下载量、发行量、票房、收视率等商业效应和经济利益，也常以娱乐化或错误性的方式对待革命文化，从而严重影响和消解了新时代大学生对革命精神的庄重性、价值性和坚定性的理解。例如，2017 年 8 月，在以慰安妇为题材的纪录片《二十二》上映后不久，上海某科技公司将慰安妇截图，并配以"不知所措""无语凝噎""我真的委屈啊"之类带有调侃与戏谑色彩的语言做成表情包，且在大学生使用频繁的 QQ 空间发布。❷ 又如，2018 年 1 月，女青年唐某某为了以高点击量和转发量获取某视频直播平台的报酬，在穿着暴露的情况下佩戴红领巾拍摄不雅视频。在利益的驱使下，更有不少网络平台对这些视频进

---

❶ 马克思恩格斯文集（第 1 卷）[M]. 北京：人民出版社，2009：286.
❷ 张凡. 别让对历史的铭记毁于"表情包"[N]. 人民日报，2017 – 08 – 24（05）.

行了加精、热搜手段的推送处理,使这些视频成为以大学生为主体的广大网民关注的热点。❶ 2021 年 10 月,微博大 V 罗某平在电影《长津湖》热映期间公然侮辱"冰雕连",其微博内容在网络上发酵扩散,在社会上造成了较为严重的不良影响。

其三,市场经济的逐利性本质容易扭曲新时代大学生对革命文化的正确认知和精神认同。随着经济市场化发展,新时代大学生在追求物质利益满足的基础上,也渴望从市场经济的发展中获取精神需要的满足。然而,首先,由于大学生正处于人生重要成长时期,他们"更善于微观体验,不善于宏观把握;善于横向比较,不善于纵向比较;善于局部性观察,不善全局性观察"❷,他们喜欢趣味性的表达,对事物容易产生猎奇、跟风和娱乐化的心理。因此,当一些商家为了最大限度地获取利益,而功利化地满足大学生的猎奇、跟风和娱乐化心理时,就容易出现娱乐化或错误性对待近现代屈辱历史及革命文化的事件。例如,北京某科技公司的一款名为"66 键盘"的 App 设计了"以《南京条约》《马关条约》等中国近代史上曾经签订过的不平等耻辱条约作梗,向自己心仪的明星放'无脑彩虹屁'"❸ 的文案。此文案在网络上曾掀起一股以青少年学生为主要传播者的浪潮,这些学生不仅以戏谑的口吻调侃了《南京条约》《马关条约》等内容,而且漠视了革命英烈为实现中华民族伟大复兴而付出的牺牲。其次,市场经济的逐利性本质所产生的贫富差距易使新时代大学生对中国共产党所领导的新民主主义革命的合理性和人民性特征产生怀疑。虽然社会主义市场经济努力做到既兼顾公平又讲求效率,但是市场经济逐利性特征和人的趋利性的本质,促使人们通过各式各样的方法为拥有丰富的物质和精神生活而奋斗,因此出现了诸如改革开放初期的"经商潮""下海潮""挖金潮",从而使一部分人在社会主义市场经济的浪潮中率先实现富裕。加

---

❶ 陈凤莉. 戴红领巾拍不雅视频 涉事女主播受严惩 [N]. 中国青年报,2019 – 07 – 16 (01).

❷ 王易. 科学引领多样化社会思潮是高校宣传思想工作的重要责任 [J]. 中国高等教育,2015 (Z2):45.

❸ 沈慎. 国耻家恨,岂能成为"彩虹屁"的素材 [EB/OL]. (2019 – 07 – 13) [2019 – 11 – 20]. http://ent.people.com.cn/n1/2019/0713/c1012 – 31232324.html.

之,由于在市场经济发展过程中,人们对资源和财富会形成不平等的占有,一些效益好、行业好和区域优势明显的地方和人们容易占有更丰富的资源,因此,出现贫富差距成为市场经济不可避免的问题。鉴于当前我国的贫富差距问题,一些大学生在感知革命文化人民性的过程中,容易对中国共产党自新民主主义革命以来,坚持领导广大人民实现共同富裕的理念产生困惑,甚至是对新民主主义革命实践的合理性和革命文化的人民性及科学性产生怀疑。最后,受近年来盛行的消费主义影响,不少大学生形成"越消费越美好"的价值观念。一些商家利用当代青年学生的这一消费心理,他们为了最大限度获取利益,常通过网络、电视、广播、杂志、报刊、灯箱、墙报等各类无孔不入的广告吸引大学生进行消费,尤其是当前随着淘宝、微信、抖音、快手等短视频媒体和直播平台的出现,更是不断以推荐算法的形式吸引大学生进行消费,甚至由此造成消费异化问题。因此,在市场经济逐利性和消费主义思潮的影响下,各种攀比性、享乐性、虚荣性、冲动性的消费心理和消费行为不仅造成校园裸贷问题频频发生,而且使不少大学生因为追求物质享受和精神虚荣,而纷纷屏蔽和曲解对以艰苦朴素为精神实质的革命精神的理解和认同。

可见,市场经济的逐利性本质促发了生产者和商家功利性对待革命文化的问题,而这些功利化对待中国近代历史和革命文化的行为,既在极大程度上扭曲了青少年对待民族屈辱历史的正确心理,也削弱了他们对待革命精神的价值判断,更容易消解和扭曲了他们对我们党的初心与使命,以及共产主义理想信念的认同和坚定。

二、市场经济的自发性弊端削弱大学生革命文化教育的实效性

中国共产党是创造革命文化的主导者,革命文化中凝结着中国共产党鲜活的红色基因。然而,市场经济的自发性弊端所造成的负面现象容易削弱大学生对中国共产党执政的信心与拥护,进而影响和削弱大学生革命文化教育的实效性。

自发性是市场经济运行发展的固有本质,这一特质的存在是由于商品

的生产者和经营者在价值规律的自发调节下进行追求自身利益的经济活动而形成,即商品的生产者和经营者会根据市场价格的涨落决定自己的商品生产和销售活动。在这一过程中,市场经济的自发性具有正反两方面的双重影响。一方面,它可自发调节劳动力和生产资料等资源在各部门的分配,以此优化资源的合理配置;另一方面,它又会促使一些生产者和经营者由于过分追求自身的利益而产生不正当的生产、经营或竞争行为,进而因为这些行为促发诸多负面性的弊端,甚至会造成食品、医疗、住房、交通、教育等与民生息息相关的社会生产与文化生活方面不安全、不稳定性和反伦理的问题。例如在某些特殊时期高价售卖、倒卖紧缺物资,严重扰乱市场经济稳定的情形。不仅如此,由于我国市场经济体制和法治体系建设还不是十分完善,经济竞争规则也有待完善,所以一些生产者和商家更以价值优位为竞争目标和经营理念,而那些彰显着优秀道德品质、伟大精神追求和执政为民的政治理念则被他们悄然掩盖或者漠视忽略在经济利益之下,这些由市场经济的自发性弊端造成的漠视社会效益的表现,在政治上有时会体现为一些地方政府为了凸显政绩、保证经济效益而构建虚假形象工程的问题。"这些现象的实质是经济、科技价值对政治、道德价值的替代,是市场价值规律的泛化。这些现象不仅影响和冲击了社会政治、法纪、道德秩序,而且影响和冲击着高校德育。"❶ 具体而论,由于市场经济的自发性弊端造成的负面现象和社会问题,在大学生革命文化教育上的影响主要体现在两个方面。

一是易冲淡大学生对中国共产党执政的信心与拥护,从而降低对革命文化的认同与践行程度。如上文所述,开展大学生革命文化教育的本质目标之一就在于既要引导大学生明确中国共产党在领导人民实现中华民族伟大复兴历史进程中的重要作用,又要使新时代大学生明确中国共产党是一以贯之地保证中华民族能够自信屹立于世界民族之林,能够使广大人民获得美好生活的中流砥柱,"中国共产党领导是中国特色社会主义最本质的

---

❶ 郑永廷. 郑永廷文集[M]. 广州:中山大学出版社,2013:61.

特征,是中国特色社会主义制度的最大优势"❶,进而使他们对党的领导、党的使命、党的事业充满信心、坚决拥护。然而,这种由市场经济自发性所造成的负面影响易使大学生对社会存在的种种不公平、道德缺失、弄虚作假等现象产生困惑、厌恶、误解等心理,部分学生甚至易将其与一些党政机关和地方政府的"不作为""慢作为"或"乱作为"的行为相联系,更有甚者会陷入"塔西佗陷阱",会在质疑政府公信力中"将革命精神与党和政府中存在的腐败现象相联系,由对腐败的憎恨而产生对革命精神的冷漠"❷,进而影响他们对中国共产党的初心与使命的理解,甚至会淡化他们对中国共产党领导的信心与拥护程度,也因此会削弱大学生革命文化教育的实效性。

二是易使部分学生受西方政治思潮影响产生媚外心理和错误认知,从而降低大学生对革命文化的认同、自信及践行程度。当前世界正处于百年未有之大变局,在这场变局中"时代之变和世纪疫情相互叠加,世界进入新的动荡变革期"❸,这对中国的发展而言存在较大的机遇,但与此同时世界政治和经济格局深刻调整和日趋激烈的竞争中,各种"唱衰中国""捧杀中国""丑化中国"的声音仍然沸沸扬扬。一些受到西方政治思想影响的大学生无法深刻理解世界百年未有之大变局的新变化对中国特色社会主义市场经济的内在影响,无法客观评判全球动荡局势下的市场经济增长动能,无法正确看待市场经济的自发性本质在其中对一些负面现象的暂时性无力,他们不仅容易对资本主义制度国家的政治、经济、文化生成艳羡和向往心理,而且对国外的政党领导和政治形态产生崇拜和谄媚心态,这必然在一定程度上消解部分大学生对中国共产党领导的信心与拥护程度,进而会在一定程度上冲击和削弱了我国大学生革命文化教育的实效性。

三、市场经济的全球化发展冲击大学生对革命文化的政治认同

当前,随着经济全球化的发展,中国经济日趋成为世界经济体系的重

---

❶ 习近平. 在庆祝改革开放40周年大会上的讲话 [N]. 光明日报, 2018-12-19 (02).
❷ 朱志敏. 大学生中国革命精神认同力研究 [M]. 北京: 北京师范大学生出版社, 2013: 30.
❸ 习近平. 习近平谈治国理政 (第4卷) [M]. 北京: 外文出版社, 2022: 483.

要组成部分,我国的社会主义市场经济也由此不断融入国际性发展的大格局之中。从宏观上看,在我国市场经济国际性趋势日益鲜明的总体背景下,作为世界第二大经济体,中国的社会主义市场经济对世界经济的发展起了重要的作用,但同时市场经济全球化发展又使我国的政治、经济、文化等方面受到了一定程度的冲击与挑战,这其中就包括我国的大学生革命文化教育。具体而论,市场经济的全球化发展对大学生革命文化教育的挑战主要体现在两个逐层深入又环环相扣的层面上。

一方面,从市场经济全球化发展的实质上看,经济全球化的过程既体现为经济发展的过程,又是一个伴随着资本主义"意识形态运动的政治过程"❶。因为从源头上分析,经济全球化的理念是由发达的资本主义国家提出并推动,是以美国为首的发达资本主义国家的"经济精英和政治精英有意识推动并维持的过程"❷。换言之,经济全球化的发展在其本质上就是发达资本主义国家立足西方价值追求的理念而为人类设计的一幅力求将西方文明的政治模式、经济制度和价值体系向全球推广和同化的利益图景。因此,伴随着经济全球化的深入发展,包括我国革命文化教育在内的诸多领域都不可避免地受到资本主义意识形态的渗透与影响。

另一方面,从不同意识形态的冲突上看,正如英国著名的马克思主义理论家特里·伊格尔顿所指出:"一种意识形态从来不是一种统治阶级意识形态的简单反映;相反,它永远是一种复杂的现象,其中可能掺杂着冲突的、甚至矛盾的世界观。"❸ 因此,以美国为首的资本主义国家,为了维护资本主义阵营在国际社会上的霸权地位,不断利用各种手段对社会主义国家进行资本主义意识形态的渗透与影响。对于这一事实,邓小平曾一针见血地指出:"整个帝国主义西方世界企图使社会主义各国都放弃社会主

---

❶ 江泽民. 江泽民论有中国特色社会主义(专题摘编)[M]. 北京:中央文献出版社,2002:519.

❷ [德]汉斯-彼得·马丁,哈拉尔特·舒曼. 全球化陷阱[M]. 张世鹏,等译. 北京:北京编译出版社,1998:297.

❸ [英]特里·伊格尔顿. 马克思主义与文学批评[M]. 文宝,译. 北京:人民文学出版社,1980:10.

义道路，最终纳入国际垄断资本的统治，纳入资本主义的轨道。"❶ 历史也充分证明，自新中国成立以来，西方资本主义国家对我国主流意识形态的渗透与冲击就从未停止，经济全球化发展更使以美国为首的西方资本主义国家企图通过资本主义意识形态的渗透，而把我国广大"青年的注意力，从以政府为中心的传统引开"❷。如前文所述，革命文化是中国共产党坚持以马克思主义为指导，在新民主主义革命实践中形成的伟大的文化，这就决定了革命文化中不仅蕴含着中国共产党领导中国人民夺取和巩固无产阶级意识形态领导权的历史事实，而且凝结着中国共产党以人民幸福和民族复兴为使命担当的世界观与价值观，革命文化是我国主流意识形态的重要组成部分，因此市场经济全球化发展的趋势会在一定程度上消解我国青年学生对革命文化的价值理解与政治认同。

总之，"经济全球化是时代潮流"❸，世界百年未有之大变局的情势更深刻表明了世界经济的发展是一个息息相关的"共同体"，因此，在这一历史场域中，市场经济的全球化发展在给我国经济的发展带来良好机遇的同时，也会因其本质上所附带的资本主义意识形态的冲击性在一定程度上影响和冲击我国大学生对革命文化的政治认同。

第二节　文化多元化发展进程中大学生革命文化教育面临挑战

文化多元化，是包括塞缪尔·亨廷顿在内的美国文化多元主义者在20世纪90年代前后提出的一个概念，他们认为文化多元化是经济全球化发展的必然产物。这也正如毛泽东所阐明："一定的文化（当作观念形态的文

---

❶ 邓小平文选（第3卷）[M]. 北京：人民出版社，1993：311.

❷ 李慎明. 世界社会主义跟踪研究报告（2011—2012）[M]. 北京：社会科学文献出版社，2012：395.

❸ 习近平. 习近平谈治国理政（第4卷）[M]. 北京：外文出版社，2022：485.

化）是一定社会的政治和经济的反映。"❶ 就我国而言，随着我国改革开放事业持续深入的发展与推进，我国文化多元化格局逐步形成。总体看来，改革开放四十多年来，文化多元化发展的格局既为包括革命文化在内的我国先进文化的发展提供了丰富的借鉴资源、多元化的传播途径和有利的输出条件，同时也主要从三个层面制约着我国大学生革命文化教育的高质量发展。

一、西方多元文化的冲击削弱大学生对革命文化的理论认同

马克思主义是革命文化的理论灵魂。正如习近平总书记所强调，中国革命、建设和改革的历史证明，中国共产党领导中国人民选择马克思主义作为实现中华民族伟大复兴的思想武器是完全正确的，"坚持马克思主义基本原理同中国具体实际相结合、不断推进马克思主义中国化时代化是完全正确的"❷，坚持马克思主义的一元主导地位是完全正确的。然而，文化多元化发展格局的形成，虽然能满足大学生旺盛的精神文化需要，但也在一定程度上冲击了马克思主义一元化的主导地位，而且严重消解和降低了大学生对革命文化理论的理解与认同，这具体由两个方面的原因造成。

一是西方发达资本主义国家对我国实行文化扩张。以美国为首的西方发达资本主义国家历来主张单边主义、保护主义和霸权主义，他们打着"普世价值"的旗号，傲慢地认为西方资本主义文化不仅是世界文化的中心，而且世界其他文化要服从和统一于西方资本主义文化，这正如塞缪尔·亨廷顿所指出："每一个文明都把自己视为世界的中心，并把自己的历史当作人类历史主要的戏剧性场面来撰写。与其他文明相比较，西方可能更是如此。"❸ 因此，伴随经济全球化的发展，西方发达的资本主义国家纷纷利用

---

❶ 毛泽东选集（第 2 卷）[M]．北京：人民出版社，1991：663．
❷ 习近平．在纪念马克思诞辰 200 周年大会上的讲话 [M]．北京：人民出版社，2018：15．
❸ [美] 塞缪尔·亨廷顿．文明的冲突 [M]．周琪，等译．北京：新华出版社，2012：33．

他们经济技术的强势地位而对包括中国在内的发展中国家广泛进行文化输出、渗透和扩展。这些以流行歌舞、影视作品、网络游戏等为主要手段而又带有浓厚的资本主义意识和西方文化霸权色彩的文化产品，因其酷炫的试听效果和丰富的娱乐体验而深受大学生的欢迎和拥护，但是这些产品中夹杂的拜金主义、享乐主义、消费主义、自由主义、民粹主义、极端个人主义、历史虚无主义等错误思潮，也都在一定程度上影响甚至降低他们对马克思主义一元化主导地位的认同与信仰，从而削弱大学生对革命文化的理论认同与践行程度。

二是文化多元化发展使大学生因面对各种不同的精神信仰而陷入迷失。文化多元化的发展使大学生不仅接触了西方各种具有资本主义意识形态色彩的文化信息，而且伴随世界百年未有之大变局的出现，国际局势动荡不安、全球经济复苏乏力等问题的产生，还有新一轮科技革命加速发展的情势，国内外各种倡导民粹主义、种族主义、极端个人主义、国家主义、反智主义、超级保护主义、反全球化、历史虚无主义、泛娱乐主义，以及将"以儒代马""全面儒化"作为核心的复古主义等社会思潮在中国国内各大场域，尤其是网络虚拟空间甚嚣尘上。这种内外交错的多元化社会思潮，不仅以其文化多元化发展的特征冲击了新时代大学生对马克思主义理论的一元化认同，而且一些错误社会思潮造成的"思想迷障"也容易使正处于"三观"成长关键期的大学生在多元价值的影响下迷失正确的成长方向，甚至一些学生因为受到各种不良文化思潮的冲击而陷入对马克思主义和共产主义的信仰危机。

二、多重价值取向消解大学生对革命文化价值的认知与践行

不同的文化蕴含不同的价值导向，大学生在文化多元化发展格局中的价值取向呈现多重性的特征，而价值取向的多重性又具有双重影响。

一方面，多重性的价值取向有利于大学生的个体人格得到发展。文化多元化发展的格局不仅打破了计划经济体制下社会主义文化单一化发展局面对个体精神生活的抑制，而且文化多元化发展的格局中蕴藏着古今中外

丰富的思想和多样的社会思潮，这些思想或社会思潮相互杂糅、交织、碰撞，在一定程度上可提升大学生的主体意识，丰富他们的精神世界，也能使大学生的创造性、独立性和竞争性等思维得到发展。另一方面，大学生价值取向的多重性又会造成大学生对革命文化的价值产生异化性的认知与践行。习近平总书记指出："由于西方长期掌握着'文化霸权'、进行宣传鼓动，当代中国价值观念存在太多被扭曲的解释、被屏蔽的真相、被颠倒的事实。"❶ 在文化多元化发展的格局中，各国的意识形态领域的斗争异常激烈，当我国大学生持续受到西方思潮的错误性影响时，他们容易在意识模糊、价值疏离、情感失衡的情况下，逐步倾向于这些资本主义国家推崇的旨在反对中国共产党和中国发展的错误性诱导。"没有主流精神和核心价值观，多元只能导致社会的紊乱"❷，所以当一些大学生因为曲解马克思主义主导价值和社会主义核心价值观的重要内涵而放大自身价值观中负面的取向时，就会使我国积极推进的正面教育在实际成效中面临诸多矛盾，体现为"有些学生价值认知与价值行为存在双重性，表现为高认知、低行为的知行脱节现象"❸。显然，这些现象在新时代大学生革命文化教育上的一个重要体现，即其产生了价值认知与价值行为相异化的问题，正如前文所说，大学生对革命文化的价值评判表现出较高程度的肯定与认同，但同时他们主动关注和学习革命文化的程度较低。

三、各群体信仰的多元化加大大学生对革命精神崇尚与学习的难度

精神生活是人们在物质生活的基础上所生成的彰显个体生存与发展需要的存在方式。人的精神生活主要由文化体验、思维和认知、价值观等逐

---

❶ 中共中央文献研究室. 习近平关于社会主义文化建设论述摘编［M］. 北京：中央文献出版社，2017：199.

❷ 公方彬. 精神中国——当今信仰问题的深层思考［M］. 北京：中国工人出版社，2013：5.

❸ 郑永廷，江传月，等. 主导德育论：大学生思想政治教育一元主导与多样发展研究［M］. 北京：人民出版社，2008：42.

层递进而又交错的要素构成,其中核心价值观是人的精神世界最本质的部分(见图 5-1)。所谓核心价值观,是指人们对"以往价值生活实践经验和感受的凝结、升华,表现为关于一系列基本价值的信念、信仰、理想等"❶。革命精神是革命文化的内在核心,内蕴着中国共产党立足初心、为了使命、谋求胜利的伟大理想与信仰信念。革命精神与社会主义核心价值观所凝结的当代中国精神以及"全体人民共同的价值追求"❷ 具有同源性、同质性和同向性,是大学生认同与践行社会主义核心价值观,并由此从最本质上丰富精神世界、提升精神内涵、强化精神素养的红色基因。然而,文化多元化发展不仅对新时代大学生,同时也对与大学生的成长成才密切相关的教师、家长等群体带来了各种不同的价值体验,使他们也会形成不同的信仰信念,而这些群体不同的信仰信念和价值选择,也影响和加大了大学生理解、崇尚与践行革命精神和社会主义核心价值观的难度。

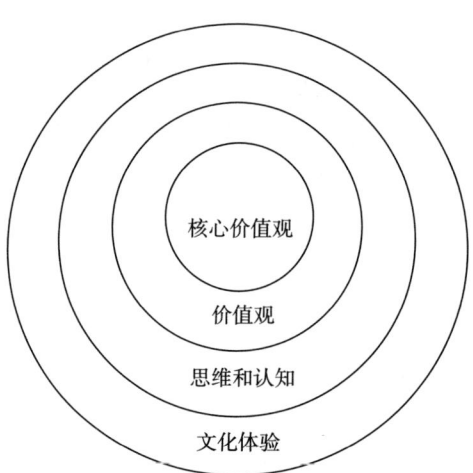

图 5-1 人的精神生活的系统构成

资料来源:宫丽. 精神家园论 [M]. 北京:中国社会科学出版社,2015:48.

---

❶ 李德顺. 新价值论 [M]. 昆明:云南人民出版社,2004:273.
❷ 习近平. 决胜全面建成小康社会 夺取新时代中国特色社会主义伟大胜利——在中国共产党第十九次全国代表大会上的报告 [M]. 北京:人民出版社,2017:42.

第一，从教师层面看，在文化多元化发展的格局中，由于受西方资本主义文化和不良社会思潮的影响，一些教师的信仰信念出现了滑坡和偏差，他们中部分人甚至公然在课堂上美化西方社会、抹黑革命英雄、抨击中国制度❶，更有甚者在国家颁布《中华人民共和国英雄烈士保护法》，以及三令五申强调课堂组织纪律的前提下，仍然对革命历史事件进行错误解读，对革命英烈发表不当言论❷。毋庸置疑，在学生成长成才的过程中，教师具有传授知识、指引方向、塑造精神等重要作用，教师个人的信仰信念在极大程度上影响着学生对革命文化的认知与践行程度。例如，调查发现，对于观点"教师个人的信仰信念会影响我对革命文化的学习"，累计有71.55%的受访学生表示赞同，其中有32.48%的受访学生明确表示"非常赞同"，仅有一成（10.34%）大学生对此观点表示不赞同（含"非常不赞同""不赞同"）（见图5-2）。因此，部分教师不当的言行和价值取向势必会影响大学生对社会主义核心价值观和革命精神的认同与践行，从而也加大了大学生崇尚与学习革命精神的难度。

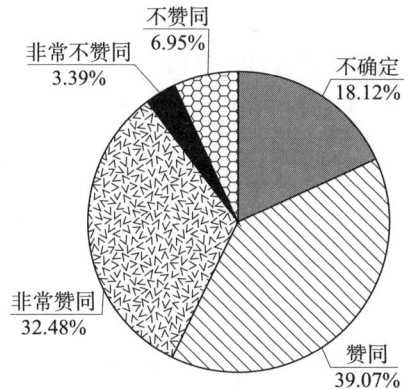

图5-2 大学生对观点"教师个人的信仰信念会影响我对革命文化的学习"的认同情况

---

❶ 大学老师，请不要这样讲中国——致高校哲学社会科学老师的一封公开信［N］. 辽宁日报，2014-11-17（01）.

❷ 上海一教师发表涉南京大屠杀不当言论 学校回应：已启动调查［EB/OL］.（2021-12-16）［2022-01-23］. http：//www.cnr.cn/shanghai/tt/20211216/t20211216_525689113.shtml.

第二，从家长层面看，家庭教育是奠定人生成长的基础场域，家长的言行时刻影响着子女的价值选择和信仰体系的构建。然而，由于"00后"大学生的父母大多数出生于20世纪70—80年代，他们成长于改革开放的浪潮之中，既深受社会主义市场经济体系发展的影响，又不可避免地面临西方资本主义意识形态潜移默化的渗透。当前，在世界百年未有之大变局情势下，逆全球化思潮抬头，单边主义、保护主义明显上升，各种错误社会思潮更是暗流涌动，因此，当一些家长因为工作、生活、学识或者个人成长经历的影响，而存在对中国共产党以及党的革命历史认知不足的问题时，都易使这些家长群体陷入信仰迷失或者曲解革命历史的困局，进而通过家庭生活的潜移默化影响"00后"大学生对革命文化的理解和认同。例如，在抽样调查中，我们发现，对于观点"当听到家中长辈所讲述的革命历史和学校教育内容不一样时，我会感到迷惑"，表示赞同的学生累计百分比为60.6%（含"非常赞同"与"赞同"），认为"不确定"的是26.8%，9.8%的学生表示"不赞同"，认为"非常不赞同"的比例为2.8%。

第三，从学生层面看，新时代"00后"的大学生普遍具有三大基本特征。一是具有鲜明的个体理性意识，但集体意识不够。相较于"80后""90后"而言，"00后"普遍成长于我国社会主义市场经济体制化持续推进、经济稳速增长、文化多元开放、社会政治民主化、信息化发展的时代背景之中，他们普遍是独生子女，且大部分是在物质殷实的条件下长大。因此，可以说他们中大部分的人较少关注物质，他们更注重"小众化"与"个性化"的情感体验和价值追求，他们普遍自信、乐观、积极向上。此外，他们也追星，但并不狂热，相较于"90后"而言，他们更注重偶像明星身上的才艺与人品，所以总体而论，从个体意识方面上看，相较"80后""90后"而言，"00后"普遍具有明显的个体理性意识。不仅如此，在处理个人与集体的关系上，"00后"群体还普遍认为，集体可以存在，但是"集体之所以存在，是因为集体可以包容、拓展个体的个性，集体能够帮助个体实现价值，如果集体不能达到上述功能，则集体就没有存在的必要性".❶ 显然,"00后"对个人与集体关系的理解,与习近平总书记所强调的新时代青年,应当"自觉听从党和人民召唤,胸怀'国之大者',担当使命任务,到新时代新天地中去施展抱负、建功立业,争当伟大理想的追梦人,争做伟大事业的生力军,让青春在祖国和人民最需要的地方绽放绚丽之花"❷ 的嘱咐存在一定的矛盾,这客观说明了在遵循"00后"大学生个体理性追求的基础上,引导他们正确处理个人和集体的关系,是包括革命文化教育在内的新时代思想政治教育工作的一个现实问题。

二是喜欢网络化的娱乐生活方式,但具有易变性特征。相较于"90后"而言,"00后"更是成长于移动互联网日新月异的时代,因此可以说这个年龄阶段的大学生伴随世界数字技术发展而长大,他们习惯于运用各种电子设备、网络产品、交友App等进行社交、购物、学习、娱乐。从网络娱乐化生活方面上看,他们与"80后""90后"最大的不同是,他们普遍具有网络体验的易变性特质,即他们在网络世界中不会长期关注一个事情,他们不仅喜欢尝试网络新兴事物,而且还善于运用自媒体技术进行记录和表达。不仅如此,他们对网络游戏、网络社交媒介、网络购物平台的要求很高,他们还喜欢网络"小众化"活动体验,这充分说明唯有持续不断地更新网络传播手段和网络小众化议题,才能满足他们网络生活易变性特质。

三是他们自主学习能力较强,但价值辨析能力不足。相较于"80后""90后"父母的文化程度,"00后"父母的教育学历普遍更高,他们也更注重对"00后"开展身体力行教育和陪伴教育。且进入21世纪以来,我国的素质教育理念愈发深入人心,基础教育改革上也愈发强调凸显"家校联动",表明要在积极发挥家庭教育功能的基础上,更培养孩子的自我学习能力和提升孩子的综合素质。因此,基于整个社会物质条件较为殷实的

---

❶ 王海建. "00后"大学生的群体特点与思想政治教育策略 [J]. 思想理论教育,2018 (10):90.

❷ 习近平. 在庆祝中国共产主义青年团成立100周年大会上的讲话 [N]. 光明日报,2022-05-11 (02).

考量，以及人的素质发展需要，社会上的各种兴趣班和培训机构层出不穷，这也进一步推动了"00后"学习方式的变革，使"00后"愈发注重不拘泥于课本，而是要"着重从实践学习、体验学习、网络学习等新的学习方式中获取知识"❶，从而使"00后"普遍具有较强的自主学习能力和个性化的创新意识。此外，2004年以来，中共中央、国务院、教育部、中宣部、共青团中央先后下发了关于以红色文化资源增强青少年素质教育的各种意见❷，这也促成了"00后"的大学生是在接受革命文化的知识性教育和实践性体验的背景下长大。"00后"与"80后""90后"的青年学生具有一些相似的特点，即大学阶段这个年纪在人生成长上都普遍是青年"三观"养成的关键时期，所以作为青年时期的"80后""90后""00后"，都具有自我控制力、辩证分析和思考问题的能力不强的特征，加上网络世界的虚拟性、片面性与狭隘性，以及"00后"大学生无处不网和时时在网的生存状态，在一定程度上使"00后"青年学生群体更易受到西方价值观念的影响。

因此，综合来看，文化多元化发展虽然能够给新时代"00后"大学生带来不同的文化体验，并且满足他们追求个性化体验的成长需求，在一定程度上丰富了他们的精神世界，然而，与此同时，一些不良社会思潮也愈发以全媒体要素为载体，在满足"00后"大学生休闲娱乐习惯的同时，也直击"00后"大学生的精神世界。显然，这些虚无价值、祛魅理性和解构信仰的手段，易使部分"00后"大学生的精神生活陷入趋于务实功利、彷徨迷惘、"佛系"或"丧"的信仰困境。此外，由于大学生群体本身朋辈之间存在交错而复杂的影响，当这些"三观"均还处于迷惘期和成长期的

---

❶ 王海建．"00后"大学生的群体特点与思想政治教育策略［J］．思想理论教育，2018(10)：91．

❷ 例如2004年中共中央、国务院先后下发了《中共中央国务院关于进一步加强和改进未成年人思想道德建设的若干意见》（中发〔2004〕8号）、《中共中央 国务院关于进一步加强和改进大学生思想政治教育的意见》（中发〔2004〕16号）。教育部、团中央联合下发了《关于加强和改进高等学校校园文化建设的意见》，中宣部、教育部等联合印发了《关于加强和改进爱国主义教育基地工作的意见》等文件，均明确规定要通过各种形式加强红色文化教育。

大学生对革命文化的认知不深、认同不够、自信心不强时，他们极易因为受朋辈潜移默化的影响而逐渐转向对西方意识形态的认同与追求，进而淡化自己对革命精神的崇尚与学习。

第三节　教育数字化转型进程中大学生革命文化教育面临挑战

近年来，随着新一轮科技革命的发展，我国已逐步进入数字经济时代。党的十八大以来，中国共产党坚持"实施网络强国战略和国家大数据战略"❶，坚持让新历史条件下的互联网、大数据、人工智能等技术造福人民。在这一背景下，2018年4月，教育部印发了《教育信息化2.0行动计划》，表明我国在人工智能、H5应用、移动直播、大数据、区块链等技术迅猛发展的情况下，已正式开启教育信息化从1.0时代向2.0时代发展的新征程。不仅如此，自2020年初，随着新冠疫情的发展，尤其是网络教育的新变革，更催化和推动了教育数字化转型的需求。因此，教育数字化转型在给新时代新征程大学生革命文化教育带来新发展格局和新机遇的同时，也同样带来了新的冲击与压力。

一、虚拟空间的难控性削弱大学生革命文化教育正向传播的有效度

从教育主导者层面看，历史虚无主义等社会思潮因教育信息化发展时刻冲击着革命文化教育主导体系的正能量传播。"舆论主场"是一个社会学的概念，主要是指当社会上有相当数量的人或者团体对某一事件或者某一话题纷纷表达个人态度、观点与信念而形成社会舆论时，以政府为主导

---

❶ 习近平. 习近平谈治国理政（第4卷）[M]. 北京：外文出版社，2022：205.

的党政权力一方会发挥其"公权力的优势、传媒的优势、知情方面的优势"❶ 而引导舆论的正确走向，从而确立其舆论主场的地位。

对于大学生革命文化教育而言，随着新时代"大思政"教育格局的建立，以及教育数字化转型的情势，高校愈发不可能是革命文化教育信息传播的唯一场域，所以由政府、社会主流媒体和高校联合形成的教育系统构成了革命文化教育的主导力量和正能量传播的信息主场，是新时代大学生革命文化教育的主导体系。"革命文化教育主导体系"，这一"主导体系"旨在坚持中国共产党对意识形态领导权的基础上，以保证革命文化正能量教育的主场地位为原则，最终实现以主流意识形态凝聚价值共识和促发积极行动的教育目标。然而，正如马克思所指出，"环境的改变与人的活动"❷ 具有一致性。由于教育信息化，线上教育需要借助网络空间来实施，而网络虚拟空间存在"内容提供"边界壁垒不清且难以控制的困难，因此西方意识形态的渗透也逐渐呈现以网络场域为"孵化器"和"助推器"的新趋势。在这样的背景下，个别教师、部分家长、一些学生受虚拟化、碎片化、娱乐化的影响和引导，对事物的认知容易缺乏理性辨析，容易造成"有意识人格的消失，无意识人格的得势，思想和感情因暗示和相互传染作用而转向一个共同的方向"❸，从而使他们常把现实舆论场域和网络意识形态中一些带有暗示性的观念转化为现实生活中的言行。因此，一旦历史虚无主义、极端个人主义、泛娱乐主义、消费主义等不良社会思潮的错误性和负面性暗示的呼声较为强烈，甚至在一些事件上超过"革命文化教育主导体系"的发声时，就不仅极易给"革命文化教育主导体系"的正能量传播带来严重的挑战，而且会在极大程度上破坏"舆论主场"凝聚人心、汇聚共识、增强力量等价值功能，进而削弱"革命文化教育主导体系"正能量传播的有效度，更会从宏观、中观和微观上，影响大学生对革命文化

---

❶ 陈力丹. 虚拟舆论场：政府怎样发挥主场优势 [J]. 人民论坛，2011（22）：61.
❷ 马克思恩格斯文集（第1卷）[M]. 北京：人民出版社，2009：504.
❸ [法] 古斯塔夫·勒庞. 乌合之众 [M]. 冯克利，译. 北京：中央编译出版社，2014：10.

的认知、认同、自信与践行。

二、网络舆论的复杂性降低大学生对革命文化的兴趣度与认知度

从学生层面看,在教育数字化转型的背景下,各种社会思潮愈发以网络"舆论广场"为主要场域,影响新时代新征程上大学生对革命文化的兴趣度和认知度。"舆论广场"是相对于"舆论主场"而言的另一个社会学的概念,是指在群体意识"聚集"的公开场域中,人们通常会表现出明显的从众心理,即由于"未知的因素数量众多"❶,所以人们极其容易受到舆论暗示的影响,而将提供给他们的各种意见或想法视为真理或谬误,并在这些舆论场域中表现出具有同质性群体特征的言行举止,从而形成具有较大规模的"广场效应"❷。可见,与线下舆论相比,网络舆论更具有观点容量大、信息传播快、发酵互动性强、追随者多、风险防控难等复杂性特征。

对于革命文化教育而言,教育数字化转型既改变了教育方式,也拓宽了教育场域,使互联网成为一个巨大的虚拟舆论场域。然而,由于这一场域同样具有社交化、碎片化、开放化等特征,所以极易使具有共同需求和爱好的大学生迅速在网络上"聚集",并对革命文化相关内容迅速"聚焦"及发言,且随着言论的升温而"聚合"成社会舆论。然而,这一"广场效应"理论也常被一些旨在向我国青年大学生输送错误意识形态的人们所利用,并且严重影响着我国大学生革命文化理论与实践教育的现实成效。可以对革命文化消解和冲击最为猛烈的历史虚无主义思潮为例。

在我国网络媒体还未全面发展之前,历史虚无主义思潮就常以文艺作品、学术论文等形式进行传播,但是这些做法不仅传播受众有限,而且在内容上还较易识别其消解和虚无中国共产党革命历史的真实阴谋,但随着互联网传媒发展,尤其是在教育数字化转型背景下,以大学生为

---

❶ [法]古斯塔夫·勒庞. 乌合之众[M]. 冯克利,译. 北京:中央编译出版社,2014:152.
❷ 尚文静. 网络"广场效应"下的媒体舆论引导[J]. 新闻爱好者,2012(3):31-32.

主体的青年人对新媒体使用程度的逐渐学习化和生活化，使历史虚无主义者逐步将目光转向了互联网和新媒体，并且主要采用两种方式来影响大学生。

一是在内容上以碎片化的解读制造削弱革命文化认知兴趣的"烟雾弹"。近年来，历史虚无主义者愈发体现出"软形式，硬内容"的发展特征，即其在形式上时常打着"冷知识科普""探历史细节""微观革命事件""非主流真相"的旗号，而随意截取历史片段，并将碎片化的内容编为各种通俗化、大众化、娱乐化的信息进行传播。可以说，这种做法从以"软"且简单消遣的形式迎合了"00后"大学生快节奏认知、信息化接受、碎片化阅读的心理特征，但同时也以"硬"且别有用心的内容，使只是浅阅读或对革命文化认知不足的大学生难以作出正确的判断，更影响他们对学校教育中所传授的革命历史的感兴趣程度。

二是在形式上以娱乐化的传播制造歪曲革命文化内容体系的"迷魂阵"。以软性历史虚无主义为代表的社会思潮惯用的形式，就是在碎片化对待内容的基础上，更将内容编成精简而幽默语言，再以图片文字、恶搞视频、网络段子、聊天表情包、吐槽弹幕、流行音乐、网络游戏等大学生喜于接受、乐于参与、善于运用的形式进行传播，更利用各种话题制造形成具有一定负面冲击力的"舆论广场"，从而冲击和削弱革命文化"舆论主场"的传播力和有效度。除此之外，近年来在网络虚拟空间中盛行的耽美文化、CP文化、二次元文化等青年亚文化，是网络反智主义和泛娱乐文化的表现，其本质上是以蓄意投放的信息助长新时代"00后"大学生的个体性意识，进而达到瓦解他们共同体意志的目标。美国著名媒体文化研究者尼可·波兹曼在其《娱乐至死》一书中曾指出："有两种方法可以让文化精神枯萎，一种是奥威尔式的——文化成为一个监狱，另一种是赫胥黎式的——文化成为一场滑稽戏。"❶ 因此，当大学生对革命文化的认知、认同和自信程度不全面、不深刻时，就难以避免地陷入认知困境和信仰危机。比

---

❶ [美] 尼可·波兹曼. 娱乐至死 [M]. 章艳, 译. 北京：中信出版社, 2015：185.

如本书的调查也发现，对于观点"影视剧、网络文章或其他社会舆论对革命历史演绎和表达的情况会影响我对革命历史和革命英雄人物的认知与理解"，在作出有效选择的1093名受访学生中，累计有787名大学生表示赞同，其中表示"非常赞同"的占比达到35%，仅有12.3%的受访学生表示不赞同（含"非常不赞同"与"不赞同"）（见表5-1）。除此之外，由于价值辨识能力不强，大学生甚至还会不知不觉地接受网络世界中"假丑恶"的消极污染，由此在错误思潮的诱导下纷纷加入负能量的"舆论广场"，既降低对革命文化的兴趣，又造成对革命文化中"真善美"内涵的错误性认知。不仅如此，我国一些专家的调查同样也显示，"有关社会思潮和网络舆论环境一定程度上冲淡了大学生的政治认同。受相关社会思潮影响越大，大学生对中国共产党、中国特色社会主义制度、理论、指导思想以及共同理想的认同度越低；每天上网时间越长，大学生的政治认同度也越低"❶。

表5-1 大学生受影视剧、网络文章或社会舆论影响的情况

赞同程度	频次（人）	占比（%）	累计占比（%）
非常赞同	383	35.0	35.0
赞同	404	37.0	72.0
不确定	172	15.7	87.7
不赞同	100	9.1	96.8
非常不赞同	34	3.2	100.0
合计	1093	100.0	

三、信息平台的多样性影响大学生对革命文化线下教学的参与度

从教学活动上看，高校教学活动是开展大学生革命文化教育的主渠道，是在教育信息化时代保证革命文化教育的科学性和方向性的重要方式

---

❶ 沈壮海，肖洋. 2016年度大学生思想政治状况调查分析［J］. 思想理论教育导刊，2017（1）：111.

之一。然而，不论是在理论教学还是在实践教学，由于线下教学活动时间和空间的相对有限，教师难以将革命文化的内容全面、系统而有效地呈现给大学生。与此同时，由于社会其他传播媒介，尤其是互联网和新媒体常利用其传播速度快、空间广、信息量大的特征而建立了各式各样的网络学习平台，尤其是新冠疫情发生之后，各类直接利用QQ、微博、微信、抖音、直播平台等大学生喜闻乐见的传播媒介进行开放式教育的形式更是层出不穷。例如，喜马拉雅、网易公开课、慕课中国、知深、荔枝微课、超星学习通、智慧树、腾讯会议等"人人、处处、时时"可学的网络学习平台，在一定程度上打破了传统意义上"教"与"学"的教育壁垒，变革了革命文化教育的渠道与方式，形成信息"去中心化"和"多中心化"的现象，教师的信息优势不复存在。

因此，对于革命文化教育而言，当大学生在课堂教学中无法得到能够激发他们兴趣和满足自身成长需求的革命文化知识时，他们便会自发到互联网及各类移动新媒体中获取革命文化的相关知识。需要肯定的是，当代大学生在接触纸质媒体、影视作品，以及漫游网络世界寻求革命文化相关知识的过程中，一方面确实可以提升他们革命文化的知识水平，但另一方面随着大学生对革命文化知识的提升，当有限的课堂教学活动无法解答他们的知识困惑，或者是与他们事先已感知的革命文化知识不同，尤其当一些备课不充分的教师在讲授过程中出现知识偏差甚至错误时，就极易促使他们愈发倾向于网络空间中所传播的文本形式感、画面色彩感、视听冲击感、内容娱乐感都更强的革命文化，从而使他们逐步放弃对革命文化课堂活动的参与热情，进而使他们因为趋同心理而进入一些带有负能量色彩的"舆论广场"。

不仅如此，在教育数字化转型进程中，也存在降低大学生对学校组织的各类革命文化实践教育活动兴趣的问题，因为教育数字化发展会促使和激发新时代大学生对实践教育活动中的科技体验的更强需求。例如本书抽样调查结果显示，累计有62.6%的受访大学生表示希望"在参观革命遗址遗迹活动中可以有更多高科技和体验式"的展览与学习（含"非常赞同"

与"赞同"),仅有25.2%的受访学生对于这一观点表示"不确定",以及累计12.2%的受访学生对此表示不赞同(含"非常不赞同"与"不赞同")(见图5-3)。因此,若学校组织参观的博物馆或者革命遗址遗迹仍然是橱窗式、讲解式、参观式的实践体验时,就难以使这些在数字技术革命、网络智媒化和教育信息化发展中成长起来的新时代"00后"大学生始终保持对革命文化实践活动的热情。这一矛盾固然也是教育数字转型背景下,新时代大学生革命文化实践教学所面临的一个亟待探析和解决的难题。

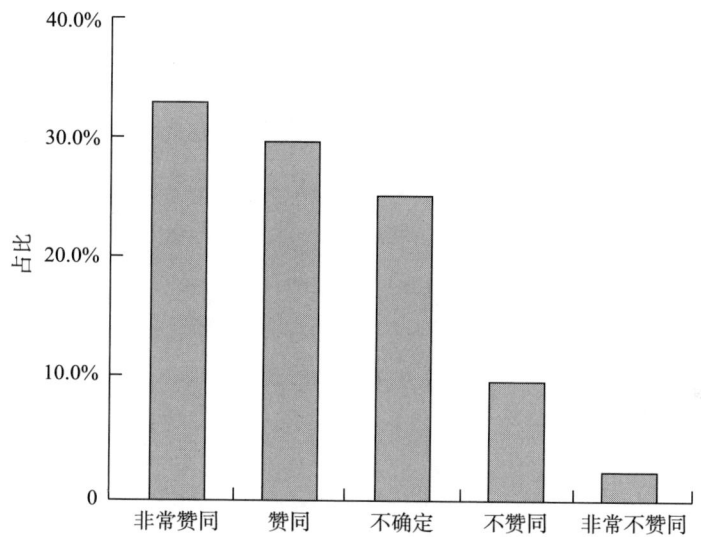

图5-3 大学生对"我希望在参观革命遗址遗迹活动中可以有更多高科技和体验式的学习"的认同情况

总而言之,本书坚持以"指明问题的性质,给以解决的办法"❶为原则,既融合了对新时代"00后"大学生的主要特征和成长需求的考察,又从经济、政治、文化和数字技术发展等宏观层面着力,更聚焦家庭、学校、政府、社会的各方影响,以微观、中观与宏观的多维统一,表明经济

---

❶ 毛泽东选集(第3卷)[M].北京:人民出版社,1991:839.

市场化、文化多元化、教育数字化等发展进程，在给大学生革命文化教育带来一定机遇的同时，也使新时代新征程大学生革命文化教育面临一定程度的挑战，这些挑战是造成新时代新征程大学生革命文化教育问题的根本原因。因此，综合、客观且系统地剖析这些原因，有利于在深入"指明问题性质"的基础上，为精准解决新时代新征程大学生革命文化教育的问题提供科学路径。

第六章

新时代新征程大学生革命文化教育的具体路径

习近平总书记强调，发现、剖析和解决问题，最终将能"使我们的思想和行动更加符合客观规律、符合时代要求、符合人民愿望"❶，说明解决问题是坚持问题意识的实践落脚点。因此，对于新时代新征程大学生革命文化教育而言，我们既要坚持立足"两个大局"的时代背景，又要坚持贯彻以宏观、中观、微观相统一的思维逻辑，解决好新时代新征程大学生革命文化教育的现实问题。由此，才能真正做到不仅以革命文化教育引导"00后"大学生共同解答好中国之问、世界之问、人民之问、时代之问，而且切实以具有新时代意蕴的革命文化，教育引导"00后"大学生既凸显自我个性和价值，又胸怀"国之大者"，努力为民族复兴、人民幸福和人类发展而不懈奋斗。

第一节 打造革命文化教育"全课程"育人体系

课程育人位列"十大"育人体系之首❷，是高校立德树人的重要方式之一。合理利用革命文化教育资源，在守正创新中坚持以课程体系的"纵向衔接"和"横向贯通"为原则，打造新时代大学生革命文化教育"课程群"（见图6-1），构建形成大学生革命文化教育"全课程"育人格局。由此，以教学内容的针对性、系统性、真理性和深刻性，引导大学生实现对革命文化的理性认知，这是新时代新征程大学生革命文化教育的逻辑起点。

---

❶ 习近平. 习近平谈治国理政（第1卷）[M]. 北京：外文出版社，2018：26.
❷ 中共教育部党组. 中共教育部党组关于印发《高校思想政治工作质量提升工程实施纲要》的通知 [EB/OL]. (2017-12-06) [2018-08-17]. http://www.moe.gov.cn/srcsite/A12/s7060/201712/t20171206_320698.html.

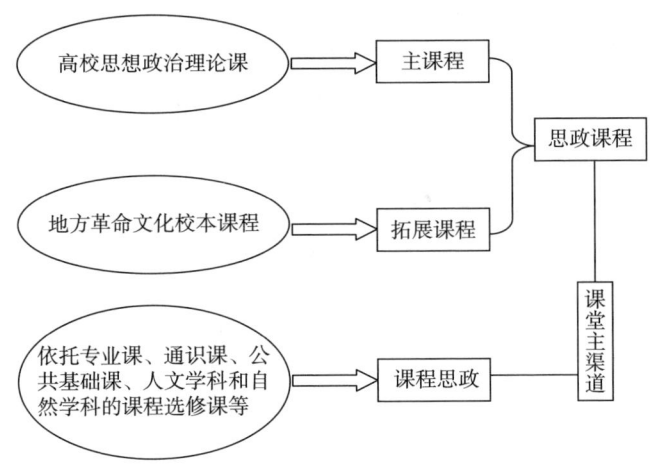

图6-1 新时代大学生革命文化教育"课程群"

一、以高校思想政治理论课加强大学生革命文化教育

习近平总书记强调："思想政治理论课是落实立德树人根本任务的关键课程。"❶ 革命文化为思想政治理论课提供了深厚力量，以高校思想政治理论课加强大学生革命文化教育，应当遵循新时代大学生的认知规律和接受特点，由表及里、从浅到深、循序渐进地加以灌输、引导、启发与渗透。

（一）螺旋式推进中国革命历史教育

螺旋式推进中国革命历史教育既是人的精神发展的内在需要，也是遵循教书育人规律和人才成长规律的应有之义。习近平总书记强调："坚定文化自信，离不开对中华民族历史的认知和运用。"❷ 如前文所述，中国革命历史饱含中国共产党与中国人民群众血肉相连的生动记忆和精神纽带，

---

❶ 习近平. 用新时代中国特色社会主义思想铸魂育人 贯彻党的教育方针落实立德树人根本任务［N］. 光明日报，2019-03-19（01）.

❷ 习近平. 习近平谈治国理政（第2卷）［M］. 北京：外文出版社，2017：351.

对于新时代新征程大学生革命文化教育而言，加强中国革命历史教育具有引导学生明确"四个自信"和"四个意识"，践行"两个维护"和"两个确立"，以及认知与汲取伟大的革命精神、初心使命、历史主动等内涵的重要意义。

个体发生学表明，人的思维世界的建构是人类不断处理自身与外部世界关系的对象化结果，"思维无疑地首先是知性的思维。但思想并不仅是老停滞在知性的阶段"❶，人类对既有知识的掌握及对未知世界的探索都是在不断丰富与深入中螺旋式上升的。因此，习近平总书记在全国学校思想政治理论课教师座谈会上强调："在大中小学循序渐进、螺旋上升地开设思想政治理论课非常必要，是培养一代又一代社会主义建设者和接班人的重要保障。"❷ 然而，由于我国高等教育与高中教育属于不同的教育阶段，高校与高中也具有不同的教育领导体制和教育教学目标，所以当前我国教育"最突出的问题是大学和中学的衔接"❸，其中高校思想政治理论课的教学内容与高中的政治、历史等一些内容存在重合，使大学思想政治理论课堂常出现"炒旧饭"的现象。因此，以高校思想政治理论课加强大学生革命文化教育，应该客观针对这一问题，在挖掘、梳理和遵循革命文化教育规律的基础上，更着力推进中学和大学生思政课程的螺旋式衔接。

一是从备课着力。2022年4月，习近平总书记在中国人民大学考察时再次强调："青少年思想政治教育是一个接续的过程，要针对青少年成长的不同阶段，有针对性地开展思想政治教育。"❹ 我国思想政治理论课在各个阶段的教育目标不同，相对于小学阶段重在道德情感启蒙、初中阶段立足打牢思想基础，以及高中阶段强调培养政治认同，大学阶段则更重于要努力增强青年学生的使命担当意识，注重"引导学生矢志不渝听党话跟党

---

❶ [德]黑格尔. 小逻辑[M]. 贺麟, 译. 北京：商务印书馆, 2009：172.
❷ 习近平. 用新时代中国特色社会主义思想铸魂育人 贯彻党的教育方针落实立德树人根本任务[N]. 光明日报, 2019-03-19 (01).
❸ 余力. 教育衔接若干问题研究[M]. 上海：同济大学出版社, 2003：3.
❹ 习近平. 坚持党的领导传承红色基因扎根中国大地 走出一条建设中国特色世界一流大学新路[N]. 光明日报, 2022-04-26 (01).

走,争做社会主义合格建设者和可靠接班人"❶。鉴于此,一方面,我们要制定形成大中小学一体化备课机制,各地教育有关部门要积极牵头,组织形成大中小学思政课教师互相观摩、共同研讨、协同备课的合理机制。另一方面,教师要充分做好教材比较和客观分析,科学找准大学与高中教材、本科生与研究生教材的异同点、空白点、连接点。以本科生必修的《中国近现代史纲要》为例,在备课时,教师要在充分把握人教版、岳麓版、人民版等常用版本的《高中历史》教材内容和教学目标的基础上,坚持从深化理论、拓展史料、提升认识等方面着力,实现对相关内容的补充与丰富。

二是从与学生的交流着力。自 1977 年我国恢复高考后就借鉴苏联教育模式,采用文理分科的形式培养人才。这一育人机制使许多学校在高一或者高二阶段就普遍采用文理分班的形式,对文理科生实行区别化教育,致使文史类、理工类、体育类、艺术类的学生对革命历史知识的学习兴趣和掌握程度存在一定偏差,前文的实证调查也很好地验证了这一现象与问题。因此,为了保证大学思想政治理论课程教学的实效性,高校思政课教师应该在课堂及课后加强与学生的交流互动,在互动感知中了解新时代新征程上大学生对中国革命历史的既有基础和教育诉求,从而有针对性地在推进中学与大学螺旋式衔接中强化备课、教学与引导。

三是从开设选修课上着力。法国"终身教育之父"保罗·朗格朗阐明:"教育是一个永不间断、连续进行的过程,为使人生整个教育继续、一贯,并且多样化,必须把各个阶段不同形式的教育统一成一个有机整体。"❷ 为此,我们还要鼓励思想政治理论课教师积极开设与中国革命历史、革命文化、中华优秀传统文化、社会主义先进文化等相关的选修课,使新时代大学生从大一至研究生阶段都能够不间断地理解、巩固和提升对

---

❶ 中办国办印发《关于深化新时代学校思想政治理论课改革创新的若干意见》[N]. 光明日报,2019 – 08 – 15(01).

❷ [法] 保罗·朗格朗. 终身教育引论[M]. 周南照,陈树清,译. 北京:中国对外翻译出版社,1985:138.

中国革命历史的认知,也以此引导学生更全面、更微观、更牢固地掌握中国共产党所创造的革命文化与中华优秀传统文化、社会主义先进文化的内在关联,并由此更系统地理解以伟大建党精神为源头的革命精神谱系的基因密码,且精准汲取其中的科学养分。

(二) 深入开展马克思主义理论和百年党史教育

教育引导大学生形成理性思维是高校思想政治理论课的必然要求和重要目标之一。马克思指出:"理论只要说服人,就能掌握群众,而理论只要彻底,就能说服人。所谓彻底,就是抓住事物的根本。而人的根本就是人本身。"❶ 这意味着我们在以高校思想政治理论课加强大学生革命文化教育的基础上,还必须注重深入开展马克思主义理论教育。要基于学生认知和学习视角,切实结合学生成长实际,以"浅入"谈问题、"深出"答困惑的教学原则,利用科学灌输和有效引导的办法,帮助学生实现从感性认知低水平阶段的"浅显性"理解逐步向理性认知高水平阶段"深刻性"感悟提升,使他们在"知其然"的基础上,明确"其所以然"和"其所必然"的本质。在具体实践上,高校可从三个方面着力,以实现既有机统筹思政课程体系,又提升广大师生对革命文化理性认知的教育目标。

第一,要求思政课教师提升课程教学的专业素养,强化教师对革命文化的理论积累。习近平总书记明确指出:"办好思想政治理论课关键在教师,关键在发挥教师的积极性、主动性、创造性。"❷ 对革命文化教育而言,教师自身的理论素养、历史视野、道德情操、家国情怀、政治意识、国际思维,不仅决定了其自身的理想信念,而且深刻影响大学生对革命文化的理性认知、情感认同和价值选择。为此,广大思政课教师要按照"六个要"和"八个统一"❸ 的要求,坚持从学理论、悟真理、强认知、树情

---

❶ 马克思恩格斯文集(第1卷)[M]. 北京:人民出版社,2009:11.
❷ 习近平. 用新时代中国特色社会主义思想铸魂育人 贯彻党的教育方针落实立德树人根本任务 [N]. 光明日报,2019-03-19 (01).
❸ 习近平. 用新时代中国特色社会主义思想铸魂育人 贯彻党的教育方针落实立德树人根本任务 [N]. 光明日报,2019-03-19 (01).

怀等方面着力，不仅要强化包括革命文化教育在内的思政课程的教学能力，而且要不断增强理论水平和拓展思维视野，做到既努力学习马克思主义经典论著，又切实将革命文化教育与党史学习教育有机融合，引导学生秉承大历史观理解"深深融入血脉的红色基因是中国青年百年奋斗的最宝贵财富"❶。不仅如此，思政课教师还要有深厚的文化情怀，要加强对中华优秀传统文化、社会主义先进文化的感知，要在系统掌握中华优秀传统文化、革命文化、社会主义先进文化这"三大文化"辩证关联的前提下，深刻明确革命文化对于实现中国式现代化和构建人类文明新形态的重要价值，进而坚定理想信念，坚持以扎实理论解析好革命文化生成的客观性、必然性和价值性，由此以扎实的革命文化教育的理论功底和文化底气，提高课堂的"抬头率"，更增加"点头率"。

第二，要在百年党史教育实践中科学运用"两个相结合"的分析方法。在保障党史教育常态化长效化推进的前提下，教师不仅要从知识教育和情感融入上着力，客观阐释中国近代人民的悲惨命运，以及中国人民如何奋力探索、顽强拼搏，最终选择了马克思主义这一科学理论的历史规律，而且要以保证教育内容的历史性与教育目标的政治性相统一的原则，充分结合马克思主义的经典论著，在讲好中华优秀传统文化优良基因对中国共产党人价值选择和人生追求之影响的基础上，说清革命文化的发生机理和本质诉求，做到"把弘扬优秀传统文化同马克思主义立场观点方法结合起来"❷，从而引导新时代大学生在科学理论的指导和深厚文化的浸润下，深刻理解中国人民是怎样从精神上实现了由被动向主动转化，中国共产党为什么会始终以人民为初心，为什么会坚持领导人民在复兴使命的感召下逐步站起来、富起来、强起来，以及在百年新征程历史条件下，为什么中国共产党要坚持实现中国式现代化，还有"中国共产党为什么能、马克思主义为什么行、中国特色社会主义为什么好"等一系列问题。由此，

---

❶ 中华人民共和国国务院新闻办公室. 新时代的中国青年［M］. 北京：人民出版社，2022：3.

❷ 习近平. 习近平谈治国理政（第4卷）［M］. 北京：外文出版社，2022：315.

通过"两个相结合"的分析方法,在解决新时代"00后"大学生成长需要和理论困惑的基础上,真正做到将马克思主义的理论优势和中华优秀传统文化的深厚滋养相结合,从而不断增强新时代大学生对革命理论的理性认同,进而强化他们对理想信念、初心使命、爱国主义、创新精神、社会主义核心价值观、"四个意识"、"四个自信"、"历史主动"、"两个维护"和"两个确立"等新时代命题的理论认知和价值认同。

第三,要努力挖掘《中国近现代史纲要》之外的其他思政主干课程❶的中国革命历史元素,并在此基础上结合马克思主义,从理论上解析中国革命历史与现实发展的内在关联。比如,在《马克思主义基本原理概论》课上,可充分结合世界其他国家和中国革命斗争故事,解析马克思主义的生成逻辑、主旨要义、基本特征,阐明无产阶级、人类解放和世界繁荣发展的正义性、合理性和必然性。在《思想道德与法治》课中,可在"人生方向""理想信念""中国精神""价值准则"等章节内容上充分结合并解析中国革命历史内容,既以此有力回应和批判以历史虚无主义为主的各种错误社会思潮对"00后"大学生的诱导,又教育学生树立正确的道德观念,更引导学生坚定理想信念、传承红色基因、明确初心使命、敬重革命英烈、崇尚革命精神,从而切实做到在历史、理论与现实的统一中,有理有据地强化学生对中国革命历史的理性认知。

(三)积极回应学生关心的现实问题

回应学生关心的现实问题是帮助学生增强革命文化记忆、强化身份认同的重要方法。"意识在任何时候都只能是被意识到了的存在,而人们的存在就是他们的现实生活过程"❷,如前文所述,现实生活中,我国革命文化教育的环境呈现多因子和非线性的不确定状态,大学生深受西方意识形

---

❶ 当前我国高校主要是以《中国近现代史纲要》《毛泽东思想与中国特色社会主义理论体系》《思想道德与法治》《马克思主义基本原理概论》《习近平新时代中国特色社会主义概论》这五门主干课程保证思想政治理论课的主渠道作用。

❷ 马克思恩格斯文集(第1卷)[M].北京:人民出版社,2009:141.

态的渗透与干扰，这些干扰易使大学生陷入价值选择的"迷雾森林"，一旦回应不力将使革命文化的历史与理论教育功亏一篑。因此，以高校思想政治理论课加强大学生革命文化教育，还要积极回应好学生关心的现实问题。

首先，要以习近平新时代中国特色社会主义思想解析现实问题。"理论总是为现实服务的"❶，习近平新时代中国特色社会主义思想凝聚着党的十八大以来，中国共产党所经历的深刻的革命性锻造，以及对"两个大局"的科学性研判和深刻性思考，是"立足时代之基、回答时代之问的科学理论"❷，习近平总书记所提出的诸多具有原创性特质的新思想新战略，可谓"当代中国马克思主义、二十一世纪马克思主义，是中华文化和中国精神的时代精华，实现了马克思主义中国化新的飞跃"❸。坚持以习近平新时代中国特色社会主义思想为指导，对于解析学生现实生活中碰到和关心的国内外政治、经济、文化、军事、外交等现实性的问题，对于瓦解历史虚无主义、新自由主义、极端民粹主义、泛娱乐主义等错误社会思潮的惯用套路，以及明确"四个意识"、坚定"四个自信"、做到"两个维护"和践行"两个确立"等都具有重要的指导价值。

其次，要以丰富的历史资料回应现实问题。面对历史虚无主义对中国革命历史的解构，除了要在理论上科学解析和积极应对，还应当以丰富而客观的史料进行有力回应。譬如，当前网络和文艺作品中仍有利用泛娱乐主义和历史虚无主义的解构手法把民国时期鼓吹成所谓思想开放、舆论自由、大师辈出的"黄金时期"。2019年，抖音等大众平台上甚至还一度出现以"军阀太太"为流行词的热门视频，这些视频以"复古风"为噱头，打着让参与者装扮成"军阀太太"的旗号推崇民国时期腐朽的思想文化，

---

❶ 潘玉腾. 推进社会主义核心价值体系大众化研究 [M]. 北京：社会科学文献出版社，2012：251.

❷ 中共中央宣传部. 习近平新时代中国特色社会主义思想三十讲 [M]. 北京：学习出版社，2018：1.

❸ 中共中央关于党的百年奋斗重大成就和历史经验的决议 [N]. 光明日报，2021-11-17 (01).

这些思想不仅易使处于价值观养成期的大学生因模仿跟风而陷入"历史烂梗"的羁绊，而且也在一定程度上造成新时代大学生对革命文化的错误理解和对中国共产党执政的情感偏离。对于这类问题，除了利用我国丰富的近现代历史资料做好解答与回应，还应当多以诸如费正清、埃德加·斯诺、马克·塞尔登、查默斯·约翰逊、裴宜理等对中国革命历史有一定研究和记载的外国专家、学者、记者的相关权威而真实的论述作为"第三方材料"，并辅以真实图片或者视频资料，再以客观视角、动态呈现和真实数据，引导学生了解内忧外患、兵荒马乱、民不聊生的民国时期的真实情况，进而更让学生明白中国共产党领导中国人民进行新民主主义革命的历史必然和伟大意义。

最后，要以明确的情感态度引导学生审视现实问题。教师明确的情感态度和话语表达是引导学生审视现实问题和强化革命文化教育效果的"催化剂"。因此，一方面，教师应当充分以满足学生的"需求和期待"为出发，以"迎着问题讲"的自信底气，在呈现文字资料、展播图像资料的过程中，坚持用情感填补理论、历史、现实、未来之间的"理解空白"。另一方面，还要注重话语阐释的科学性、政治性和引领性，坚持以生动而富有情感的话语，有力引导学生在比较分析中增强不忘"走过的过去"❶ 的历史记忆和"为什么出发"❷ 的身份及方向认同，从而引导"00 后"大学生在理解中国共产党百年初心不渝且使命如磐的前提下，理解个人与集体的辩证关联，又以胸怀"国之大者"的姿态共同实现从中学阶段的"政治认同"向大学阶段的"使命担当"升华，更努力"在实现民族复兴的赛道上奋勇争先"❸。

二、以地方革命文化资源打造革命文化校本课程

合理利用资源是将革命文化的物质层面和制度层面的内涵向精神层面

---

❶ 习近平. 在庆祝中国共产党成立 95 周年大会上的讲话 [N]. 光明日报, 2016 – 07 – 02 (02).
❷ 习近平. 在庆祝中国共产党成立 95 周年大会上的讲话 [N]. 光明日报, 2016 – 07 – 02 (02).
❸ 习近平. 习近平谈治国理政（第 4 卷）[M]. 北京：外文出版社, 2022：273.

转化的应然路径。以地方革命文化资源打造革命文化教育的校本课程不仅有利于丰富高校思想政治理论课的教学内容，而且有利于在小处发力和细处着眼中，从源、根、魂上优化地方文化资源的利用效果，使师生更全面化、多层次、深入性地理解革命文化的价值魅力。❶

（一）注重教育培训，组织专人编写地方革命文化教材

地方革命文化资源的利用程度是决定革命文化校本教材内容丰富与否的先决条件。历史表明，中国共产党为了人民的幸福和民族的复兴，其领导中国人民浴血奋战的"足迹"遍布全国，使革命文化具有鲜明的地域性特征。然而，当前我国思想政治理论课主要是使用国家统编的教材，这些教材具有科学的权威性，但由于内容、篇幅、学时的限制，教材对于不同的地区和层次很难做到"面面俱到"❷，从而使革命文化的地域性特色可融合到高校思想政治理论课程教材中的内容并不多，这在一定程度上影响大学生对革命文化全面而系统的认知。习近平总书记指出，做好高校思想政治工作，要发挥好课堂教学的主渠道作用，"要加快构建中国特色哲学社会科学学科体系和教材体系"❸。

综上可见，加强大学生革命文化教育，除了要运用好高校思想政治理论课的主课程外，还需要以地方革命文化校本课程拓展理性认知。在具体举措上，其首要注重的是应当基于各个学校的办学定位和革命文化的地域性特色，强化教育培训，组织专人编写教材。一方面，要聘请对地方革命文化有一定研究和教育经验的专家进行指导，既重点突出革命文化的开发现状、时代价值、提升空间等内容，又立足当地的优秀传统文化和社会主义先进文化，坚持遵循"用习近平新时代中国特色社会主义思想铸魂育

---

❶ 下述关于革命文化校本课程建设的观点节选自笔者的《革命文化校本建构的时代价值与运行实践》一文。此文已发表于《集美大学学报》（教育科学版）2018年第6期。

❷ 陆勇. 高校思想政治理论课程校本教材的开发与利用 [J]. 扬州大学学报（高教研究版），2009（5）：87.

❸ 习近平. 把思想政治工作贯穿教育教学全过程 开创我国高等教育事业发展新局面 [N]. 光明日报，2016 - 12 - 09（01）.

人,以政治认同、家国情怀、道德修养、法治意识、文化素养为重点"❶ 的原则,科学提炼地方革命文化的地域特色、精神内涵和特殊品质。另一方面,要联合地方各级革命文化研究和管理部门共同挖掘革命文化教育资源。毋庸置疑,除了编写人员的理论、认知和写作水平会限制地方革命文化校本教材的编写质量,对地方革命文化挖掘和整理的情况也会影响教材的编写程度。因此,要坚持贯彻"地方或学校开设的思政课选修课教材,由各地负责组织审定"❷的原则,积极融合当地省市各级革命文化研究和管理部门的合作,系统而全面地加强对当地革命文化资料的挖掘、整理、编写和审核。此外,还要主动顺应教育数字化转型趋势,积极利用数字技术共建资源智库和信息数据库,为扩充革命文化校本课程的教学内容奠定基础。

(二) 加强顶层设计,推进地方革命文化校本课程实施

基于高校思想政治理论课的主渠道作用,高校应注意从顶层设计上着力,以主次分明和机制合理的标准推进地方革命文化校本课程的实施。

第一,要处理好校本课程与主干课程的关系。习近平总书记强调:"要坚持统一性和多样性相统一,落实教学目标、课程设置、教材使用、教学管理等方面的统一要求,又因地制宜、因时制宜、因材施教。"❸ 我国高校思想政治理论课是引导学生形成正确价值观和"为学生一生成长奠定科学的思想基础"❹ 的主渠道,与大学生能否扣好人生的"第一粒扣子"直接相关。为此,不论校本课程如何打造,各大高校都必须牢牢坚持思想政治理论课的主体地位,坚持以思想政治理论课为主干,校本课程为辅

---

❶ 中办国办印发《关于深化新时代学校思想政治理论课改革创新的若干意见》[N]. 光明日报,2019-08-15 (01).

❷ 中办国办印发《关于深化新时代学校思想政治理论课改革创新的若干意见》[N]. 光明日报,2019-08-15 (01).

❸ 习近平. 用新时代中国特色社会主义思想铸魂育人 贯彻党的教育方针落实立德树人根本任务 [N]. 光明日报,2019-03-19 (01).

❹ 习近平. 把思想政治工作贯穿教育教学全过程 开创我国高等教育事业发展新局面 [N]. 光明日报,2016-12-09 (01).

助,形成普遍性与特殊性相统一、全国性与地方性相一致、整体性与局部性相补充的思政课程育人体系。

第二,合理安排课程学时和学分。在保证我国高校思想政治理论课主体地位的基础上,高校教务管理部门和相关院系要根据学生的成长需求,合理安排地方革命文化校本课程的学段、学时和学分。一般而言,地方革命文化校本课程应当针对大学一年级学生开设,因为这一阶段的学生刚开始大学生活,普遍充满感知学校所在地历史文化的学习兴趣。此外,在学时和学分安排上,可设置成必修课,并保证至少15—20学时的教学时间。在课堂组织上,为了便于教学管理,可设置60人左右的小班,以小班化教学的模式进行教学。

第三,科学设置课程的评价机制。一方面,应当注意对教学目的和实际成效的评价。地方革命文化校本课程的创设是为了补充和拓展高校思想政治理论课,因此,在教学实效的评价上,要注意其并不仅仅是以地方革命历史知识的传播为目标,而应当落脚于大学生对革命文化和中国共产党领导的情感认同,以及理论和政治素养提升的综合考量。另一方面,要落实好教学反馈机制。由于受资源挖掘有限、学生成长需求不同、教学环境多元等多方面因素的影响,地方革命文化校本课程在教学过程中,难免在教材与教法上存在问题。针对这些问题,高校教务管理部门和相关院系要以合理的教学反馈机制,及时收集问题,积极组织课程相关人员进行研讨、调整和改进。

(三) 改进教学方法,丰富学生对革命文化的理性认知

以地方革命文化资源提升学生对革命文化的理性认知还需要在方式方法上加以改进。具体而论,一是要坚持以学生为本。积极发挥学生的主体性作用,在课堂上积极采取灵活多样的方式方法,如讨论式、演讲式、辩论式,以及与各地方革命文化相关的影视、音乐、诗词等内容的艺术欣赏式,以达到寓教于乐地传播地方革命文化的功效。研究生班级还可以以现场教学和调研的形式进行,由此强化学生主动探究地方革命文化的科研意

识。二是要坚持以教师为主导。革命文化校本课程的主要功能在于通过讲授各地革命文化的形成和发展的历史，提升师生对当地革命文化的认知度和亲近感，以此促发师生在行程较短、交通便利的前提下能够自行组织前往各爱国主义教育基地进行实地参观、学习和考察。这意味着我们在重视课堂教学实效的前提下，还要坚持以"创新课堂教学，给学生深刻的学习体验"❶为宗旨，坚持教师的主导性价值，坚持针对普遍存在的"走过场""看热闹""抄报告"的问题，积极创新实践教学法。具体方法上，可根据学生的专业、层次、年级等情况，引导学生分好小组，帮助学生确立地方革命文化调研的主题，并形成问卷、做好报告。此外，还可基于革命文化教育数字化转型的趋向，利用好地方革命文化线上数字资源，既引导学生在线感知地方革命文化历史资源，又切实以此达成契合"00后"大学生网络化生活状态和满足其科技化体验的心理，以及增强实践课程新鲜感的目标。在此基础上，授课教师还要坚持问题导向，及时加强引导教育和升华情感认同，从而让学生在切身体验中真正领略当地革命文化的历史和当下，使革命文化教育的内容在落细、落小、落实中入耳、入脑、入心。

三、以"课程思政"引导大学生确立革命文化的价值自觉

习近平总书记明确指出，加强新时代高校思想政治工作，除了要推动思想政治理论改革创新，其他各门课"都要守好一段渠、种好责任田，使各类课程与思想政治理论课同向同行，形成协同效应"❷。可见，加强新时代新征程大学生革命文化教育的实践成效，不仅要发挥"思政课程"的"显功"，而且还需要练好"课程思政"的"潜功"。

---

❶ 习近平. 用新时代中国特色社会主义思想铸魂育人 贯彻党的教育方针落实立德树人根本任务［N］. 光明日报，2019–03–19（01）.
❷ 习近平. 把思想政治工作贯穿教育教学全过程 开创我国高等教育事业发展新局面［N］. 光明日报，2016–12–09（01）.

（一）挖掘"课程思政"内容本身的革命文化教育元素

"课程思政"蕴含丰富的"隐性思政"元素。在教学内容上，高校"课程思政"既包括必修的专业课、通识课、公共基础课，又涵盖许多需要学生选修的人文学科和自然学科的课程。这些课程一般是在遵循学科建设规范和按照教学大纲要求的基础上设置，基本蕴含着拓展知识、提升技能和引领价值的功能。换言之，"课程思政"本身所蕴含的"隐性思政"的元素"犹如一座隐藏在海面之下的巨大冰川，虽然深藏不露，但却雄伟壮观，可供开发和利用的前景十分广阔"❶，这其中就包括诸多革命文化教育的元素。因此，我们应当用科学的方法，有力挖掘"课程思政"中革命文化的教育元素。

首先，要增强教师对革命文化的理性认知。习近平总书记指出："培养社会主义建设者和接班人，迫切需要我们的教师既精通专业知识、做好'经师'，又涵养德行、成为'人师'，努力做精于'传道授业解惑'的'经师'和'人师'的统一者。"❷ 然而，当前由于受市场经济的功利化和历史虚无主义等错误社会思潮的影响，加之一些高校以"就业率"为标准的办学考核机制的施行，使部分教师不仅自身的理想信念和政治意识不强，而且对革命文化的价值认知存在严重偏差。为此，各二级学院要经常有针对性地组织和引导教师加强对马克思主义经典论著、百年党史教育、习近平新时代中国特色社会主义思想、中国共产党人精神谱系和红色基因等内容的学习，要不断提升专业、通识和公共基础等课程教师的马克思主义理论素养、历史思维和政治意识。

其次，要形成协同备课机制。马克思主义学院要与各二级学院合作，选派思想政治理论课教师融入其他学院的各类专业课、通识课、公共基础

---

❶ 巩茹敏，林铁松. 课程思政：隐性思想政治教育的新形态［J］. 教学与研究，2019（6）：45–46.

❷ 习近平. 坚持党的领导传承红色基因扎根中国大地 走出一条建设中国特色世界一流大学新路［N］. 光明日报，2022–04–26（01）.

课、选修课备课小组或教研室。在备课过程中，要加强交流互助，从坚持理想信念、爱国主义、奋斗精神、创新意志、初心使命、历史主动精神等维度，共同挖掘"课程思政"中的革命文化教育元素。

最后，要注重教学的方式方法。教师要注重在"课程思政"教学过程中，以"课程"为支撑，以"思政"为方向，保证革命文化教育元素的灵活运用。要坚持强调革命精神谱系教育，使学生在明确专业之"术"的基础上，深化对革命精神之"道"的价值肯定。比如，在音乐学专业课程中教师可充分运用红色经典歌曲，既注重从专业教学的角度进行理论知识和专业能力的培养，又要在讲好革命故事中说明红色歌曲的创造背景、革命精神和情感意志。

（二）将地方革命文化资源融入"课程思政"教学内容

将地方革命文化资源融入"课程思政"，可从专业学习的角度增强大学生继承与创新革命文化的使命感。历史反复证明，一切立志成才的大学生都会将自己对事业与梦想的追求系于国家与民族的发展，而且作为未来建设者，"当他们拥抱未来的同时，也自然且必须自觉地承担文化传承与创新的使命"❶。高校思想政治理论课和专业课分别承担着"使人成为人"和"使人成为某种人"❷的任务。其中，作为"课程思政"构成主体的专业课，既蕴含着大学生通过专业学习"拥抱未来"的理想追求，又能让大学生切实掌握"承担文化传承与创新"使命的技术和本领，从而使大学生真正成为具有专业技能的人才。因此，将地方革命文化资源融入"课程思政"教学内容，有利于从微观上着力，引导学生在便于见、闻、感、悟的文化体验中，更加明确专业学习的现实意义，继而增强传承和弘扬革命文化的使命感。

在具体举措上：一方面，教师要认真做好理论和政策阐释。在这一过

---

❶ 杨建义. 大学生文化认同与价值引领［M］. 北京：社会科学文献出版社，2016：72.
❷ 陈秉公. 认准课程定位，掌握思政课教学规律［J］. 福建师范大学学报（哲学社会科学版），2019（4）：27.

程中，教师不仅要从学理上使学生明晰所学专业与传承创新革命文化的辩证关联及其价值意蕴，而且要向学生阐明地方革命文化的重要价值、利用现状，以及国家和各地方政府关于革命文化传承与保护的政策方针，尤其要说清运用所学专业传承与创新革命文化的事业发展空间，由此激发学生对传承与弘扬革命文化的价值兴趣和使命认同。另一方面，教师可通过地方革命文化的物质、制度和精神等层面的元素提升学生的专业素养。教师要在认真讲好地方革命故事的基础上，既指导学生汲取理想信念、奋斗精神、创新意识、实干品质、历史主动等精神养分，又要求学生运用专业技能大胆尝试对地方革命文化传承与创新。例如，在文史或艺术类专业课上，教师可充分立足"00后"大学生具有较强个体理性意识，以及乐于躬身体验和富有创新意识的实践心理，引导他们从切身可见、可知、可感的地方革命文化中汲取创作元素，形成文艺或影视作品，进而激活他们将专业学习与传承革命文化的使命有机融合的现实成就感，更要注重及时鼓励和肯定，以此增强学生继承和弘扬革命文化的价值选择与使命自觉。

（三）以"项目教学法"强化学生对革命文化的价值自觉

以"课程思政"加强大学生革命文化教育还需在教学方式方法上进行突破与创新。习近平总书记强调："梦想从学习开始，事业从实践起步。"❶ 以"项目教学法"的实践性特征发掘"课程思政"的隐性功能，是贯通革命文化理论学习与专业实践的重要桥梁。

"项目教学法"是20世纪初期，由美国改革教育学派提出的一个概念，指教师立足课程教学目标，依托各种项目对学生进行教学，以此达到提升学生解决问题能力、增强精神意志和强化专业道德素养的教学目的。❷ 在"课程思政"中利用"项目教学法"加强革命文化教育，可依托两种类型的项目加以推进。一是比赛项目。教师可引导学生积极申报各种级别的

---

❶ 习近平. 脚踏着祖国大地胸怀着人民期盼 书写无愧于时代人民历史的绚丽篇章 [N]. 光明日报, 2013-10-22（01）.

❷ 任平. 现代教育学概论 [M]. 广州：暨南大学出版社，2013：236.

革命文化专业竞赛项目。比如"青年红色筑梦之旅""革命故事征文大赛""全国大学生红色旅游创意策划大赛""大学生红色VR创作大赛""大学生红色动漫创作大赛""大学生革命题材摄影作品及微视频创作大赛""大学生红色家风家训诵读大赛",等等。在引导学生申报后,教师要注意做到以比赛项目为依托,坚持学生的主体性地位为原则,不仅注重在课程教学过程中对学生进行专业技能的教育与培养,而且更要在和学生一起发现问题和解决问题的过程中,共同强化对革命历史、革命理论的学习,尤其要注意在备赛过程中积极以革命精神引导和激励学生。二是科研项目。科研育人是"十大"育人体系的重要内容之一。各大高校可通过校企合作的方式,承接有利于革命文化产业化发展的各类科研项目,要从制度保障上要求教师在完成科研项目的过程中积极加强对学生的教育与引导。例如,可依托旅游管理、风景园林、动漫制作、艺术设计、体育康养、计算机等专业,在推进各地革命文化旅游产业、动漫产业、工艺品制造业等传承与发展的基础上,培育一大批能以革命文化的传承和发展为事业,并能坚定理想信念的高素质应用型人才,真正以"课程思政"的隐性功能,使学生在理论学习与专业实践的统一中,实现对革命文化的价值认同。

第二节　创设革命文化教育"多样式"实践平台

实践活动是人们"证明自己思维的真理性"❶,以及强化感悟和增长经验的重要方式。习近平总书记多次强调,广大青年既多读"有字之书",也多读"无字之书",要"注重在实践中学真知、悟真谛,加强磨练、增长本领"❷。这就意味着我们除了要运用"思政课程"和"课程思政"的教学活动加强大学生革命文化教育,还应当积极创设形式多样的实践育

---

❶　马克思恩格斯文集（第1卷）[M]. 北京：人民出版社,2009：500.
❷　习近平. 紧跟时代肩负使命锐意进取　为共同理想和目标团结奋斗[N]. 光明日报,2016-04-30（01）.

人平台，努力以丰富的实践活动，既进一步帮助学生验证和强化他们自身对革命文化的理性认知，又在充分满足"00后"大学生渴望实践性体验的基础上，为促进学生最终养成弘扬革命文化的行为习惯奠定先验性基础。

一、丰富校园文化活动，打造革命文化育人品牌

校园文化活动是一种以学生为主体，校园空间为平台，通过互动、引导、渗透和传承等育人活动，达到"以文化人"之目的的教育方式。习近平总书记指出，注重"以文化人""以文育人"要"广泛开展文明校园创建，开展形式多样、健康向上、格调高雅的校园文化活动"❶。可见，新时代新征程上加强大学生革命文化教育，还应当通过丰富的校园文化活动，在"显"与"隐"的有机统一中打造高校革命文化育人品牌。

其一，优化校园文化环境。苏联著名教育家苏霍姆林斯基曾强调："用环境、用学生自己创造的周围情景、用丰富集体精神生活的一切东西进行教育，这是教育过程中最微妙的领域之一。"❷可见，校园环境具有潜移默化和增强活动成效的育人价值，是丰富校园活动和打造高校革命文化育人品牌的重要基础，我们应当积极从打造大学生革命文化教育的校园环境上着力，做好设施建设规划，一方面要宏观把握全国革命文化的发展态势，明确热点主题和政治诉求，以此把好育人方向和建设原则。另一方面要从微观着眼，积极联合并引导当地各有关部门及相关人员同向同行，共同将地方革命文化资源纳入校园文化建设之中。要在校园醒目位置建立革命文化教育宣传栏、雕像群、浮雕墙、文化长廊等建筑设施。此外，还要注意加强对这些物质性场景的宣传教育，实现"创环境"与"立精神"的有机融合。

其二，开展主题教育活动。对个体的成长而言，人的教育活动的对象

---

❶ 习近平. 把思想政治工作贯穿教育教学全过程 开创我国高等教育事业发展新局面 [N]. 光明日报，2016 – 12 – 09（01）.

❷ [苏] 苏霍姆林斯基. 帕夫雷什中学 [M]. 赵玮，等译. 北京：教育科学出版社，1983：253.

性体验,"不仅是认识的基础,而且成为生命过程本身的要素"❶,实践体验是人的成长的本质诉求。因此,在新时代大学生革命文化教育过程中,要注重在立足学生成长需要和课程教育的基础上,积极开展与革命文化相关的主题活动。具体而言,一是可结合特殊年份、节日或者国家倡议的各种主题活动加以推进。法国著名历史学家莫娜·奥祖夫通过研究法国大革命时期的历史,表明革命节日的设立与推行,对于强化人们对革命历史的感知,以及对爱国主义等伟大革命精神的缅怀,都具有重要的意义,因为在革命节日中,那些用于瞻仰和崇敬的革命英雄都会变成公共财产,人们也都会因共同的缅怀、列队、赞颂、默哀、献花、祭奠、讴歌等行动而生成共同的意志,那些孤独的行动个体也会在融入集体性活动后而构成有组织的共同体,这都使人们的"私人承诺被赋予公共性,公共承诺被赋予庄重性,其中还有一种对超越的追求"❷。因此,我们可充分利用革命领袖的诞辰日、"五四运动"、长征胜利、抗日战争胜利、"一二·九"运动、新中国成立、建党等革命和国家大事记的周年纪念日,或者"不忘初心、牢记使命"等主题,设置活动内容,并且通过班会、演讲比赛、征文比赛、微视频制作比赛,以及"三下乡"、师生党日活动、班级团日活动、红色动漫创作比赛、快闪、网络拉歌、"红色家书,经典诵读"等青年学生喜闻乐见的活动,在有效引导和潜移默化中强化大学生对革命精神的认同。二是利用地方革命文化资源,增强主题活动的体验特色。在革命文化校本课程教学的基础上,可由高校团委学工部门牵头,各二级学院协同,积极融合大学校训精神,打造以地方革命文化风采展示为主题,师生共同参与的地方红色故事宣讲比赛、红色家训诵读比赛、摄影大赛、地方红歌创作比赛、歌唱比赛、舞台剧或者网络微剧等活动。由此,以线上与线下的有机统一,使学生在丰富的校园文化活动中升华对革命文化情理认知的真实体验。

---

❶ [德] 伽达默尔. 真理与方法 [M]. 洪汉鼎,译. 上海:上海译文出版社,1994:89.
❷ [法] 莫娜·奥祖夫. 革命节日 [M]. 刘北成,译. 北京:商务印书馆,2012:20.

二、创建各类活动组织,提升革命文化育人实效

作为新时代我国高校的"十大"育人体系之一,组织育人是"以立德树人为根本任务,通过各级各类高校组织开展思想政治工作,达到育人的目标"❶的一种教育方式。在功效上,组织育人能够通过组织管理、朋辈教育、活动引导等形式教育大学生成为德智体美劳全面发展的时代新人。因此,各大高校要积极创建与革命文化教育相关的校园组织。譬如,"地方革命历史故事宣讲团""革命文化话剧社""经典红歌传唱团""红色家风研习会""青年马克思主义协会""马克思主义经典著作读书社""习近平新时代中国特色社会主义思想研习会"等涵盖革命理论、革命政策、革命故事、革命文艺和革命精神等内容的各级各类组织。在组织的管理与活动上主要可从如下三个方面着力。

首先,要保证学生的主体性地位。马克思说人既是特殊的个体,也是"被思考和被感知的社会的自为的主体存在"❷。可见,发挥革命文化组织育人功能,要在教师组织引导的基础上,坚决突出学生自主学习、参与、发展的主体性地位,要积极利用师生互动、朋辈交流的方式,既满足学生人际交往、个性发展和自我实现的需要,又引导学生在精神成长上,不断化被动为主动,切实在各类组织和各种活动中积极学习革命理论、聆听革命故事、认知革命制度、升华革命精神。

其次,要保证社团组织的政治属性。习近平总书记指出:"我们的高校是党领导下的高校,是中国特色社会主义高校。"❸ 因此,革命文化各级社团组织应当以培养堪担民族复兴大任的时代新人为价值追求,围绕立德树人根本任务,保证革命文化组织育人和各类活动的意识形态性和思想引领性,要坚持以保证教育内容历史性和教育目的政治性的有机统一,使各

---

❶ 项久雨,王依依. 高校组织育人:价值、目标与路径[J]. 思想教育研究,2019(5):115.
❷ 马克思恩格斯文集(第1卷)[M]. 北京:人民出版社,2009:188.
❸ 习近平. 把思想政治工作贯穿教育教学全过程 开创我国高等教育事业发展新局面[N]. 光明日报,2016-12-09(01).

类组织及其活动均是在正确的政治方向的引领下开展推进。

最后，要提升高校组织的耦合程度。当前，我国高校各类社团组织普遍是以校、院、系、班级为平台进行创设，各组织之间的线性关联和互动交流并不频繁，组织联系不够紧密，社团核心的功效作用力不强。因此，各高校要在保证革命文化社团组织政治属性的基础上，不仅加强社团在革命文化各组织中的核心作用，而且还要实现各组织之间的合作与交流，以此既提升高校各学生组织之间的耦合性，又真正达到在有效的朋辈交流和活动体验中引导学生感知革命文化的时代魅力。

三、打造红色研学精品，强化革命文化精神体验

实践证明，红色旅游是"00后"大学生比较乐于接受的一种学习革命文化的活动方式。2013年，国务院印发了《国民旅游休闲纲要（2013—2020年）》，提出"逐步推行中小学研学旅行"❶，使这种以中小学生为主体，集教育性、公益性和协同性于一体的活动形式成为实践教育的新兴热点，这其中包括红色研学旅游活动。对此，我们应当明确的是这一政策推行的时候，新时代的"00后"大学生还基本处于中小学阶段，他们中有不少人伴随着研学活动而成长。因此，基于"三全育人"理念和新时代"00后"大学生的成长特征，改变学生自发旅游的娱乐化和碎片化体验，坚持利用节假日，组织学生社团或班级，打造以革命文化为主题的研学精品，进而形成"小学起步、中学做强、大学做精"的一体化文化产业，是新时代新征程大学生革命文化教育的发展诉求。这具体可从两个方面加以推进。

第一，在把准政治方向中讲好革命故事。习近平总书记指出，发展红色旅游要把准方向，核心是进行红色教育、传承红色基因。❷ 红色研学旅

---

❶ 国务院办公厅关于印发国民旅游休闲纲要（2013—2020年）的通知［EB/OL］.（2013-02-18）［2017-08-21］. http：//www.gov.cn/zwgk/2013-02/18/content_2333544.htm.

❷ 潘铎印. 擦亮红色旅游底色增强红色旅游软实力［N］. 中国旅游报，2017-07-03（03）.

行，其特点是"红色"，关键在"研学"。把准政治方向是坚持"红色"的根本保障，讲好革命故事是开展"研学"的主要方法，但方向决定内容。因此，一方面要有效利用语言符号。马克思说"观念不能离开语言而存在"❶，语言符号是进行革命文化教育、传承红色基因不可或缺的传播媒介，所以要在话语价值与人的价值的统一中，不仅考虑话语表达的政治性，而且要融合对当代大学生发展需要的现实关怀，做到从社会热点、现实生活、网络世界中提炼新鲜话语，使革命故事以更贴近新时代大学生生活实际的话语方式被大学生所感知和接受。另一方面要广泛运用现代数字技术。习近平总书记强调："革命博物馆、纪念馆、党史馆、烈士陵园等是党和国家红色基因库。要讲好党的故事、革命的故事、根据地的故事、英雄和烈士的故事，加强革命传统教育、爱国主义教育、青少年思想道德教育，把红色基因传承好，确保红色江山永不变色。"❷ 因此，以科学的方法讲好中国革命故事，是用好革命遗址遗迹和激活红色基因的重要前提。然而，如前文所述，由于受管理条件和科技运用水平的制约，当前红色研学旅行仍主要是以参观为主，这易使已习惯于动感视听体验的新时代"00后"大学生因为缺乏视听刺激而陷入"走马观花"的境地。为此，要广泛运用 VR 体验馆、数字化主题展览馆、扫码导游、720 全景云平台、语音讲解等现代数字技术，"对革命文物进行全景式、立体式、延伸式展示宣传"❸，在图、文、物、声、影、光、电的统一中，全方位、多角度、更全面地引导学生以智能化身临其境的视听体验感知革命精神的价值魅力，达到以研促学、以学促思、以思生情、以情固志的教育效果。

第二，在强化活动体验中提升教育实效。一是要打造红色研学精品化路线。利用各地红色资源优势，打造诸如"重走长征路""重走抗联路"

---

❶ 马克思恩格斯文集（第 8 卷）[M]．北京：人民出版社，2009：57．
❷ 习近平．坚定信心埋头苦干奋勇争先 谱写新时代中原更加出彩的绚丽篇章 [N]．光明日报，2019 - 09 - 19（01）．
❸ 中华人民共和国国务院新闻办公室．关于实施革命文物保护利用工程（2018—2022 年）的意见 [EB/OL]．(2018 - 07 - 29) [2018 - 08 - 21]．http：//www.scio.gov.cn/XWfbh/xwbfbh/wqfbh/37601/38768/xgzc38774/Document/1634841/1634841.htm．

"重走解放路"等精品路线。在这一过程中注重理论、历史与现实教育的有机统一,通过革命遗址遗物、仿真革命场景与声像图文的系统融合,让学生在聆听红色故事、感悟革命精神的同时,又领略祖国秀美的山水和美好的生活,使学生切身实际地认识到初心与使命的历史和现实意义,达到以"形神并举"强化"知行合一"的教育效果。二是要组织开展以"感知革命遗物遗迹"为主题的相关活动。革命战争时期的遗址、遗迹、遗物均是革命文化的物质形态,深刻凝结着革命英雄作为一个普通人的父爱如山、母慈子孝、兄友弟恭、儿女情长和家国情怀。在红色研学旅行中,通过组织学生以走出校园的形式,主动感知我国革命战争时代的遗物遗迹,既能为调研学习收集和整理革命历史素材,又能使学生在走访革命老英雄、诵读革命家训、学习红色家书、领略红色家风、听取革命老物件里隐藏的革命故事的过程中,真切体悟革命英雄平凡的亲情、友情、爱情,还有伟大的理想、坚定的信念、顽强的意志等革命精神,真正在见微知著中达到感知历史真相、走进英雄内心、认同革命精神的教育目的。三是要通过加强引导来提升效果。大学生红色研学精品的活动目标就是在衔接中小学相关研学活动的基础上,进一步从体验式、感悟式和研究式的方法着力实现知行合一。为此,教育组织者要在学生聆听、游览、参与、调研、体验等主题活动的基础上,适时引导学生开展总结交流活动,以此强化理论认知、阐述学习感悟、提升情感认同、增强文化自信,实现在活用教育形式中达到升华精神体验和实现知行合一的育人实效。

四、开展志愿服务活动,激发学生自觉践行意识

因为社会实践对人的精神品质的塑造并不能一次完成,大学生对革命精神的价值选择必须经过多次反复的实践检验才能最终实现。积极将革命文化教育融入志愿服务活动,有助于引导大学生将自己"摆进"新时代新征程发展格局的新境遇之中,真正达到以"身入"促"心至",以"心至"引"情生"。由此,在躬身力行中,既引导大学生强化对革命精神的感知,又帮助他们升华对时代责任的担当意识。

（一）将革命文化教育融入支教志愿活动

支教是大学生将"青春梦"与"中国梦"融为一体、积极践行初心和使命的志愿活动方式之一。将革命文化融入大学生支教志愿服务活动这种真实的实践情境中，有利于在"教育"和"自教"的统一中强化大学生对革命文化的价值选择。换言之，不论在国家政府机构组织还是在民间自发组织的支教志愿服务活动，我们都应当注重从三个层面将革命文化元素融入支教活动。

首先，加强组织引导，将革命文化融入支教志愿活动培训系统。习近平总书记指出，积极传承和弘扬中华文化，可以"为实现第二个百年奋斗目标、实现中华民族伟大复兴的中国梦提供强大的价值引导力、文化凝聚力、精神推动力"❶。因此，将包括革命文化在内的中华文化进行多方位宣传教育，是新时代新征程上各大高校落实立德树人根本任务的重要工作之一。鉴于此，高校应在党委全面领导下，既利用好课堂教学的传播阵地，又在网络平台和各类校园活动中，尤其是诸如"大学生志愿服务西部计划""三支一扶""扶贫接力计划"等项目的宣传中，加强对支教志愿活动的宣传引导。在此基础上，相关组织部门要在岗前培训中，积极灌输"以文化人"教育理念，科学弘扬包括革命文化在内的"三大文化"，即不仅要强调继承革命文化的现实意义，而且须明确要求新时代大学生志愿者既要"努力成为先进思想文化的传播者、党执政的坚定支持者"❷，又要努力做好角色转换，认真以教师身份在备课和教学过程中积极研读"三大文化"的相关知识，切实做到将革命文化元素有机融入备课活动，坚持以坚定文化自信自强和秉承历史主动的态度，科学阐释革命文化在"三大文化"中的重要地位，由此主动讲好中国革命故事。

其次，优化教育管理，以革命文化教育打造志愿服务品牌。在支教活

---

❶ 习近平. 习近平谈治国理政（第4卷）[M]. 北京：外文出版社，2022：320-321.

❷ 习近平. 把思想政治工作贯穿教育教学全过程 开创我国高等教育事业发展新局面 [N]. 光明日报，2016-12-09（01）.

动过程中，要配齐实践导师，要求实践导师适时加强教育管理，一方面，要坚持将大学生志愿者作为"明道""信道"和"传道"的未来人民教师，既积极加强理论指导、教学技能和管理技巧等方面的教育，又充分结合新时代"00 后"大学生的成长特征，认真组织大学生志愿者秉承"'大脚掌'精神"❶，坚持立足支教当地革命文化资源特色，共同调查、收集和整理当地革命历史故事，并在讲好当地革命历史故事中弘扬革命文化，以此铸就支教志愿服务品牌特色。另一方面，实践带队导师还要注意把大学生志愿者作为正在成长的青年一代，要正确对待他们在活动过程中出现的各种负能量情绪，及时以包括革命精神在内的各种正能量的"营养剂"加以引导，培养和强化其坚定理想信念、自我教育反思和选择精神价值的思维能力。

最后，引导报告撰写，总结革命文化的精神价值。因为"作为一个积极的、严格的和分析性的过程，反思过程对学习质量是很关键的"❷，所以在支教志愿活动结束之际，实践导师要在强调其他教育元素的基础上，还基于革命文化教育志愿服务品牌，及时引导大学生志愿者完成活动报告的撰写。在这一过程中，既要求学生以教师的身份阐明革命文化在支教活动过程中的价值，又要求以大学生的身份说清革命精神对自身成长的意义。由此，引导大学生志愿者在交流中实现对革命文化的情感共鸣、精神共振和信仰共通。

（二）将革命文化教育融入"助力革命老区振兴发展"志愿活动

革命老区是满载中国共产党和人民鱼水之情的红色土地，也是实现中国式现代化的基础支撑。党的十八大以来，习近平总书记多次走访革命老区，坚决强调："现在国家发展了，人民生活改善了，我们要饮水思源，

---

❶ 张针铭，胡亚琳. 大学生支教志愿服务活动的若干思考［J］. 思想教育研究，2016（7）：106.

❷ 董杰. 思想政治教育情境论［M］. 武汉：湖北人民出版社，2013：133.

不能忘记革命先辈、革命先烈，不能忘记革命老区的父老乡亲。"❶ 这一论断既充分彰显了党的初心与使命，又明确表明了助力革命老区振兴发展、实现共同富裕是全面建成小康社会的重要一环。不仅如此，习近平总书记在给走进革命老区，完成"青年红色筑梦之旅"的大学生回信时还强调："实现全面建成小康社会奋斗目标，实现社会主义现代化，实现中华民族伟大复兴，需要一批又一批德才兼备的有为人才为之奋斗。"❷ 由此可见，积极宣传、组织开展和教育引导大学生加入"助力革命老区振兴发展"志愿活动，并坚持将革命文化教育贯通始终，对帮助学生强化革命精神感悟，以及助力乡村振兴和全面建设中国特色社会主义现代化强国等，均具有重要的现实意义。在具体举措上，可从如下两个方面着力。

第一，要弘扬革命精神以"扶志"。由于地理位置、自然人文和社会经济等因素的制约，我国革命老区长期发展滞后，特别是老区农村贫困人口较多，党和政府长期的"供血式"扶贫，使不少老区人民既养成"等靠要"的思维定式，又对自身奋斗能力和区域发展潜能缺乏信心。马克思认为，精神之于物质具有重要的能动性，所以"扶志"是"扶贫"的首要准备。不仅如此，"正是在改造对象世界的过程中，人才真正地证明自己是类存在物"❸，这说明在为革命老区人民"扶志"的过程中，大学生志愿者的社会认知和精神意志也将得以升华，这是辩证统一的过程。因此，正如习近平总书记所指出："红军后代、革命烈士家属传承革命精神有说服力和感染力，要把先辈们的英雄故事讲给大家听，讲给年青一代听，激励人们坚定不移跟党走，为实现美好生活而奋斗。"❹ 因此，要积极组织革命老区的红军后代、革命烈士家属为大学生讲好革命故事。在此基础上，还要

---

❶ 习近平. 贯彻新发展理念推动高质量发展 奋力开创中部地区崛起新局面[N]. 人民日报，2019-05-23（01）.
❷ 习近平. 习近平总书记给第三届中国"互联网+"大学生创新创业大赛"青年红色筑梦之旅"的大学生的回信[N]. 人民日报，2017-08-16（01）.
❸ 马克思恩格斯文集（第1卷）[M]. 北京：人民出版社，2009：163.
❹ 习近平. 坚定信心埋头苦干奋勇争先 谱写新时代中原更加出彩的绚丽篇章[N]. 光明日报，2019-09-19（01）.

坚持引导大学生志愿者做好革命精神的弘扬者，要让学生在了解当地话语特色的基础上，协助地方政府，坚持以接地气的话语，或是通过开展乡村联欢会，或是以充满亲和力的聊天方式，讲好中国革命故事，尤其是当地的革命历史故事。在这一过程中，一方面，要引导学生注重阐释好革命故事中自力更生、顽强拼搏、不畏艰难、团结一致、持之以恒等革命精神；另一方面，还应当引导学生充分结合 2021 年中共中央、国务院颁布的《国务院关于新时代支持革命老区振兴发展的意见》，宣讲好新时代国家推进革命老区实现现代化振兴发展的政策，不仅要引导大学生明确"全面建设社会主义现代化国家，最艰巨最繁重的任务仍然在农村"❶ 的现实境况，而且要切实帮助广大革命老区人民在构建现代化振兴发展愿景的基础上欣然将革命精神化为团结奋进的动力基因。此举也能使大学生在志愿服务过程中深化对革命文化现实意义的感知和时代价值的认同。

第二，用好革命文化资源以"扶贫"。人的实践是人之于客观存在的对象性活动，其既蕴含着"把人对自身的关系理解为对异己存在物的关系"❷ 的价值本质，又是人们将自己的主观意识作用于客观对象，并在改造客观对象的过程中改造自身主观世界的过程。因此，要充分利用革命老区丰富的资源禀赋，以及新时代"00 后"大学生善于自主学习和富有创新精神的品质特征，积极引导他们提升研究和实践能力，做到以所学知识，科学激活当地革命文化资源的自我"造血"功能。比如，可引导他们积极加入当地革命文化产业体系建设项目，不仅以所学知识改造革命老区生态环境，而且共同整合资源打造成"互联网+红""红+绿""红+农""红+民俗""红+非遗""红+餐饮"等线上线下体验式的旅游精品，以及创设各种彰显当地革命文化资源特色的文化创意产品，等等。这些志愿活动不仅能使革命老区在实现脱贫后，从源头上根除"等靠要"的"供血"状态，而且能使这些"00 后"大学生在以所学所知帮助革命老区变"短板"

---

❶ 习近平. 全面推进乡村振兴 为实现农业农村现代化而不懈奋斗［N］. 光明日报，2022 - 10 - 29（01）.

❷ 马克思恩格斯文集（第 1 卷）［M］. 北京：人民出版社，2009：217.

为"长项",化"革命之红"为"发展之红"的客观对象性改造活动中,促进自身主观世界中劳动意识、奋斗精神、责任担当、自信心理和理想信念的生成与坚定。

(三)将革命文化教育融入社区志愿活动

相较其他志愿活动,社区志愿活动的组织难度更低,可引导学生参与的普及面更大,也更易于各大高校组织推广。将革命文化教育融入社区志愿活动,既是强化大学生社会主义核心价值观教育,又是助力"提高人民思想觉悟、道德水平、文明素养"❶的有益方式。

在具体实践上,一方面,社区志愿活动要强化目标引导。当前,我国大学生社区志愿服务活动的开展,多是依托于党团活动或青年志愿者协会来进行,活动往往重形式设置而轻内容关切。约翰·杜威曾指出,在教育活动中"探索是一种受到控制或指导的转化,它把一种不确定的情境转化成一种确定的情境"❷,从而可帮助学生理解自身的行动在情境活动中的意义。由此可见,为了提升新时代新征程革命文化教育融入社区志愿活动的实效性,我们应当合理借鉴美国社区志愿活动的"服务—学习"❸理论,坚持通过课堂主渠道讲好志愿精神,再以服务培训会、社区座谈会、开设"志愿服务课"等方式,向学生表明"学习促服务,服务强学习"的理念。在这一过程中,要注重强化目标引导,因为"目标愈明确,人们对目标的记忆会愈清晰"❹,所以要以目标为导向,客观引导学生以对社区志愿服务情境探索的"先验性",领悟弘扬革命文化之于学生自身、社区人民和国家发展的现实意义。

---

❶ 习近平. 决胜全面建成小康社会 夺取新时代中国特色社会主义伟大胜利——在中国共产党第十九次全国代表大会上的报告[M]. 北京:人民出版社,2017:42.

❷ [美]约翰·杜威. 民主主义与教育[M]. 王承绪,译. 北京:人民教育出版社,2001:169.

❸ "服务—学习"理论,是20世纪80年代中后期在美国兴起的一种教育理论,其糅合约翰·杜威的"经验学习理论"和艾伯特·班杜拉的"社会学习理论"而成,旨在培养学生的品格、技能、认知和责任能力。

❹ [美]埃里克·霍弗. 狂热分子——群众运动圣经[M]. 梁永安,译. 桂林:广西师范大学出版社,2011:252.

另一方面，社区志愿活动要创新活动方式。组织者不仅要坚持保留传统教育中的科学方法，继续推进诸如以革命文化改造社区面貌、宣讲革命历史故事、关爱革命老兵、开展红色助学等仍具有现实意义的活动形式，而且要基于新时代新征程格局下的新形势，尤其是新时代"00 后"大学生的成长特征和体验需求，积极创新活动形式。比如，可借鉴法国、英国、西班牙等国为了纪念"法国大革命""光荣革命""世界反法西斯战争胜利"等革命历史，而时常以极具象征意义的仪式活动推进对革命历史和爱国主义教育的模式，引导学生在志愿参与全国性仪式化活动中感悟革命精神。此外，还可让学生协助社区管理中心完善革命文化融合媒体平台建设、"红歌快闪进社区"、红色歌舞剧会演、红色文创产品展览、红色家风家训宣讲等活动，使革命文化教育元素不仅"上网""养眼""悦耳"，而且"入户""入脑""入心"，也进一步使新时代大学生在社区服务这个"社会大课堂"中以革命文化增能力、育品德、明初心、强使命、立信仰。

第三节　构建革命文化教育"常态化"发展模式

马克思主义认识论表明，个体的行为习惯是人们在行为倾向的重复驱动下，通过反复的实践活动而形成的"行为动力定型"❶（见图 6-2）。任何个体的行为习惯都蕴含着其性格和素质。黑格尔曾强调："一个人做了这样或那样一件合乎伦理的事，还不能说他是有德的；只有当这种行为方式成为他性格中的固定要素时，他才可以说是有德的。"❷ 可见，行为习惯是最能从本质上验证思想政治教育实效性的重要维度。因此，加强新时代新征程大学生革命文化教育，我们还应当坚持"习惯养成"和"终身教育"的理念，积极融合家庭、学校、政府和社会各界力量，将学校"主渠

---

❶ 高兆明. 论习惯 [J]. 哲学研究，2011 (5): 66.
❷ [德] 黑格尔. 法哲学原理 [M]. 范扬，张企泰，译. 北京：商务印书馆，1982: 170.

道"和"主阵地"向影响大学生日常生活、未来职业生涯和社会生活的各场域延伸,以革命文化教育的长期性和常态化推进,促成大学生对革命文化理性认知、价值认同和自信实干等意识和行为的终身化发展,从而使革命文化之"盐"始终融在滋养大学生一生成长的生命之"汤"中。

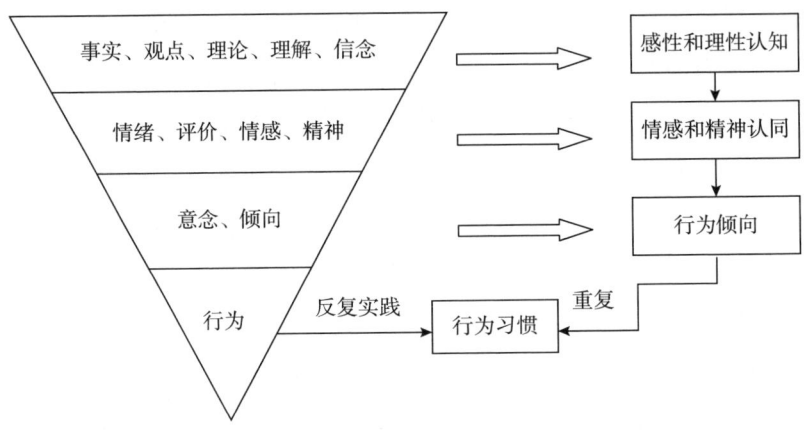

图6-2 行为习惯生成图

一、打造革命文化教育的网络"信息场"

"信息场"是由美国华盛顿大学凯·伦费舍尔教授提出的一个信息研究理论,是指人们为了特定的目的而聚集在一起后所创建的信息交流环境。由于信息的可共享性,在"信息场"中人们可"获得身体、社会、情感、认知等方面益处"❶,所以"信息场"在一定程度上具有规范、引导和影响人们日常行为的教化功能。

习近平总书记指出,随着全媒体时代的到来,信息无处不在、无人不用的趋势日益明显,"网络空间已经成为人们生产生活的新空间"❷。截至

---

❶ 赵俊玲,周旭. 信息行为研究中信息场理论发展评析[J]. 情报科学,2015(4):37.
❷ 习近平. 加快推动媒体融合发展 构建全媒体传播格局[J]. 求是,2019(6):6.

2022年12月，我国网民数量已达到10.67亿❶，越来越多的青年人已习惯利用移动互联网获取信息。综上可见，借鉴"信息场"理论，在融合课程教育和实践教育的基础上，再有效发挥媒体融合优势，打造革命文化教育的网络"信息场"，这既是顺应教育数字化转型的时代需要，也是适应"00后"大学生行为习惯网络化、信息化、媒介化的客观要求，以及保证革命文化教育由线下向线上推进、校内向校外扩展、课堂教育向日常生活延伸的必要路径。

（一）创建革命故事"资源库"，提升革命文化教育的"正面效应"

创建革命故事"资源库"是通过构建多元且立体的历史符号传播系统，抵制历史虚无主义碎片化和隐秘性影响的有效方式。如前文所述，近年来软性历史虚无主义愈发将互联网尤其是新媒体作为其碎片化和娱乐化解构中国革命历史的舆论场域，在叙事方式上更具隐秘性和迷惑性。

面对这些新特征和新动向，我们必须保持清醒的是"历史虚无主义思潮之所以能够不断掀起波澜，不只是因为有敌对势力恶意搅局，试图扰乱舆论、混淆视听，还因为民众对党史国史军史等历史的无知和疑惑，这才给了历史虚无主义思潮以可乘之机"❷。因此，我们要遵循使正能量的内容先入为主的教育认知规律，要依托全媒体传播格局，坚决利用好故事文本"化抽象为具象"的表意功能，主动讲好中国革命故事，以此提升广大民众对中国革命历史的认知与理解。在具体的举措上，要坚持针对历史虚无主义者碎片化、虚无化、娱乐化解读革命历史的特征，着力创建革命故事"资源库"，积极以细化、全面、系统的权威理论和真实史料，在主动出击中抢占"制高点"，做好革命文化教育的正面宣传。

首先，加大对中国革命历史故事及其叙事理论的研究力度。国家有关部门要通过强化制度建设，积极从增加经费投入与组织专家学者着力，引

---

❶ 光明网记者. 第51次《中国互联网络发展状况统计报告》发布［N］. 光明日报，2023 – 03 – 03（04）.

❷ 黄楚新. 严防历史虚无主义解构主流意识形态［J］. 人民论坛，2018（02）：41.

导专家学者系统挖掘、梳理、整合革命历史资料。此外，正如法国著名哲学家阿尔都塞所言："看不见的东西由看得见的东西规定为它的看不见的东西，规定为它的被看所排斥的东西。"❶可见，立场诉求和价值选择是保证革命故事"正能量"传播的重要维度。故此，还应坚决要求专家学者以习近平新时代中国特色社会主义思想为指导，以社会主义核心价值观为引领，保证革命历史故事的时代诉求和现实活力，为全面深化和创新应对历史虚无主义的理论，以及系统创建革命故事"资源库"奠定坚实的基础。

其次，强化网络话语体系建设，提升革命故事的教育实效。马克思指出："思想、观念、意识的生产最初是直接与人们的物质活动，与人们的物质交往，与现实生活的语言交织在一起的。"❷语言是人类意识活动的产物，是传播价值理念和讲好中国革命故事的重要武器。全媒体时代，大学生的生活、思维和行为的表现方式都在一定程度上受到网络虚拟世界的影响而发生了变化，"00后"大学生群体中各种新词更是层出不穷。因此，科学研究"00后"大学生常用的、熟悉的、喜欢的话语表达方式，并将相关词汇、表情包、动图等合理融合到各类革命故事的文本、音频、视频，以及革命文化教育网络"金课"的编写和制作中，以此激发学生兴趣，提高点击率、阅读量和传播度，有利于强化革命文化的正能量教育。

最后，及时设置公共议题，升华革命故事的正向影响。"议题设置"是传播学的一个重要理论，表明在大众传播中，"随着时间的变化，新闻中强调的那些议题将会成为公众认为重要的议题"❸，并且越被着重传播的议题越容易引起公众的重视与讨论，也越能强化该议题的思想教育引导功能。因此，在初步创建革命故事"资源库"的基础上，还应当科学借鉴并融合运用"议题设置"理论和"沉默螺旋理论"，及时设置公共议题，即在实现革命故事大众化传播和引导人们正面阅读的基础上，再依托相关话

---

❶ ［法］路易·阿尔都塞，艾蒂安·巴里巴尔. 读《资本论》［M］. 李其庆，冯文光，译. 北京：中央编译出版社，2008：19.

❷ 马克思恩格斯文集（第1卷）［M］. 北京：人民出版社，2009：524.

❸ ［美］马克斯韦尔·麦库姆斯. 议程设置：大众媒介与舆论（第二版）［M］. 郭镇之，徐培喜，译. 北京：北京大学出版社，2018：9.

题的讨论来升华革命故事的正向影响。例如，在抗日战争周年纪念日前夕，各大媒体可在持续推送抗日战争相关革命故事的基础上，及时设置并发布诸如"作为青年学生，我们应当如何认清日本侵华的真实原因？""抗日英雄的革命精神过时了吗？""如何惩戒'精日分子'？"等议题。在这一过程中，还要注意针对新时代"00后"大学生追求个性化表达和小众化活动的心理需求，通过创设富有一定趣味性的小众化网络教育实践活动，以拓展革命文化教育议题和强化互动的方式进一步深化议题引导，努力达到以革命故事丰富历史记忆，以话题讨论增强理想信念，以激发历史主动精神增强使命担当意识的教育目的。

（二）守住舆论宣传"主阵地"，保证革命文化教育的"主场发声"

在互联网这场没有硝烟的战场中，除了主动占领，还必须有力防守。正如习近平总书记所言，当前"互联网已经成为舆论斗争的主战场"❶，"我们能否顶得住、打得赢，直接关系我国意识形态安全和政权安全"❷。这说明如何守住革命文化舆论宣传"主阵地"，以此应对历史虚无主义等不良社会思潮的攻击与破坏，是我们在抢占革命文化教育舆论"制高点"的基础上还亟待解决的一个难题。

对于这一问题，在具体途径上可采用"借力打力"的方法，达到消除负能量影响，强化正能量舆论引导的教育效果。"借力打力"是我国太极拳武艺的技法之一，其蕴含着中国哲学中的阴阳辩证理念，是指在保证自身完整的前提下，既迎接对方的攻击，又巧妙化解对方的任何损害企图的一个重要技法。诚如美国著名思想家悉尼·胡克所表明："今天跟过去不同，对英雄的信仰是一种人造产物，谁控制扩音器和印刷机，谁就能造成

---

❶ 中共中央文献研究室. 习近平关于社会主义文化建设论述摘编 [M]. 北京：中央文献出版社，2017：28.

❷ 中共中央文献研究室. 习近平关于社会主义文化建设论述摘编 [M]. 北京：中央文献出版社，2017：29.

或打消信仰。"❶ 这个带有隐喻性特征的论断意味着传媒在舆论斗争中的重要作用，表明了引导好舆论走向是"借力打力"的关键所在。

由此可见，我们要从两个方面守好大学生革命文化教育的"主阵地"。一方面，要坚持以主流媒体为引领，在内容上，主流媒体要坚持"及时提供更多真实客观、观点鲜明的信息内容，牢牢掌握舆论场主动权和主导权"❷。在形式上，主流媒体要坚持以适应时代发展和满足"00后"大学生成长特征为出发点，主动入驻抖音、快手、微博、秒拍、微视、哔哩哔哩等"00后"大学生乐于使用的新媒体，由此以强化主流话语与创新传播形式的结合，构建好主流舆论矩阵。另一方面，正如沃尔特·李普曼所阐明："舆论基本上就是对一些事实从道德上加以解释和经过整理的一种看法。"❸ 任何舆论都蕴含着人们的道德评判和价值选择，对舆论态度的扭转是舆论引导的重要切入点（如图6-3所示）。因此，我国各大媒体，尤其是主流媒体要坚持以善于发现、勇于应对、敢于疏导的鲜明态度，在发现各类不利于革命文化教育的负面舆论时，及时设置相关议题予以回应。此外，还要在把握好舆论引导"时""效""度"统一原则的基础上，大力引导流量明星、微博大V、各类"网红"，以及"00后"大学生群体中具有一定理性思辨能力和圈层影响力的人物做好相关议题的意见引领，以此防止负面舆论"流瀑效应"的发生。在此基础上，还要不断以权威的史料、科学的理论、精准的解读、客观的数据和生动的表达，在合情合理的舆论回击中，正确引导包括大学生在内的公众舆论态度，持续为激发舆论共鸣和保证革命文化教育的"主场发声"有效发力。

---

❶ 史仲文，胡晓林，王书良. 古今中外伟人智者名言精粹——论信仰［M］. 北京：中国国际广播出版社，1993：201.

❷ 习近平. 加快推动媒体融合发展 构建全媒体传播格局［J］. 求是，2019（6）：8.

❸ ［美］沃尔特·李普曼. 舆论学［M］. 林珊，译. 北京：华夏出版社，1989：82.

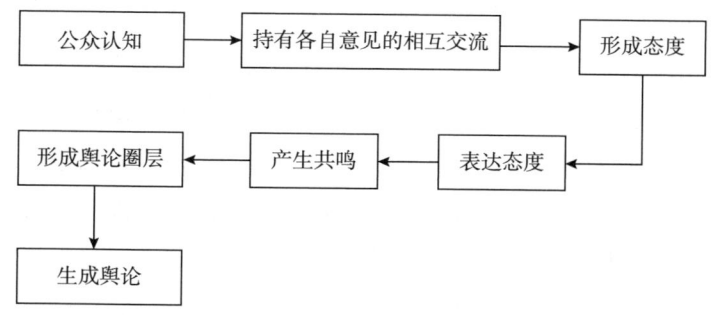

图 6-3　态度在舆论中的作用

资料来源：卢毅刚. 认知、互动与趋同——公众舆论心理解读 [M]. 北京：中国社会科学出版社，2013：40.

（三）强化革命精神"微渗透"，实现革命文化教育的"精准滴灌"

全面推进革命文化教育的信息化和生活化发展，除了总体上的宏观"漫灌"外，还需要个性化的精准"滴灌"。全媒体时代，大学生的个性化发展愈发显著，他们追求"短平快"交流和"强刺激"视听的生活方式，"使得微传播体系成为其全天候的信息接收器和交换器"❶。这一趋势意味着，打造革命文化教育的网络"信息场"，保证全过程、全方位、立体化教育实践的推进，还需要"将总体上的'漫灌'和因人而异的'滴灌'结合起来"❷。

换言之，在移动互联网全面发展的时代，革命文化网络教育实践的开展还应当牢牢立足新时代"00后"大学生的个性化成长特征，以强化革命精神"微渗透"的方式，实现革命文化教育的精准化传递。一是要活用推荐算法功能。推荐算法，是计算机专业中的一种算法，其主要是基于用户的信息浏览记录，而通过数学算法来推测用户可能感兴趣的东西。当前，

---

❶ 杨林香. 高校社会主义核心价值观培育微传播与主渠道融合研究 [J]. 社会主义核心价值观研究，2017（4）：32.

❷ 中共中央文献研究室. 习近平关于社会主义文化建设论述摘编 [M]. 北京：中央文献出版社，2017：100.

这一技术正被广泛运用于包括微博、微视、抖音、QQ 空间、快手、B 站、秒拍、微信短视频等大学生广为使用的各类网络媒体之中。有研究发现，尤其是近两年最受"90 后"和"00 后"欢迎的抖音，其相较于其他短视频 App 而言，所采用的推进算法更是牢牢"掐中了用户的兴趣脉门，增加了用户黏度"❶，但这也在一定程度上易造成负能量信息茧房的生成。因此，包括高校易班和校园论坛在内的各种与大学生的学习和生活密切相关的网络媒介，都应当立足主动运用"主流价值导向驾驭'算法'"❷ 的原则，切实根据阅读量、转发量、评论量、点赞量等大数据信息，对大学生的兴趣点实现量化掌握，再有针对性地、智能化地推送革命文化教育的相关故事文本、视频、音乐、绘画、小说、诗歌等内容，从而在实现"点餐式"向"送餐式"转化的"微渗透"中，发挥移动传播媒介无缝嵌入大学生日常生活的优势，打造形成革命文化教育的正能量信息茧房。二是要增强思想互动"微交往"。随着媒体智能化技术的成熟，中国特色社会主义进入新时代以来，各种实时性、立体化、综合式的宣传形式层出不穷。因此，在革命文化教育中纯粹的图片展示、文字呈现、播放歌曲等平面化的模式，已较难长时间吸引"00 后"大学生的个性体验、猎奇心理和认知兴趣，这就意味着我们还必须融合运用好微传播体系，积极通过视频弹幕、移动直播、AI 合成主播、虚拟现实技术等具有视听互动功能的微传播形式，在增强当代大学生的互动体验中，提升革命精神的价值鼓舞和引导实效。例如，2016 年在纪念长征胜利 80 周年之际，新华社就以网络直播的形式推出了《红色追寻——三个年轻人的长征路》的栏目。这一栏目选取了"85 后""90 后""95 后"三个分别代表网络主流人群的普通青年人，让他们重踏长征路亲身经历"困惑—探索—感知—感恩—铭记"的精神升华过程。栏目基于利用思想互动"微交往"的原则，以全程网络直播的互动形式，拉近了三位年轻主播和青年网民的沟通距离，提升了革命

---

❶ 骆郁廷，李勇图. 抖出正能量：抖音在大学生思想政治教育中的运用 [J]. 思想理论教育，2019（3）：86.

❷ 《求是》杂志编辑部. 媒体融合：用得好是真本事 [J]. 求是，2019（6）：8.

文化教育的现代感、亲和力和实效性，对新时代新征程大学生革命文化教育的数字化转型和"微互动"体验都具有重要的借鉴意义。

二、构建革命文化教育的"实践共同体"

实践共同体（Communities of Practice），最早由美国学者莱芙和温格在他们合著的《情境学习：合法的边缘性参与》一书中提出。它表明在具有共同目标的实践活动中，人们可以彼此联系在一起，互相帮助，达到以互相合作来审视实践过程中出现的问题，并创造性地找到解决方案的效果。即"在一个活动系统中的参与，参与者共享他们对于该活动系统的理解，这种理解与他们所进行的行动、该行动在他们生活中的意义以及对所在共同体的意义有关"❶。习近平总书记在全国教育大会上明确表明："办好教育事业，家庭、学校、政府、社会都有责任。"❷ 因此，合理借鉴实践共同体理论，积极完善协同育人机制，构建形成"四位一体"的革命文化教育"实践共同体"（见图6-4），这是坚持以培养时代新人为根本核心，破解革命文化教育"孤岛问题"的有效途径。

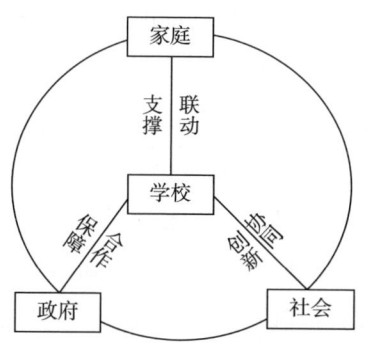

图6-4 以学校为中心的革命文化教育"实践共同体"

---

❶ ［美］莱夫，温格. 情境学习：合法的边缘性参与［M］. 王文静，译. 上海. 华东师范大学出版社，2004：1.

❷ 习近平. 坚持中国特色社会主义教育发展道路 培养德智体美劳全面发展的社会主义建设者和接班人［N］. 光明日报，2018-09-11（01）.

（一）完善家校联动机制，激发学生家长的参与意识

作为梦想起航的地方，家庭是大学生日常生活的主要场域，对大学生的一生成长具有重要影响。恩格斯说："一定历史时代和一定地区内的人们生活于其下的社会制度，受着两种生产的制约：一方面受劳动的发展阶段的制约，另一方面受家庭的发展阶段的制约。"❶ 家庭是融通个体、学校及社会的重要基点，对大学生的行为习惯的养成具有重要影响。可见，对于大学生革命文化教育而言，家庭同样是从日常生活和行为习惯上保证教育实效的重要场域。完善家校联动机制，加强对家长的教育引导，对于激发家长主动参与大学生革命文化教育的责任意识具有奠基作用。从实践逻辑上看，"联动模式"，前提在"联"，重点是"动"，能否激发"联"的意识是引导"动"之实效的问题靶心。苏霍姆林斯基在《我们的"家长学校"》一文开篇就强调，"家庭要有高度的教育学素养，这是在实现人的全面发展的思想方面，现实生活所提出的又一个重要问题"❷，而且对家长素养和责任意识的提升，关键在教育引导。因此，提升家长对革命文化的知识认知、价值理解、教育方法和参与意识，是引导其自觉自信地加入革命文化教育"实践共同体"的关键所在。

在具体举措上，可立足融情入理的原则，打造"家长学校"。一方面，要切实利用好"00后"大学生的家长普遍文化程度较高和较为重视子女素质养成的优点，并基于此，用好新生入学教育契机，将革命文化教育内容融入线下"家长学校"。要从寄送《录取通知书》开始推进革命文化教育融入"家长学校"的运行机制。例如，在新生入学报到后的《致家长的一封信》、《新生入学教育手册》、新生家长座谈、学校周年纪念日、校园开放日、学生毕业典礼，或是辅导员家访等内容及活动中，既要明确指出大学阶段的家庭教育与中学阶段的异同点，又要重点融合红色家风家训和新

---

❶ 马克思恩格斯文集（第4卷）[M]．北京：人民出版社，2009：16．
❷ 魏智渊．苏霍姆林斯基教育学（下）[M]．北京：文化艺术出版社，2013：375．

时代"00后"大学生的成长特征,以优秀中国共产党人生动的家庭教育故事,讲好家庭教育对助力青年学生成长成才的现实价值,说清良好家风对于人生发展的长远意义。这一过程中,尤其要以与青年学生成长成才相关的典型案例,突出强调个人梦、家庭梦、民族梦、国家梦统一的必要性和必然性,引导家长要以红色家风为示范和借鉴,订立或坚持切合自身家庭特色的家规、家训、家风。另一方面,要针对"00后"大学生的家长群体区域广泛、职业多元、层次不同的差异问题,利用好网络平台,将革命文化教育内容融入线上"家长学校"。要坚持基于全过程、多元化、渗透式教育理念,打造以红色家风家训为主体内容的融媒体教育平台。要加强培训机制建设,重点提高辅导员队伍与家长的沟通技巧,强化辅导员对优秀中国共产党人家风家训和革命故事的宣传水平。学校相关部门还要灵活用好学校官方网络平台、微信、微博、QQ等即时通信工具,或者利用自主开发的家校通信App,积极以革命文化相关的小故事、短视频、微电影等生动又吸睛的内容,以化抽象为具体、融理论于故事的形式,有效解读革命精神中的正能量密码,持续性地强化广大家长对革命文化的认知、对红色家风的认同,以及对革命文化教育的参与。

概言之,要在充分激发家长对大学生家庭教育责任和家风建设自觉意识的基础上,引领家校革命文化的"共育"行动,真正构建家校之间"教育—沟通—合作"的革命文化教育"实践共同体"。

(二)完善高校协同机制,增强教职员工的行动实效

完善高校自身的协同机制,是引领教职员工强化革命文化教育行动力、协同度、有效性的重要方法与思路。党的十八大以来,随着"大思政"格局在全国范围内的推行,革命文化教育在课上与课下、线上与线下、校内与校外中同向同行的趋势总体良好,但还普遍存在不能使广大教育工作者在课程教育,特别是日常教育中做到同步规划、组织、实施、共享、评估和反馈的问题。这种各司其职、各发其声、各行其是的机制与做法,也导致当前我国各大高校普遍存在革命文化教育合力"汇而不聚"和

"聚而不牢"的现实困境。可见，打造高校革命文化教育"实践共同体"除了需要协力构建革命文化教育"课程群"以及推行实践教育，还需要以完善高校教育协同机制的方法，增强师生群体共唱革命文化教育"主题曲"的协同性与实效性。

第一，强化"高校党委全面领导"的引领机制。习近平总书记指出："高校党委对学校工作实行全面领导，承担管党治党、办学治校主体责任，把方向、管大局、作决策、保落实。"❶ 这里所强调的"全面领导"既包括内容的全覆盖，又贯穿办学治校的各方面。强化落实高校党委对革命文化教育的全面引领机制，不仅要从顶层设计上把好教育方向，下好办学治校"一盘棋"，而且要增强政校、校企、校际的合作，盘活革命文化资源利用育人效益，保证革命文化"课程群"建设的协同创新，更要聚焦立德树人的根本任务不动摇，坚持党管意识形态工作的"主导权"，有力引领全校各职能部门共同关心革命文化教育工作，形成以"主渠道""主阵地"及职能部门相贯通的"多维一线"模式，保证革命文化实践教育的同向同行。不仅如此，还须"切实做到学校事业发展到哪里、党的领导就要跟进到哪里"❷，保证好革命文化教育在师生习惯养成中的生活化、常态式和长期性推进。

第二，构建革命文化协同育人的引导机制。"生活世界当中潜在的资源有一部分进入了交往行为，使得人们熟悉语境，他们构成了交往实践知识的主干"❸。哈贝马斯的这一论述，不仅深刻表明整合统摄革命意志是促成人们交往实践和协同合力的精神准备，而且也说明了构建革命文化协同育人的引导机制极为必要。具体而言，既应从教职工入职培训开始着力，又应在教学督导、职称晋级、奖惩赏罚等制度规约上加大协同育人的权重比例。例如，对那些协同推进革命文化课程建设和实践教育活动的任课教师和辅导员，可在教学工作量和科研积分评定上给予一定的照顾；或者是

---

❶ 习近平. 把思想政治工作贯穿教育教学全过程 开创我国高等教育事业发展新局面［N］. 光明日报，2016-12-09（01）.
❷ 潘玉腾. 深刻把握高校党委全面领导的内涵和要求［J］. 求是，2018（4）：55.
❸ ［德］哈贝马斯. 后形而上学思想［M］. 曹卫东，付德根，译. 南京：译林出版社，2001：82.

对那些在革命文化协同育人成效上作出一定贡献的二级学院给予一定的资金奖励。不仅如此，更要在各类活动、各级会议、网络线上教育学习中持续性、滴灌式地开展革命文化宣传教育活动，达到以"润物无声"的形式增强教职工对革命精神的价值认同及强化协同育人的教育语境，不断激发广大教职员工共同落实责任的行动自觉。

第三，形成合理有效的"对话"机制。沟通是协作的前提，但长期以来，作为"主渠道"和"主阵地"上的两支主力队伍，任课教师和辅导员，以及行政管理人员普遍沟通乏力。因此，可设置"革命文化合力育人工作部"，并且任命专人统一领导，以此打破"多方领导"但实际"领导乏力"的制度壁垒。还需加大经费保障，坚持依托各级各类革命文化资源开发项目和教育活动，形成融专任教师、研究人员、行政人员、辅导员和学生于一体的教学、科研、管理团队。基于此，一方面可利用微信、QQ、钉钉等新媒体软件的"群"功能，坚持以革命文化为话题，加强团队内部成员在线上线下的对话与合作。另一方面还可引导团队成员将革命文化有机融入自身所在的工作和生活群体，利用同事、朋友、夫妻、师生、同学等圈层关系向团队之外的教职员工进行传播、交流、迭代，并在这一过程中结合评价和反馈机制，把握大学生革命文化教育现状，继而融通"十大育人"体系，促发教职员工自觉将革命文化教育元素融入育智、育心、育德的实践中，构建从点到线，再从线到面，进而由面到立体化推进革命文化教育合力的实践效果。

（三）完善政府领导机制，发挥党政机关的保障作用

政府在大学生革命文化教育的协同育人格局中具有举足轻重的保障作用。各级政府的政绩表现及其公务人员的言行举止影响公众对政府的印象和期望，而这种"期望体现的背后就是政府行为思想政治教育效果的彰显"[1]。

---

[1] 刘红梅，孙其昂. 论政府行为的思想政治教育性［J］. 思想政治教育研究，2017（8）：30.

革命文化既是党的初心和使命的重要彰显，又内蕴着新时代中国特色社会主义制度体系和伟大事业的合理性和必然性❶，所以政府及其公职人员对革命文化继承与践行的自觉意愿和实际行为，影响革命文化教育"实践共同体"的运行时效。

因此，要完善好政府领导机制，充分发挥党政机关的保障作用。一方面要引导党政干部以革命文化为重要元素上好思政课。要贯彻落实《中共中央组织部 中共中央宣传部 教育部关于领导干部上讲台开展思想政治教育的意见》，切实将地方各级党政领导干部上思政课列入各地高校的教育教学计划，要求党政干部要自觉加强马克思主义理论学习，坚定维护党的形象，坚持以习近平新时代中国特色社会主义思想为指导，坚持立足学生成长需求，重点可以思想政治理论课或者专题报告会为渠道，充分结合自己丰富的行政工作经验，"深入研究讲授内容，认真备课，撰写讲义"❷，以此既认真讲好中国革命历史故事，说清中国共产党的初心与使命，弘扬好斗争精神、公仆精神、创业精神、理想信念、爱国主义精神、历史主动精神等革命品质，又积极融合地方乡村振兴事业、公共管理服务体系建设、地方革命文化产业化发展等内容，以客观数据、真实案例和权威分析做好地方革命文化资源利用政策宣传教育。简言之，要坚持以贯通历史、现实和未来发展的辩证逻辑，既确立和维护政府公信力和我们党的光辉形象，又引导大学生更清晰地明确新时代革命文化传承与发展的"风向标"和"新命题"，切实保障和增强新时代大学生对继承革命文化的自觉和自信的心理。

另一方面要制定革命文化"产学研"合作政策，多措并举提升政府公共文化服务供给力。美国"三螺旋之父"亨利·埃茨科威茨曾表明，"大学—产业—政府"的螺旋式合作是一种可优化资源利用、强化育人实效的

---

❶ 中国共产党第十九届中央委员会第四次会议全体会议公报 [M]. 北京：人民出版社，2019：3.

❷ 中华人民共和国教育部. 关于领导干部上讲台开展思想政治教育的意见 [EB/OL]. (2015-07-27) [2019-09-02]. http://www.moe.gov.cn/srcsite/A12/moe_1407/s253/201507/t20150731_197069.html.

联合互动模式，这一模式当前已被普遍借鉴且运用于我国各大高校。在"大学—产业—政府"三者的创新与合作之中，政府是"契约关系的来源，并确保稳定的相互作用与交换"❶。因此，构建革命文化教育"实践共同体"，还要发挥好政府的政策制定和组织保障功能，党政有关部门要积极以提升政府公共文化服务能力为目标，努力通过科学制定地方革命文化文物挖掘、保护和利用的政策法规，制定资金投入政策，健全革命文化产业体系和市场体系发展制度，构建社区红色家风家训宣传教育政策，以及完善地方红色文化旅游生态产业科技研发和法律法规等方式，有效激活社会各界力量，打造以政治、经济、文化等手段引导更保障学校、家庭、社会各方共同继承革命文化和培养时代新人的科学设施和活动平台。

（四）完善社会管理机制，汇聚各界人士的担当共识

社会对大学生日常行为的养成具有深远影响，是大学生革命文化教育"实践共同体"的基础性支撑。马克思认为，"只有当人认识到自身'固有的力量'是社会力量，并把这种力量组织起来因而不再把社会力量以政治力量的形式同自身分离的时候"❷，人的物质世界和精神世界才能得以真正的解放，这说明人是与外界事物相互影响的类存在，任何人的成长成才都离不开社会环境的影响。因此，应当从三个方面完善管理机制，汇聚社会各界力量，共同营造新时代新征程大学生革命文化教育的社会氛围。

一是加强对大众教育引导的情感温度。马克思指出："谁在这个社会里不凭自己的情感和良心来生活，'他就不会感到自己在它那里就像在自己家里一样'。到最后，除了'纯情感'和'纯良心'即'精神'、'批判'及其自己人之外，将不会有任何人在这个社会里生活。"❸ 这一论断说明情感是人的社会生活的必要元素，情感教育对激发社会大众的价值认知

---

❶ [美] 亨利·埃茨科威茨. 三螺旋——大学·产业·政府三元一体的创新战略 [M]. 周春彦，译. 北京：东方出版社，2005：2.
❷ 马克思恩格斯文集（第1卷）[M]. 北京：人民出版社，2009：46.
❸ 马克思恩格斯文集（第1卷）[M]. 北京：人民出版社，2009：301.

和精神意志具有推动作用。因此，在革命文化社会化传播的过程中，要着重在内容上强化正能量的情感元素。例如，可将革命历史博物馆与网络传播相链接，积极将相关视频、图片、文摘推送到抖音、快手、QQ、微信等大学生广为使用的移动新媒体上，并且力求在革命历史博物馆的线上与线下的展览中，都加强虚拟现实技术的应用。此外，还要善于运用灯光、音乐、话语等渲染元素，以及科学的情感渲染技巧，努力以立体化和全方位的视、听、触的体验，让人们身临其境地聆听每一件革命文物所凝聚的革命故事，从而引导社会大众真切感知革命斗争的残酷和革命精神的崇高。又如，在各类红色影视作品中，要以弘扬主旋律的原则，在合理的故事情节上更强化人物语言、背景音乐和视觉效果的感人力度，以此达到"以情感润人心"和"以共育强氛围"的全社会共同学习和宣传革命文化的教育效果。不仅如此，还可在国家面临各类国际威胁或者国内各种公共突发事件中，通过解读革命文化与社会主义先进文化的本质关联，强化革命文化教育。例如，自2021年党史学习教育活动开展以来，社会有关部门积极做到了利用网络、新媒体、电视、广播等载体传递鲜活正能量，既坚持从各类革命历史事件中提取和解读伟大精神品质，又积极实现以传播与渗透中国共产党人精神谱系来应对西方反华势力和各种错误社会思潮的舆论影响。此举不仅坚决巩固了意识形态阵地，而且切实提升了社会大众对中国共产党和中国特色社会主义制度的坚定信心和情感温度。

二是加强对舆论信息传播的管控力度。首先，要坚持党管媒体原则不动摇，强化对红色影视作品，以及与革命文化相关的各类会议会场、网络文学、报刊图书、微博、微信、播客、短视频等信息的管控力度。其次，还要通过各种政策引导和信息管控，不断加强对网络"意见领袖"的革命文化教育。坚持通过制度教育引导这些网络"意见领袖"不仅把自己当成"流量担当""颜值担当"，更要意识到自身所具有的弘扬革命精神、传承红色基因和践行初心使命的"责任担当"，并且要以"责任担当"为使命自觉引领社会大众共同传承红色基因。最后，还要建立健全不良信息追责和法律管控机制。要以"敢抓敢管，敢于亮剑，着眼于团结和争取大多数、有理有利有节开展舆论斗争"❶的态度,遵循《中华人民共和国英雄烈士保护法》,坚持通过网络溯源追踪的方法,对侮辱革命领袖、歪曲革命历史、矮化革命英烈等不良信息发布者依法追责,并基于此做好信息宣传与教育,既以此提升社会大众的法治素养,又正向引导崇尚革命精神之社会风气的形成。

三是加强对各类社会资源的运用效度。革命文化的社会化传播是一项需要运用各种社会资源的系统化工程。因此,要在突出中华民族伟大复兴的使命目标和担当共识的基础上,建立健全社会效益高于经济效益的原则,积极将革命文化教育的责任意识融入各类法律政策中,以此引导社会各类资源从分散走向聚合、从无序变成有序、从量变转为质变。例如,在大学生红色研学活动的开展过程中,教育、文化、宣传、旅游、交通、财政等有关部门要明确各自的角色功能,要坚持"建立健全把社会效益放在首位、社会效益和经济效益相统一的文化创作生产体制机制"❷,引导相关企事业单位在突出社会效益的前提下,坚持以弘扬革命文化和培养时代新人为目标,落实好舆论引导、经费保障、资源开发、技术创新、基地建设、出行安全等一系列问题,坚决根据新时代"00后"大学生的兴趣特征和革命文化资源特色,共同解决好"学什么""哪里学"和"怎么学"的教育问题,从而既在同向同行中激活人、资金、交通、基地、制度等多种因素,更在同心同德中整合迭代传统教育要素和创新推进新时代新征程大学生革命文化教育活动的开展。

三、优化革命文化教育的国际"软环境"

党的十八大以来,世界面临百年未有之大变局,全球治理体系和国际秩序变革加速推进,也使世界"进入新的动荡变革期"❸,全球各种不确定

---

❶ 中共中央文献研究室. 习近平关于社会主义文化建设论述摘编[M]. 北京:中央文献出版社,2017:27-28.
❷ 中国共产党第十九届中央委员会第四次全体会议公报[M]. 北京:人民出版社,2019:12.
❸ 习近平. 习近平谈治国理政(第4卷)[M]. 北京:人民出版社,2022:483.

不稳定因素增多，种族主义、极端个人主义、民粹主义、反智主义、保护主义、孤立主义等思潮不断抬头，世界贫富差距愈发严重，全球气候变化、恐怖主义、地区热点问题等持续蔓延，人类命运与共的趋势更加鲜明。

在这样的历史背景下，中国以前所未有的态势走近世界舞台的中央，中国的大国担当意识也愈发深刻地彰显出来。习近平总书记指出："这个世界，各国相互联系、相互依存的程度空前加深，人类生活在同一个地球村里，生活在历史和现实交汇的同一个时空里，越来越成为你中有我、我中有你的命运共同体。"❶ 这一论断深刻说明了在世界范围内，人们相互之间的影响已愈发深刻。因此，主动输出和传播革命文化，既是立足系统思维、增强我国文化软实力和实现教育对外开放的内在要求，又是优化新时代新征程上我国大学生革命文化教育国际"软环境"的现实需要。从功能上看，这不仅能提高新时代大学生的国际思维能力，而且也是提升中国和中国共产党的形象、增强爱国主义精神、坚定文化自信和树立为人类谋发展意识的必然要求。

（一）坚持"内容为王"原则，着力凸显革命文化的中国特色

坚持从内容上保证革命文化的中国特色，是推进革命文化国际化传播的首要前提。党的十八大以来，习近平总书记在多个场合多次谈到，当前世界各国对中国的关注程度越来越高，我们需要向国际社会展现一个立体、全面、真实的中国。如前文所述，革命文化是新民主主义革命时期，中国共产党领导中国人民走上实现中华民族伟大复兴之路的实践产物，其以马克思主义为指导，内蕴着"个人梦""民族梦"和"国家梦"相统一的本质，对于丰富和提升国际社会对中国和中国共产党的了解具有重要的历史、现实和未来的意义。因此，基于营造新时代新征程大学生革命文化

---

❶ 习近平. 顺应时代前进潮流 促进世界和平发展——在莫斯科国际关系学院的演讲［N］. 光明日报，2013－03－24（02）.

教育的良好国际环境的现实需要，我们在主动输出革命文化的过程中，应当始终秉承"内容为王"的原则，坚持做到以革命故事为传播蓝本，既从历史维度"把握和反映事件或事物的全貌"❶，又从现实需要挖掘革命文化之于世界发展的价值元素。

质言之，一方面，要以马克思主义为指导，保证革命文化内容体系的意识形态性。美国著名政治学家汉斯·摩根索曾指出："一种意识形态是一种武器，它可以提高国民士气，并随之增强国家的实力，且正是在这样做的过程中，它会瓦解对手的士气。"❷ 这一论断不仅明确反映了我国革命文化教育深受以美国为首的西方国家影响的根本原因，而且也说明了我国在推进革命文化对外传播的实践中，应当始终注重"为开展国际传播工作提供学理支撑"❸，坚持以马克思主义为指导，坚持基于革命文化物质、制度和精神等层面的内涵，以客观的革命史料和生动的呈现方式"告诉人们真实的历史，告诉人们历史中最有价值的东西"❹。由此才能从理论高度和历史深度构建好中国革命历史故事的意识形态内涵，也才能在抵制西方意识形态的渗透与冲击中，以马克思主义和中国革命故事，构建解答"中国共产党为什么能""马克思主义为什么行""中国特色社会主义为什么好"等问题的理论基础、历史渊源和现实立场，进而保证中国和中国共产党在国际社会中立体、全面且真实的形象。

另一方面，要以文明互鉴为遵循，丰富革命文化的内容体系。列宁在《论国家》一文中曾指出："不要忘记基本的历史联系，考察每个问题都要看某种现象在历史上怎样产生、在发展中经过了哪些主要阶段，并根据它的这种发展去考察这一事物现在是怎样的。"❺ 作为人类文明的重要组成部分，革命文化与世界各国文明的一个基本的历史联系和重要共通点在于其

---

❶ 习近平. 习近平谈治国理政（第2卷）[M]. 北京：外文出版社，2017：333.
❷ [美]汉斯·摩根索. 国家间政治——寻求权利与和平的斗争[M]. 徐昕，郝望，李保平，译. 北京：中国人民公安大学出版社，1990：72.
❸ 习近平. 习近平谈治国理政（第4卷）[M]. 北京：外文出版社，2022：317.
❹ 习近平. 习近平谈治国理政（第2卷）[M]. 北京：外文出版社，2017：352.
❺ 列宁选集（第4卷）[M]. 北京：人民出版社，2012：26.

深刻凝结着人类对和平且幸福生活的美好夙愿和奋斗精神。可见，在构建革命文化对外传播内容体系的实践中，我们不仅要保证其中国特色，坚持正确的意识形态性，还要坚持不排斥、不取代的原则，做到以和平诉求和幸福生活为纽带，在交流、互鉴、融合的实践中，从物质、制度和精神等层面寻求契合点，广泛融合和吸收世界各国文化中的同质精神元素。此外，尤其是要立足国际共产主义运动的客观史实和现实境况，深入挖掘在中国共产党革命文化的形成期间，诸如白求恩、埃德加·斯诺、约翰·拉贝、马海德、罗伯特·卡帕、保罗·罗伯逊等国际共产主义战士或友人对中国革命斗争事业的伟大贡献，并讲好他们与中国革命的故事，以此在交流互鉴中丰富革命文化对外传播的内容体系。

（二）区分各国受众特征，增强革命文化的对外传播效应

立足受众本位思维，区分不同国家受众的基本特征，是"有的放矢"地提高革命文化对外传播接受度的关键所在。正如英国著名的文化学者斯图亚特·霍尔阐明："文化身份既是'变成'，也是'是'，既属于未来也属于过去。它不是某个已经存在的，超越地域、时间、历史和文化的东西。"❶ 因此，找寻相同或相近的革命斗争历史，并且衡量各个国家对中国的政治、经济和文化的态度，是区分革命文化对外传播受众，提高革命文化传播接受度的重要基础。比如，以俄罗斯为首的诸多中东欧国家不仅是"一带一路"的合作国，而且也有相似的"社会主义大家庭"的历史记忆。对于这些国家，我国可在强化对其无产阶级革命斗争历史和现行文化政策研究的基础上，多注意基于国际共产主义运动的历史与现实境况，坚持在话语体系构建上融合运用这些国家的重要革命人物事迹、革命历史事件和革命斗争精神。基于此，还要利用好"一带一路"的地缘、政治和经济合作优势，讲好中国革命故事。对于一些意识形态对立程度更加鲜明的国家

---

❶ ［英］乔治·拉伦. 意识形态与文化身份：现代性和第三世界的在场 [M]. 戴从容，译. 上海：上海教育出版社，2005：220.

而言，应当在保证政府领导的情况下，更多借助企业、民间力量和互联网技术手段，既加大传统优秀文化和社会主义先进文化的传播力度，不断升华这些国家的民众对中国的兴趣度和认同感，又借助诸如革命文化民间交流活动、红色民间艺术团、红色影视作品等融合着革命文化元素的文化外交手段，讲好中国革命故事。对于邻国，我们要多利用民间组织，从强化中华优秀传统文化传播和激发和平夙愿的角度切入，扩大对其国内爱好和平人士的融合力度；在此基础上，利用纪录片、文艺作品、红色旅游等方式，积极讲好中国革命故事。对有着一些相似历史记忆的国家而言，可更多运用政府、企业和民间组织的力量，并基于共同议题，通过共享相关革命史料、共创革命题材文艺作品、举办革命文化国际交流会议、组织国际红色文化旅游等活动，构建形成革命文化国际交流传播平台。

总之，由于世界各国的文化程度、历史因素、社会地位、政治影响等方面的差异，"不同的受众在接触到同一信息时会经过不同的解码过程"❶，因此我们要坚持秉承"增强国际话语权，集中讲好中国故事，同时优化战略布局"❷的传播原则，坚持在区分各国受众总体特征和遵循各国历史文化传统的基础上，构建好革命文化对外传播的叙事话语体系，努力用好国内外主流媒体传播途径，进而不断坚定文化自信自强，提升中国和中国共产党的国际形象，尽力为新时代新征程大学生革命文化教育提供有益的外部环境。

（三）创新对外交流形式，提升革命文化的整体教育实效

合理而科学的对外交流形式，是贯通革命文化对外传播内容和受众需求的重要纽带，对优化大学生革命文化教育的国际"软环境"具有保障作用。因此，在我国大学生革命文化教育实践中，除了需要从宏观上强化内容建构和受众分析，以及依托政府和民间组织优化国际"软环境"，还应

---

❶ 童清艳. 受众研究［M］. 上海：上海交通大学出版社，2013：42.
❷ 习近平. 习近平谈治国理政（第2卷）［M］. 北京：外文出版社，2017：333.

当从微观上聚焦新时代"00后"大学生的成长特征和成才需求,坚持以对外交流形式的不断创新,切实增强和提升新时代新征程大学生革命文化教育的多样性、全方位、立体化的效应。

首先,要坚持引导大学生确立革命文化国际化传播的自觉意识。正如习近平总书记所强调:"教育传承过去、造就现在、开创未来,是推动人类文明进步的重要力量。当今时代,世界各国人民的命运更加紧密地联系在一起,各国青年应该通过教育树立世界眼光、增强合作意识,共同开创人类社会美好未来。"❶这就意味着对革命文化教育的国际"软环境"的营造,需要积极培养大学生的历史思维、系统思维、国际思维、辩证思维。具体而言,一方面,要在向新时代"00后"大学生阐释清楚为什么国际社会上各种"唱衰"中国的声音会不绝于耳的基础上,表明革命文化之于文化自信和历史自信,尤其是革命文化中的斗争精神之于抵制国际社会重大风险、应对重大阻力和解决重大矛盾,最终保障中华民族伟大复兴和人类命运共同体实现的必要性和可行性。之后进一步强化爱国主义和理想信念教育,使新时代大学生能够牢牢树立以实际行动推进革命文化国际化传播的担当意识。另一方面,还要以生动的情理,告诉大学生革命文化之于实现中国式现代化和构建人类文明新形态的价值意蕴,而且还要进一步从人类文明发展进程的维度,帮助大学生感悟革命文化作为"中华民族独特的精神标识"❷之一,其对于实现中华民族伟大复兴,以及对创造人类文明多样性和进步性的重要意义,从而帮助大学生在日常生活中确立革命文化国际化传播的价值认同和使命自觉。

其次,要以丰富的对外交流活动坚定新时代大学生的革命文化自信。在各类由政府、企业和民族组织的革命文化国际化交流活动中,还有诸如奥运会、进博会、青奥会等重大赛事,均可广泛融合吸收大学生力量,积极让大学生以志愿者的身份参与其中。此不仅可让学生切身感受中国的大

---

❶ 习近平. 习近平向首届清华大学苏世民书院开学典礼致贺信[N]. 光明日报,2016-09-11(01).

❷ 习近平. 习近平谈治国理政(第4卷)[M]. 北京:外文出版社,2022:324.

国地位，而且可使他们在积极传播中华文化及讲好中国革命故事中，明确革命文化国际化传播的价值魅力，从而切实"用青春的激情打造最美的'中国名片'，促进中国梦和各国人民的梦相通相融，共同为人类和平与发展的崇高事业作出贡献"❶，进而以此不断增强新时代大学生的革命文化自信。此外，还需要构建留学生革命文化教育传播机制。当前"我国已成为世界最大留学生输出国，同时也成为亚洲最大的留学目的地国"❷，因此，加强留学生的革命文化教育，提升他们的革命文化自信显得尤为必要。一方面，对于即将走出国门的留学生，要进一步强化对他们的革命文化教育，除了引导他们增强传播革命文化的使命自觉外，还要引导他们树立"在否定的东西中把握肯定的东西"❸的辩证思维，以此帮助他们客观辨析国外意识形态中各种诋毁革命文化的噪声与杂音，又切实激发和培养他们养成以革命精神鼓舞自身战胜留学生活与学习困难的行为习惯。另一方面，对于到访我国的各国留学生，应当在相关课程中适当融入或挖掘革命文化教育元素，使他们不仅热爱中华优秀传统文化，而且明确革命文化在中华文化中的价值定位，以及革命文化与中华优秀传统文化、社会主义先进文化在精神内核上同根相系、一脉相承的关系。要在这一过程中，积极引导我国大学生坚定革命文化自信，坚持以朋辈关系向外国留学生讲好中国革命故事。

最后，要善于引导大学生运用网络新媒体推进革命文化的国际化传播。数字信息化飞速演进的趋势，推动了全球信息交流共享的即时性和便捷化的发展，更从虚拟空间上打破了主权国家所划定的地理空间的限制❹，世界各国人民在网络世界中的融合程度更加紧密，这对我国大学生日常生活和行为习惯的影响也更加明显。面对这一态势，习近平总书记在第十五

---

❶ 习近平. 用青春激情打造最美"中国名片"[N]. 光明日报，2014-07-17(01).
❷ 教育部课题组. 深入学习习近平关于教育的重要论述[M]. 北京：人民出版社，2019：255-256.
❸ [德]黑格尔. 逻辑学[M]. 杨一之，译. 北京：商务印书馆，1996：39.
❹ 杨增崒. 国际化背景的新变化与高校思想政治教育创新发展[J]. 思想理论教育导刊，2015(1)：106.

届中越青年友好会见活动时就曾明确指出:"青年人思想活跃、眼界开阔、熟悉互联网等新媒体工具。除面对面交流外,你们可以运用互联网等增进相知相识相交,深入了解对方,多发出正面声音,努力传递正能量,不断增进两国人民相互理解,推进两国互利合作。"❶ 因此,我们不仅要在全力培养新时代"00后"大学生网络媒介素养的基础上,科学引导他们理性运用网络新媒体,而且还要善于科学设置革命文化相关的国际化网络议题,并通过加强网络"意见领袖"的引领作用,积极利用大学生乐于参与的网络舆论阵地,以及深受"00后"热爱的"bilibili拜年纪"❷ 这种网络小众化活动,引导大学生共同利用好网络虚拟平台跨时空、跨国界、跨文化等优势,科学讲好中国共产党为中国人民谋幸福,也"为人类进步事业而奋斗"❸ 的生动故事。由此使我国新时代"00后"大学生在古今对比、内外融通和强化人类命运共同体价值的实践感知中,既能以伟大革命精神鼓舞自身,又能不断提升对革命文化、对中国共产党执政、对马克思主义、对党的初心和使命、对中国特色社会主义制度、对人类命运共同体的情理认同,进而有效达到以立德树人根本任务为指引,通过科学的灌输与正确引导,真正帮助新时代大学生不断丰富精神家园、坚定文化自信、筑牢历史记忆、形成历史主动和以实干行动共同为人民幸福、民族复兴、世界繁荣和人类发展而砥砺奋进。

综上而论,在明晰问题的基础上解决问题是任何科学研究的最终落脚,但保障解决问题实效性的关键在于要以宏观、中观、微观相统一的思维逻辑优化问题意识,即不仅要从宏观上基于"两个大局"的总体框架,自觉辨析中国之问、世界之问、人民之问、时代之问的体系,而且要从中观上把准新征程上落实立德树人根本任务的时代诉求,并融合考量新时代大学生革命文化教育的理论基础、时代意蕴、现实样态、存在问题等内

---

❶ 习近平. 习近平出席第十五届中越青年友好会见活动时的讲话 [N]. 光明日报,2015 – 04 – 08(02).

❷ "bilibili拜年纪",原名"bilibi拜年祭",2010年起由国内最大的年轻人潮流文化娱乐社区bilibili弹幕网发起,即每逢除夕夜举办的一个具有"二次元春晚"特质的网络活动。

❸ 习近平. 习近平谈治国理政(第3卷)[M]. 北京:人民出版社,2020:436.

容，更要从微观上明确新时代"00 后"大学生这一教育对象的成长特征、成才需要和自由全面发展的根本目标，由此，以升级优化的问题系统为意识导向，通过创建大学生革命文化教育"课程群"、打造革命文化教育网络"信息场"、构建革命文化教育实践"共同体"、优化革命文化教育国际"软环境"等方法，实现新时代新征程大学生革命文化教育的全员性、全程化、全方位式的发展，从而切实既以理论指导明晰现实问题，又以现实问题推进实践发展，更以实践发展升华理论创新，真正做到让革命文化之"盐"始终溶在滋养大学生一生成长的生命之"汤"中。

结　论

中国特色社会主义进入新时代以来，习近平总书记立足新时代的新形势、新使命和新要求，在多个场合多次高度肯定并强调革命文化铸魂育人的价值功能。实践证明，革命文化既蕴含着"中国共产党为什么能、马克思主义为什么行、中国特色社会主义制度为什么好"的重要内涵，又凝结着无数革命先烈以初心和使命为指引，坚定信念、浴血奋战、不畏牺牲和甘于奉献的伟大品质，这些理论品格和精神内涵对于纠偏新时代"00"后大学生"佛""丧""卷""躺平""摆烂"等亚文化的错误影响，以及对于培养勇于担当、乐于求索、敢于斗争、善于实干的时代新人而言都具有重要的意义。

然而，本研究也发现虽然新时代新征程大学生革命文化教育的总体态势良好，但也仍存在诸如学生主动关注和学习革命文化的程度低，党对革命文化理论教育的成效不强，政府对革命文化的资源挖掘度、公共基础设施完善度、数字科技体验度、实践教育普及度还无法满足新时代大学生成长需求，以及学校对革命文化教育方式单一与传播媒介多元之间存在矛盾等一系列问题。不仅如此，革命文化"螺旋式"和"一体化"发展，以及"全员性"育人体系还未形成，革命文化"国际化"传播也未完善，新时代"00后"大学生对革命文化自信自强的整体情况也还尚待加强，这些问题都或隐或显地影响着新时代新征程大学生革命文化教育的高质量发展。针对这些问题，总体而论，我们主要可从如下三个方面加强推进。

第一，始终保持大学生革命文化教育的理论自觉。当前以历史虚无主义为代表的各类错误社会思潮仍然在我国的意识形态领域持续渗透，对我国的意识形态安全造成严重的挑战与冲击。加之由于中学阶段的学习更重于基础性知识的传授，导致大多数大学生对中国革命历史的认知只是"知其然"，而不知"其所以然"和"其所必然"，这就极易被历史虚无主义等各类错误思潮冲击而影响我国大学生革命文化教育的实效。因此，要坚持以马克思主义为指导，坚持推进党史教育常态化长效化发展，要既从源头上肃清马克思主义文化理论中关于意识形态革命斗争和实现人的精神解放的重要思想，又要深挖历史资料和讲好革命故事，要基于现实教育的需要，坚持以习近平新时代中国特色社会主义思想为指导，坚持融合历史学、政治学、教育学、传播学、心理学、社会学、发生学、文化学、符号学等多种学科的理论知识，在融会贯通中有力引导学生在原有知识的基础上，以理论的清醒和资料的翔实，共同回应历史虚无主义等错误社会思潮的歪曲与解构，真正引导学生做到"知其然""知其所以然"和"知其所必然"的有机统一，也由此切实以中国革命历史的"营养剂"、革命理论的真理品格和革命精神的丰富内涵，引领新时代新征程上大学生的成长成才。

第二，始终保证大学生革命文化教育的正确方向。毛泽东指出："对于人民群众和青年学生，主要地不是要引导他们向后看，而是要引导他们向前看。"❶ 在任何事物的发展中，方向的问题既决定事物发展的性质，也影响人们对道路和方法的选择。中国共产党百年来开展革命文化教育的理论创新与实践演进，充分证明了在大学生革命文化教育活动中，坚持马克思主义的理论指导、坚持中国共产党的全面领导，坚持社会主义办学方向、坚持发挥革命精神的涵育功能、坚持为人民服务是由我国特殊的国情和历史文化所决定的，是被诸多实践证明了的必然而正确的需要。党的十八大以来，习近平总书记也多次提到，面对新时代新征程的新形势和新要求，我国的各项教育仍然需要坚持正确的政治发展方向，坚持中国特色社会主义的发展之路。综上可见，加强新时代新征程大学生革命文化教育，既需要立足"两个大局"的时代情势，又要在面对国内外各种纷繁复杂的意识形态斗争和错误思潮的冲击时，时刻保持政治定力不动摇，"坚持把服务中华民族伟大复兴作为教育的重要使命"❷，坚持以理论、历史、现实和未来的逻辑统一，向新时代大学生弘扬好革命文化，传播好红色基因，坚持以正确的政治立场和实践方向，从情理上引导新时代大学生立志成为担当民族复兴大任的时代新人。

---

❶ 毛泽东选集（第2卷）[M]．北京：人民出版社，1991：707-708．
❷ 习近平．坚持中国特色社会主义教育发展道路 培养德智体美劳全面发展的社会主义建设者和接班人[N]．光明日报，2018-09-11（01）．

第三，始终立足大学生革命文化教育的现实视野。党百年奋斗的历史实践证明，大学生革命文化教育是一个会随着时代发展的不同、历史使命的不同和大学生成长特征的不同，而在保证着培养社会主义建设者和接班人这一总体目标不变的基础上，又在诸多内容上不断深入、更加多元、愈发全面、常研常新的课题。因此，开展新时代新征程大学生革命文化教育必须始终立足现实视野，在坚持马克思主义理论指导的前提下，把握好三个维度：首先，现实维度。即要以纵横交错的大历史观，既明确中国共产党开展大学生革命文化教育的基本历程理论创新，又要在基本明确这些实践经验的基础上，把握新时代新征程上中国共产党开展大学生革命文化教育的时代意蕴，要重点突出新时代新征程大学生革命文化教育的创新路向，具体阐明新时代新征程上的新旨归、新趋向、新要求与新原则，由此切实以理论逻辑、历史逻辑和现实逻辑的统一，彰显新时代新征程大学生革命文化教育一以贯之的理论本质、核心要义和价值旨归。其次，实践维度。要坚持立足新时代"00后"大学生的成长特征和成才需求，充分结合社会物质条件的发展所带来的教育平台、领域、载体和方法的诸多变化，既努力说清革命文化的学理性和政治性，又正确阐明革命文化的知识性和价值性，也坚持发挥好学生的主体性和教师的主导性作用，做到在守正创新中引导新时代"00后"大学生积极继承革命文化，从而不仅引导学生共同解析好革命精神之于各类现实苦难和重大挑战的价值意蕴，使以建党精神为源头的革命精神焕发出新的时代光芒，而且要客观表明革命精神之于人生成长的重要意义，使革命精神成为滋养学生一生成长的"营养剂"和能够使其主动融入新发展格局下党各项事业高质量发展的"动力源"。最后，世界维度。党的十八大以来，在实现中华民族伟大复兴这一时代使命的驱动下，中国顺应历史发展的潮流和现实发展的需要，提出"人类命运共同体"的思想理念。习近平总书记更多次强调，在全球化时代，我们应当着力培养具有国际视野的新时代人才。因此，在新时代新征程大学生革命文化教育中，不仅要积极推进革命文化的国际化传播，以此优化我国大学生革命文化教育的国际"软环境"，而且要以国际共产主义运动中各国无产阶级革命运动的相关史实和人类对和平发展的美好夙愿教育引导学生，还要坚持利用辩证唯物主义和历史唯物主义的科学方法，引导学生积极从革命文化中汲取实践经验和实干力量，切实做到主动将实现中国式现代化和中华民族伟大复兴，以及推进世界繁荣和谋求人类发展作为自己的奋斗目标。

总而言之，新时代新征程大学生革命文化教育是理论逻辑、历史逻辑、现实逻辑的有机统一。加强新时代新征程大学生革命文化教育要重点从两个方向上着力：

一方面，要从纵向上着力，要以历史学和发生学为基本研究方法，系统厘清革命文化教育理论的历史脉络、生成逻辑与时代意蕴，尤其是要在基本把握革命文化教育理论发生机理和基本要义的前提下，深入审析我国新时代新征程大学生革命文化教育的创新路向，从而在清晰明确新时代新征程上社会生态变迁的总体态势下，升华新时代新征程大学生革命文化教育的理论品格，由此为新时代新征程大学生革命文化教育研究确立更坚实和更富有时代意蕴的理论基础。

另一方面，要从横向上贯通，要坚持立足现实发展境遇，以问题意识为导向，利用社会调查研究法，把握新时代新征程我国大学生革命文化教育的总体情况，要在此基础上发现和提出问题。此外，还要坚持以习近平新时代中国特色社会主义思想为指导，坚持立足时代之变，坚持基于国内和国际社会现实发展中诸多复杂的新形势和新特征，既分析问题的生成原因，更提出解决问题的具体对策。由此，以既纵横交错又辩证统一的科学体系，真正做到以革命文化涵育新时代大学生的精神家园，做到在满足其自由全面发展的前提下，增强其文化自信和历史自信，更使其能够自觉以坚定的历史主动精神投身人民幸福、民族复兴、世界繁荣和人类发展的伟大事业。

附　录
新时代新征程大学生革命文化教育现状调查问卷

亲爱的同学：

您好！我们目前正在调查研究我国大学生革命文化教育的实施成效、存在问题及影响因素。为了更加客观地掌握当前大学生对革命文化的认知、认同、自信、践行，以及当前大学生革命文化教育的实施情况，我们设计了这份调查问卷。本问卷实行匿名制，题目选项无对错之分，所有数据只用于学术研究的统计分析，不会对您的个人生活带来任何负面影响。您的回答与研究结论直接相关，因此恳请您务必依据个人情况真实回答问卷中所提出的问题，衷心感谢您的参与、支持和配合！

"新时代新征程大学生革命文化教育研究"课题组
2021年9月

第一部分　个人基本信息

1. 您的性别：（　　）
A. 男　　　　　　B. 女
2. 您所在年级是（　　）
A. 大一　　　　　B. 大二　　　　　C. 大三　　　　　D. 大四
3. 您所学的专业属于（　　）
A. 文史类　　　　B. 理工类　　　　C. 体育类　　　　D. 艺术类

4. 您的政治面貌是：（   ）

   A. 中共党员   B. 共青团团员   C. 群众

5. 您是否担任或曾经担任过学生干部：（   ）

   A. 有   B. 没有

6. 您父亲的学历：（   ）

   A. 小学及以下   B. 初中   C. 中专/高中   D. 专科

   E. 本科及以上

7. 您母亲的学历：（   ）

   A. 小学及以下   B. 初中   C. 中专/高中   D. 专科

   E. 本科及以上

8. 您来自：（   ）

   A. 城市   B. 乡镇   C. 农村

第二部分　问卷的主要内容

一、回答以下问题，请将最符合或者接近您观点的选项填在括号内，部分选题中若选"其他"，请在横线上写出具体内容。

（一）认知情况

9. 您对革命文化是否感兴趣？（   ）

   A. 非常感兴趣   B. 感兴趣   C. 一般   D. 没有兴趣

   E. 非常没有兴趣

10. 你觉得大学生有必要了解革命文化吗？（   ）

    A. 非常有必要   B. 有必要   C. 不确定   D. 没有必要

    E. 非常没有必要

11. 您听说过"革命精神谱系"吗？（   ）

    A. 听说过   B. 没听说过

12. 对于以下新民主主义时期的革命精神，您印象比较深刻的有哪些？（   ）（可多选）

A. 红船精神　　B. 井冈山精神　　C. 苏区精神　　D. 长征精神

E. 延安精神　　F. 西柏坡精神　　G. 其他_____

13. 您一般通过什么途径了解革命文化？（　　　）（可多选）

A. 学校课程　　B. 网络媒体　　C. 社团活动

D. 报刊书籍　　E. 党课学习　　F. 红色旅游

G. 长辈传授　　H. 影视作品　　I. 其他_____

14. 除了接受教育，您会主动关注以革命历史、革命英雄为背景的小说、舞台剧或影视作品吗？（　　　）

A. 非常关注　　B. 比较关注　　C. 一般　　D. 不太关注

E. 完全不关注

15. 您觉得认知与学习革命文化对自己将来的成长有意义吗？（　　　）

A. 非常有意义　　B. 有意义　　C. 不确定　　D. 没有意义

E. 非常没有意义

16. 您认为认知与学习革命文化对您的成长有哪些意义？（　　　）（可多选）

A. 能以革命精神激励自己　　B. 有助于了解历史和国情

C. 更加珍惜现在的生活　　D. 明确理想信念并为之奋斗

E. 没多大意义　　F. 其他_____

（二）认同情况

17. 您认为，建党精神、红船精神、井冈山精神、苏区精神、长征精神、延安精神、西柏坡精神等革命精神中包含的基本精神，哪一些值得您学习？（　　　）（可多选）

A. 爱国主义精神　　B. 坚定的理想信念追求

C. 立足实践、勇于创新的品质　　D. 不断进取、百折不挠的意志

E. 团结一致的精神　　F. 自我牺牲的精神

G. 艰苦奋斗的精神　　H. 其他_____

18. 您如何评价以董存瑞、黄继光、邱少云、狼牙山五壮士、刘胡兰

等为主要代表的革命英雄主义精神?(　　)(可多选)

A. 这是一种为了崇高理想献身的精神

B. 这些精神党员干部需要,普通人不需要

C. 为了集体利益,严守纪律、牺牲自己是应当的

D. 他们的事迹和精神永远值得我们尊敬

E. 他们是革命战争时代的人物,这些精神已经过时了

F. 其他_____

19. 您如何看待一些杂志、网络上曾出现的"质疑邱少云事迹的真实性、董存瑞是否自愿炸碉堡、黄继光是否堵了枪眼"等事件?(　　)(可多选)

A. 这是对革命英烈的侮辱,触碰了道德底线

B. 革命英雄的牺牲是伟大的,不应该受到无情的质疑

C. 这类新闻只是一种娱乐,不需要太重视

D. 必须加强社会舆论的监控与管理

E. 抹黑英雄烈士的人必须受到法律的严惩

F. 其他_____

(三) 践行情况

20. 您会主动参加缅怀革命先烈的活动吗?(　　)

A. 会　　　　B. 不会

21. 您会主动到革命历史博物馆之类的展馆瞻仰参观吗?(　　)

A. 会　　　　B. 不会

22. 如果您有一次旅游的机会,你会选择前往革命老区参观学习吗?(　　)

A 会　　　　B. 不会

23. 对于红色旅行,您的看法是(　　)(可多选)

A. 是学习革命文化、传承革命精神的一种重要的方式

B. 能够丰富自己对国情国史的了解

C. 可以提升自己的世界观、人生观和价值观

D. 和普通的旅游差不多

E. 其他_____

24. 如果让您组织或参与革命文化的宣传教育活动，您会（   ）

A. 非常愿意　　　B. 愿意　　　　C. 不确定　　　　D. 不愿意

E. 非常不愿意

（四）教育情况

25. 您所在的学校是如何开展革命文化教育的？（   ）（可多选）

A. 课堂教学　　　　　　　B. 红歌比赛

C. 专家讲座　　　　　　　D. 组织参观考察

E. 组织观看红色影视作品　　F. 其他_____

26. 您的学校有专门用于宣传革命文化的网络或者新媒体平台吗？（   ）

A. 有　　　　B. 不清楚　　　C. 没有

27. 上大学以来，您所在学校的社团或班级有组织您参观过革命文化博物馆、烈士陵园、革命斗争遗址遗迹等爱国主义教育基地吗？（   ）

A. 经常有　　　B. 偶尔有　　　C. 不清楚　　　　D. 很少有

E. 几乎没有

28. 您对目前学校所开展的革命文化教育的总体情况感觉如何？（   ）

A. 非常满意　　B. 比较满意　　C. 一般　　　　　D. 不满意

E. 非常不满意

二、下列表格中数字 1~5 分别表示"非常赞同""赞同""不确定""不赞同""非常不赞同"，请根据您的真实想法，在相应选项的序号上打"√"。

题　目	非常赞同	赞同	不确定	不赞同	非常不赞同
1. 革命文化是中华文化的一部分，具有重要的价值	1	2	3	4	5
2. 我为革命文化的历史价值感到自豪	1	2	3	4	5

续表

题　　目	非常赞同	赞同	不确定	不赞同	非常不赞同
3. 我对革命文化的传承与弘扬充满信心	1	2	3	4	5
4. 革命理想高于天	1	2	3	4	5
5. 中华民族伟大复兴的中国梦是近代以来的梦想，我们有信心实现它	1	2	3	4	5
6. 中国共产党在领导人民实现中华民族伟大复兴的革命历史中发挥着中流砥柱的作用	1	2	3	4	5
7. 通往共产主义的道路是遥远的，对我们来说可望不可即	1	2	3	4	5
8. 实现中华民族伟大复兴主要是党和国家领导人的事，我现在是一名大学生，所以与我的关系还不大	1	2	3	4	5
9. 我相信中国共产党能够领导我们实现共产主义	1	2	3	4	5
10. 中国共产党的革命历史表明人的一生应当有理想信念	1	2	3	4	5
11. 革命英雄身上有着伟大的革命精神，我们需要向他们学习	1	2	3	4	5
12. 我认为国家颁布《中华人民共和国英雄烈士保护法》很有必要	1	2	3	4	5
13. 党员干部需要具备为人民服务的精神，大学生现在还不需要	1	2	3	4	5
14. 对革命文化资源的挖掘与保护是社会相关部门的事务，大学生不需要关注和参与	1	2	3	4	5
15. 我希望在参观革命遗址遗迹活动中可以有更多高科技和体验式的学习	1	2	3	4	5
16. 我认为教师个人的信仰信念会影响我对革命文化的学习	1	2	3	4	5

续表

题 目	非常赞同	赞同	不确定	不赞同	非常不赞同
17. 我希望政府、社会和学校可以共同合作，多给我们提供便利的革命文化实践教育的条件与机会	1	2	3	4	5
18. 我希望学校可以经常组织我们到博物馆、革命遗址、领袖故居等地方，开展革命文化教育实践活动	1	2	3	4	5
19. 相比学校的教育宣传，我更喜欢自己从微信、微博、抖音、直播等新媒体、互联网络及客户端上了解革命文化	1	2	3	4	5
20. 我认为当前开展革命文化教育的方法单一枯燥，应当适当变换方式，增加趣味性	1	2	3	4	5
21. 当听到家中长辈所讲述的革命历史和学校教育内容不一样时，我会感到迷惑	1	2	3	4	5
22. 影视剧、网络文章或其他社会舆论对革命历史演绎和表达的情况会影响我对革命历史和革命英雄人物的认知与理解	1	2	3	4	5

您对当前开展的大学生革命文化教育还有什么建议？请写在下面：

问卷到此结束，衷心感谢您的支持！

主要参考文献

一、马克思主义经典著作和重要文献

［1］马克思恩格斯文集（第1—10卷）［M］．北京：人民出版社，2009．

［2］马克思恩格斯选集（第1—4卷）［M］．北京：人民出版社，1995．

［3］列宁选集（第1—4卷）［M］．北京：人民出版社，2012．

［4］列宁专题文集——论社会主义［M］．北京：人民出版社，2009．

［5］列宁专题文集——论辩证唯物主义和历史唯物主义［M］．北京：人民出版社，2009．

［6］毛泽东选集（第1—4卷）［M］．北京：人民出版社，1991．

［7］毛泽东文集（第1—2卷）［M］．北京：人民出版社，1993．

［8］毛泽东文集（第3—5卷）［M］．北京：人民出版社，1996．

［9］毛泽东文集（第6—8卷）［M］．北京：人民出版社，1999．

［10］邓小平文选（第1—2卷）［M］．北京：人民出版社，1994．

［11］邓小平文选（第3卷）［M］．北京：人民出版社，1993．

［12］江泽民文选（第1—3卷）［M］．北京：人民出版社，2006．

［13］江泽民．论党的建设［M］．北京：中央文献出版社，2001．

［14］江泽民．江泽民思想年编（1989—2008）［M］．北京：中央文献出版社，2010．

［15］江泽民．江泽民论有中国特色社会主义（专题摘编）［M］．北京：中央文献出版社，2002．

［16］江泽民．论"三个代表"［M］．北京：人民出版社，2002．

［17］胡锦涛文选（第1—3卷）［M］．北京：人民出版社，2016．

［18］习近平谈治国理政（第1卷）［M］．北京：外文出版社，2018．

［19］习近平谈治国理政（第2卷）［M］．北京：外文出版社，2017．

［20］习近平谈治国理政（第3卷）［M］．北京：外文出版社，2020．

［21］习近平谈治国理政（第4卷）［M］．北京：外文出版社，2022．

［22］习近平．青年要自觉践行社会主义核心价值观——在北京大学师生座谈会上的讲话［M］．北京：人民出版社，2014．

[23] 习近平. 在纪念中国人民抗日战争暨世界反法西斯战争胜利 70 周年系列活动上的讲话 [M]. 北京: 人民出版社, 2015.

[24] 习近平. 在庆祝中国共产党成立 95 周年大会上的讲话 [M]. 北京: 人民出版社, 2016.

[25] 习近平. 决胜全面建成小康社会夺取新时代中国特色社会主义伟大胜利——在中国共产党第十九次全国代表大会上的报告 [M]. 北京: 人民出版社, 2017.

[26] 习近平. 在纪念马克思诞辰 200 周年大会上的讲话 [M]. 北京: 人民出版社, 2018.

[27] 习近平. 论党的宣传思想工作 [M]. 北京: 中央文献出版社, 2018.

[28] 习近平. 在"不忘初心、牢记使命"主题教育工作会议上的讲话 [M]. 北京: 人民出版社, 2019.

[29] 习近平. 习近平关于青少年和共青团工作论述摘编 [M]. 北京: 中央文献出版社, 2020.

[30] 习近平. 在庆祝中国共产党成立 100 周年大会上的讲话 [M]. 北京: 人民出版社, 2021.

[31] 习近平. 论中国共产党历史 [M]. 北京: 中央文献出版社, 2021.

[32] 习近平. 论党的青年工作 [M]. 北京: 中央文献出版社, 2022.

[33] 习近平. 习近平书信选集（第 1 卷）[M]. 北京: 中央文献出版社, 2022.

[34] 习近平. 在庆祝中国共产主义青年团成立 100 周年大会上的讲话 [M]. 北京: 人民出版社, 2022.

[35] 习近平. 高举中国特色社会主义伟大旗帜　为全面建设社会主义现代化国家而团结奋斗: 在中国共产党第二十次全国代表大会上的报告 [M]. 北京: 人民出版社, 2022.

[36] 中央档案馆. 中共中央文件选集（第 10 册）[M]. 北京: 中共中央党校出版社, 1991.

[37] 中央档案馆. 中共中央文件选集（第 12 册）[M]. 北京: 中共中央党校出版社, 1991.

［38］中共中央文献研究室．建国以来重要文献选编（第 1 册）［M］．北京：中央文献出版社，1992．

［39］中共中央文献研究室．建国以来重要文献选编（第 3 册）［M］．北京：中央文献出版社，1992．

［40］中共中央文献研究室．建国以来毛泽东文稿（第 10 卷）［M］．北京：中央文献出版社，1996．

［41］中央档案馆等．中国青年运动历史资料（第 17 册）［M］．北京：中国青年出版社，2002．

［42］中共中央文献研究室．十六大以来重要文献选编（中）［M］．北京：中央文献出版社，2006．

［43］教育部社科司，组编．普通高校思想政治理论课文献选编（1949—2008）［M］．北京：中国人民大学出版社，2008．

［44］中共中央文献研究室．三中全会以来重要文献选编［M］．北京：中央文献出版社，2011．

［45］中共中央文献研究室．毛泽东著作专题摘编［M］．北京：中央文献出版社，2013．

［46］中共中央文献研究室．习近平关于实现中华民族伟大复兴的中国梦论述摘编［M］．北京：中央文献出版社，2013．

［47］中共中央党史研究室宣教局、中共党史出版社编．全国党史文化论坛文集（第 1—4 册）［M］．北京：中共党史出版社，2013．

［48］中共中央文献研究室．十八大以来重要文献选编（上）［M］．北京：中央文献出版社，2014．

［49］中共中央文献研究室．十八大以来重要文献选编（中）［M］．北京：中央文献出版社，2016．

［50］中共中央党史和文献研究院．十八大以来重要文献选编（下）［M］．北京：中央文献出版社，2018．

［51］中共中央宣传部．习近平总书记系列重要讲话读本［M］．北京：学习出版社、人民出版社，2016．

［52］中共中央党史研究室. 习近平总书记重要讲话文章选编［M］. 北京：人民出版社，2016.

［53］中共中央文献研究室. 习近平关于社会主义文化建设论述摘编［M］. 北京：中央文献出版社，2017.

［54］中共中央宣传部. 习近平新时代中国特色社会主义思想三十讲［M］. 北京：学习出版社，2018.

［55］中共中央宣传部. 习近平新时代中国特色社会主义思想学习纲要［M］. 北京：人民出版社，2019.

［56］中共中央党史和文献研究院. 习近平关于"不忘初心、牢记使命"论述摘编［M］. 北京：中央文献出版社，2019.

［57］教育部课题组. 深入学习习近平关于教育的重要论述［M］. 北京：人民出版社，2019.

［58］中国共产党第十九届中央委员会第四次全体会议公报［M］. 北京：人民出版社，2019.

［59］中共中央关于党的百年奋斗重大成就和历史经验的决议［M］. 北京：人民出版社，2021.

［60］中华人民共和国国务院新闻办公室. 新时代的中国青年［M］. 北京：人民出版社，2022.

二、中外著作

（一）国内著作

［1］孙中山. 孙中山全集（第1卷）［M］. 北京：中华书局，1981.

［2］任弼时. 任弼时选集［M］. 北京：人民出版社，1987.

［3］王水湘. 中国学生的光荣历程——近代中国学生运动简史［M］. 北京：人民教育出版社，1989.

［4］朱智贤. 心理学大词典［M］. 北京：北京师范大学出版社，1989.

［5］董纯才. 中国革命根据地教育史（第1卷）［M］. 北京：教育科学出版社，1991.

［6］郑晓云. 文化认同论［M］. 北京：中国社会科学出版社，1992.

［7］李德顺. 价值新论［M］. 北京：中国青年出版社，1993.

［8］史仲文，胡晓林，王书良. 古今中外伟人智者名言精粹——论信仰［M］. 北京：中国国际广播出版社，1993.

［9］黄希庭. 当代中国青年价值观与教育［M］. 成都：四川教育出版社，1994.

［10］罗国杰. 道德教育论［M］. 长沙：湖南人民出版社，1997.

［11］沙健孙，龚书铎. 走什么路：关于中国近代史历史上的若干重大是非问题［M］. 北京：人民出版社，1997.

［12］刘建军. 马克思主义信仰论［M］. 北京：中国人民大学出版社，1998.

［13］何东昌. 中华人民共和国重要教育文献（1949—1997）［M］. 海口：海南出版社，1998.

［14］陈建华. "革命"的现代性［M］. 上海：古籍出版社，2000.

［15］张耀灿，等. 现代思想政治教育学科论［M］. 武汉：湖北人民出版社，2003.

［16］袁贵仁，韩庆祥. 论人的全面发展［M］. 北京：人民出版社，2003.

［17］骆郁廷. 精神动力论［M］. 武汉：武汉大学出版社，2003.

［18］余力. 教育衔接若干问题研究［M］. 上海：同济大学出版社，2003.

［19］张岱年. 文化与价值［M］. 北京：新华出版社，2004.

［20］李德顺. 新价值论［M］. 昆明：云南人民出版社，2004.

［21］高亨. 高亨著作集林（第2卷）［M］. 北京：清华大学出版社，2004.

［22］鲁洁. 道德教育的当代论域［M］. 北京：人民出版社，2005.

［23］张申府文集（第1卷）［M］. 石家庄：河北人民出版社，2005.

［24］沈壮海. 思想政治教育的文化视野［M］. 北京：人民出版社，2005.

［25］王永贵. 经济全球化与社会主义意识形态建设研究［M］. 北京：人民出版社，2005.

［26］郑永廷. 德育发展研究——面向21世纪中国高等德育探索［M］.

北京：人民出版社，2006.

[27] 杨立英，曾盛聪. 全球化、网络化境遇与社会主义意识形态建设研究 [M]. 北京：人民出版社，2007.

[28] 丁大同. 国家与道德 [M]. 济南：山东人民出版社，2007.

[29] 汪立夏，李康平. 红色江西：大学生红色资源教育 [M]. 南昌：江西人民出版社，2007.

[30] 何贻纶，陈永森，俞歌春. 思想政治理论课改革与教学 [M]. 北京：社会科学文献出版社，2008.

[31] 郑永廷，江传月，等. 主导德育论：大学生思想政治教育一元主导与多样发展研究 [M]. 北京：人民出版社，2008.

[32] 苏振芳. 当代国外思想政治教育比较 [M]. 北京：社会科学文献出版社，2009.

[33] 钱承军. 建国前中国共产党报刊研究 [M]. 北京：中国文联出版社，2009.

[34] 李德芳，李辽宁，杨素隐. 中国共产党思想政治教育史料选编 [M]. 武汉：武汉大学出版社，2009.

[35] 傅治平. 精神的升华：中国共产党的精气神 [M]. 北京：人民出版社，2010.

[36] 聂立清. 我国当代主流意识形态认同研究 [M]. 北京：人民出版社，2010.

[37] 李建平，张中良. 抗争文化研究 [M]. 桂林：广西师范大学出版社，2011.

[38] 司马云杰. 文化价值论：关于文化建构价值意识的学说 [M]. 合肥：安徽教育出版社，2011.

[39] 王爱华. 多维视角下的红色文化 [M]. 成都：西南交通大学出版社，2011.

[40] 袁贵仁. 马克思主义人学理论研究 [M]. 北京：北京师范大学出版社，2012.

［41］欧阳康．马克思主义认识论研究［M］．北京：北京师范大学出版社，2012．

［42］马俊峰．马克思主义价值理论研究［M］．北京：北京师范大学出版社，2012．

［43］李慎明．世界社会主义跟踪研究报告（2011—2012）［M］．北京：社会科学文献出版社，2012．

［44］潘玉腾．推进社会主义核心价值体系大众化研究［M］．北京：社会科学文献出版社，2012．

［45］张宏．日本的瞿秋白研究综述［G］．瞿秋白研究文丛（第六辑）．北京：中国文联出版社，2012．

［46］胡海波，郭凤志．马克思恩格斯文化观研究［M］．北京：中国书籍出版社，2012．

［47］朱猷武，王俊芳．国统区的文化与文化人［M］．天津：天津人民出版社，2012．

［48］周良书．中共高校党建史（1921—1949）［M］．北京：北京师范大学出版社，2012．

［49］吴潜涛，徐伯才，阎占定．高校思想政治教育的理论与实践［M］．北京：人民出版社，2012．

［50］吴晓明，陈立新．马克思主义本体论研究［M］．北京：北京师范大学出版社，2012．

［51］袁贵仁．马克思主义人学理论研究［M］．北京：北京师范大学出版社，2012．

［52］贾馥铭．教育伦理学［M］．南京：江苏出版社，2012．

［53］郑永廷，罗姗．中国精神生活发展与规律研究［M］．广州：中山大学出版社，2012．

［54］郑永廷．郑永廷文集［M］．广州：中山大学出版社，2013．

［55］［魏］王弼撰，［晋］韩康伯，注．周易注疏［M］．北京：中央编译局出版社，2013．

[56] 费孝通. 中国文化的重建［M］. 上海：华东师范大学出版社，2013.

[57] 郑传芳. 大学生党课读本［M］. 北京：高等教育出版社，2013.

[58] 韩延明. 红色文化与社会主义核心价值体系建设研究［M］. 北京：人民出版社，2013.

[59] 卢毅刚. 认知、互动与趋同——公众舆论心理解读［M］. 北京：中国社会科学出版社，2013.

[60] 魏智渊. 苏霍姆林斯基教育学（上、下）［M］. 北京：文化艺术出版社，2013.

[61] 童清艳. 受众研究［M］. 上海：上海交通大学出版社，2013.

[62] 任平. 现代教育学概论［M］. 广州：暨南大学出版社，2013.

[63] 董杰. 思想政治教育情境论［M］. 武汉：湖北人民出版社，2013.

[64] 孙秀民. 中国革命精神及其当代价值研究［M］. 北京：北京师范大学出版社，2013.

[65] 朱志敏. 大学生中国革命精神认同力研究［M］. 北京：北京师范大学出版社，2013.

[66] 公方彬. 精神中国——当今信仰问题的深层思考［M］. 北京：中国工人出版社，2013.

[67] 周志培，陈运香. 文化学与翻译［M］. 上海：华东理工大学出版社，2013.

[68] 任平. 现代教育学概论［M］. 广州：暨南大学出版社，2013.

[69] 陈桂蓉. 中国传统道德概论（修订本）［M］. 北京：社会科学文献出版社，2014.

[70] 易凤林. 中国文化制度探索：中国苏区教育研究［M］. 南昌：江西人民出版社，2014.

[71] 陈飞. 回归生活的世界——思想政治教育研究的一个视角［M］. 北京：人民出版社，2014.

[72] 陈新，彭刚. 文化记忆与历史主义（第1辑）［M］. 杭州：浙江大学出版社，2014.

[73] 杨少华. 引领时代前进的永恒动力——中国共产党革命精神研究 [M]. 北京：人民出版社，2014.

[74] 刘建军. 信仰追问 [M]. 北京：中国青年出版社，2014.

[75] 郑淑芬. 从自觉到自信——新民主主义革命时期中国共产党夺取文化领导权的历史考察 [M]. 北京：人民日报出版社，2014.

[76] 杨荣. 中国共产党早期思想政治工作与马克思主义大众化研究 [M]. 北京：中国社会科学出版社，2014.

[77] 谢寿光. 网络思想教育价值论 [M]. 北京：社会科学文献出版社，2014.

[78] 黄世虎. 毛泽东意识形态理论研究 [M]. 北京：中国社会科学出版社，2014.

[79] 张岱年，程宜山. 中国文化精神 [M]. 北京：北京大学出版社，2015.

[80] 陈来. 中华文明的核心价值：国学流变与传统价值观 [M]. 北京：三联书店，2015.

[81] 杨林香. 青年参与意识研究（1949—2014）[M]. 北京：社会科学文献出版社，2015.

[82] 张友南，肖居孝，罗庆宏. 中央苏区红色文化 [M]. 北京：中国发展出版社，2015.

[83] 肖灵. 当代大学生红色文化传播研究 [M]. 北京：中国社会科学出版社，2015.

[84] 马静. 红色文化教育理论与实践研究 [M]. 天津：南开大学出版社，2015.

[85] 齐卫平，朱敏彦. 抗战时期的上海文化 [M]. 上海：人民出版社，2015.

[86] 宫丽. 精神家园论 [M]. 北京：中国社会科学出版社，2015.

[87] 安祥仁. 中国共产党意识形态理论的当代历史发展 [M]. 北京：中国社会科学出版社，2015.

［88］孙麾，林剑. 马克思的文化观与当代中国文化建设［M］. 北京：中国社会科学出版社，2015.

［89］陈旭麓. 近代中国社会的新陈代谢［M］. 北京：中国人民大学出版社，2015.

［90］高田钦. "文革"时期我国高校组织及制度变迁［M］. 南京：南京大学出版社，2015.

［91］费孝通. 文化与文化自觉［M］. 北京：群言出版社，2016.

［92］杨建义. 大学生文化认同与价值引领［M］. 北京：社会科学文献出版社，2016.

［93］薛焱. 当代中国主流文化认同研究［M］. 北京：社会科学文献出版社，2016.

［94］崔海亮. 国家认同、民族认同、文化认同与大学生思想政治教育［M］. 北京：中国社会科学出版社，2016.

［95］吴莹. 文化、群体与认同：社会心理学的视角［M］. 北京：社会科学出版社，2016.

［96］陈桂生. 中国革命根据地教育史（上、中、下）［M］. 上海：华东大学出版社，2016.

［97］吴飞. 国际传播的理论、现状和发展趋势研究［M］. 北京：经济科学出版社，2016.

［98］陈先达. 文化自信与中华民族伟大复兴［M］. 北京：人民出版社，2017.

［99］陈先达. 马克思主义十五讲［M］. 北京：人民出版社，2017.

［100］李建平. 《资本论》第一卷辩证法探索［M］. 福州：福建人民出版社，2017.

［101］朱白薇. 当代青年精神价值追求研究［M］. 北京：中国社会科学出版社，2017.

［102］骆正林. 社会舆论与教育发展［M］. 北京：社会科学出版社，2017.

［103］沈壮海. 中国大学生思想政治教育发展报告（2016）［M］. 北京：

北京师范大学出版社，2017.

[104] 刘秉亚. "微时代"高校思想政治教育创新研究［M］. 成都：西南交通大学出版社，2017.

[105] 刘怀元. 网络交往与大学生道德修养研究［M］. 北京：中国社会科学出版社，2017.

[106] 彭东琳. 列宁文化建设思想研究［M］. 北京：中国政法大学出版社，2017.

[107] 石佩臣. 马克思主义教育思想引论［M］. 北京：高等教育出版社，2017.

[108] 叶舒宪，章米力，柳倩月. 文化符号学——大小传统新视野［M］. 西安：陕西师范大学出版社，2018.

[109] 覃辉银. 革命历史文化与思想政治教育［M］. 广州：华南理工大学出版社，2018.

[110] 吴增基，吴鹏森，苏振芳. 现代社会调查方法（第五版）［M］. 上海：上海人民出版社，2018.

[111] 骆郁廷. 思想政治教育引论［M］. 北京：中国人民大学出版社，2018.

[112] 赵智奎. 理论自觉与规律探索［M］. 北京：人民日报出版社，2018.

[113] 沈壮海. 论文化自信［M］. 武汉：湖北人民出版社，2019.

[114] 张海峰，刘焕峰，樊军娟. 弘扬革命文化 传承红色基因［M］. 重庆：重庆出版社，2019.

[115] 曲青山. 新时代在党史新中国史上的重要地位和意义［M］. 北京：人民出版社，2019.

[116] 谢春涛. 中国共产党为什么能？［M］. 北京：新世界出版社，2020.

[117] 陈金龙，朱斌，刘意. 继承与弘扬：新时代革命文化研究（文化自信研究丛书）［M］. 北京：社会科学文献出版社，2020.

[118] 郑自立. 革命文化涵养社会主义核心价值观研究［M］. 北京：中国社会科学出版社，2020.

[119] 谭琪红. 中央苏区红色文化传播载体研究［M］. 北京：人民出版社，2021.

[120] 韩玲. 红色文化涵育社会主义价值观研究［M］. 北京：人民出版社，2021.

[121] 李晓明. 革命家家风［M］. 武汉：华中科技大学出版社，2021.

[122] 顾红亮，聂大富. 革命精神世界［M］. 上海：上海人民出版社，2021.

（二）外文译著

[1] ［古希腊］亚里士多德. 政治学［M］. 吴寿彭，译. 北京：商务印书馆，1965.

[2] ［俄］列夫·托洛茨基. "不断革命"论［M］. 林骧华，伊阳明，范毓民，译. 北京：生活·读书·新知三联书店，1966.

[3] ［美］埃德加·斯诺. 毛泽东一九三六年同斯诺的谈话［M］. 吴黎平，译. 北京：人民出版社，1979.

[4] ［英］特里·伊格尔顿. 马克思主义与文学批评［M］. 文宝，译. 北京：人民文学出版社，1980.

[5] ［法］卢梭. 社会契约论［M］. 何兆武，译. 北京：商务印书馆，1980.

[6] 中共中央马克思恩格斯列宁斯大林著作编译局国际共运史研究室，编. 布哈林文选（中册）［M］. 北京：人民出版社，1981.

[7] ［德］黑格尔. 法哲学原理［M］. 范扬，张企泰，译. 北京：商务印书馆，1982.

[8] ［苏］苏霍姆林斯基. 帕夫雷什中学［M］. 赵玮，等译. 北京：教育科学出版社，1983.

[9] ［法］保罗·朗格朗. 终身教育引论［M］. 周南照，陈树清，译. 北京：中国对外翻译出版社，1985.

[10] ［美］沃尔特·李普曼. 舆论学［M］. 林珊，译. 北京：华夏出版

社，1989.

[11] [匈] 格奥尔格·卢卡奇. 历史与阶级意识 [M]. 王伟光，等译. 重庆：重庆出版社，1989.

[12] [美] 汉斯·摩根索. 国家间政治——寻求权力与和平的斗争 [M]. 徐昕，郝望，李保平，译. 北京：中国人民公安大学出版社，1990.

[13] [美] 埃瑟·戴森. 数字化时代的生活设计 [M]. 胡泳，等译. 海口：海南出版社，1991.

[14] [匈] 卢卡奇. 历史与阶级意识：关于马克思主义辩证法的研究 [M]. 杜章智，任立，燕宏远，译. 北京：商务印书馆，1992.

[15] [日] 福泽谕吉. 文明论概略 [M]. 北京编译社，译. 北京：商务印书馆，1992.

[16] [法] 德·托克维尔. 旧制度与大革命 [M]. 冯棠，译. 北京：商务印书馆，1992.

[17] [德] 文德尔班. 哲学史教程（下卷）[M]. 罗达仁，译. 北京：商务印书馆，1993.

[18] [德] 伽达默尔. 真理与方法 [M]. 洪汉鼎，译. 上海：上海译文出版社，1994.

[19] [美] 华尔德. 共产党社会的新传统主义 [M]. 龚小夏，译. 牛津：牛津大学出版社，1996.

[20] [美] 塞缪尔·亨廷顿. 变化社会中的政治秩序 [M]. 王冠华，等译. 北京：生活·读书·新知三联书店，1989.

[21] [德] 黑格尔. 逻辑学 [M]. 杨一之，译. 北京：商务印书馆，1996.

[22] [法] 德里达. 马克思的幽灵 [M]. 何一，译. 北京：中国人民大学出版社，1999.

[23] [美] 戴维·伊斯顿. 政治生活的系统分析 [M]. 王浦劬，译. 北京：华夏出版社，1999.

[24] [瑞士] 费尔迪南·德·索绪尔. 普通语言学教程 [M]. 高名凯，译. 商务印书馆，1996.

[25][德]雅思贝尔斯. 时代的精神状况[M]. 王德峰,译. 上海:上海译文出版社,1997.

[26][德]汉斯-彼得·马丁,哈拉尔特·舒曼. 全球化陷阱[M]. 张世鹏,等译. 北京:中央编译出版社,1998.

[27][美]塞缪尔·亨廷顿. 文明的冲突与世界秩序的重建[M]. 周琪,刘绯,张立平,王圆,译. 北京:新华出版社,2000.

[28][法]古斯塔夫·勒庞. 乌合之众[M]. 冯克利,译. 北京:中央编译出版社,2000.

[29][美]杜威. 民主主义与教育[M]. 王承绪,译. 北京:人民教育出版社,2000.

[30][英]戴维·莫利. 认同的空间[M]. 司艳,译. 南京:南京大学出版社,2001.

[31][德]哈贝马斯. 后形而上学思想[M]. 曹卫东,付德根,译. 南京:译林出版社,2001.

[32][美]约翰·杜威. 道德教育理论[M]. 蒋之一,译. 杭州:浙江教育出版社,2003.

[33][美]弗朗西斯·福山,等. 全球化:时代的标识——国外著名学者、政要论全球化[M]. 中国现代国际关系研究所全球化研究中心,编译. 北京:事实出版社,2003.

[34][美]威廉·H. 布兰察德. 革命道德:关于革命者的精神分析[M]. 戴长征,译. 北京:中央编译出版社,2004.

[35][德]恩斯特·卡西尔. 人论[M]. 甘阳,译. 上海:上海译文出版社,2004.

[36][美]莱夫,等著. 情境学习:合法的边缘性参与[M]. 王文静,译. 上海. 华东师范大学出版社,2004.

[37][美]亨利·埃茨科威茨. 三螺旋——大学. 产业. 政府三元一体的创新战略[M]. 周春彦,译. 北京:东方出版社,2005.

[38][英]乔治·拉伦. 意识形态与文化身份:现代性和第三世界的在场

[M]．戴从容，译．上海：上海教育出版社，2005．

[39] [美] 西达·斯考切波．国家与社会革命：对法国、俄国和中国的比较分析 [M]．何俊志，王学东，译．上海：上海人民出版社，2007．

[40] [美] 汉娜·阿伦特．论革命 [M]．陈周旺，译．南京：译林出版社，2007：23．

[41] [法] 路易·阿尔都塞，艾蒂安·巴里巴尔．读《资本论》[M]．李其庆，冯文光，译．北京：中央编译出版社，2008．

[42] [德] 黑格尔．小逻辑 [M]．贺麟，译．北京：商务印书馆，2009．

[43] [美] 埃德加·斯诺．红星照耀中国 [M]．董乐山，译．北京：生活·读书·新知三联出版社，2010．

[44] [美] 塞缪尔·亨廷顿，劳伦斯·哈里森．文化的重要作用——价值观如何影响人类进步 [M]．程克雄，译．石家庄：新华出版社，2010．

[45] [美] 赵志裕，康莹仪．文化社会心理学 [M]．刘爽，译．北京：中国人民大学出版社，2011．

[46] [美] 尼可·波兹曼．娱乐至死 [M]．章艳，译．北京：中信出版社，2015．

[47] [澳] 迈克尔·A. 豪格，[英] 多米尼克·艾布拉姆斯．社会认同过程 [M]．高明华，译．北京：中国人民大学出版社，2011．

[48] [美] 埃里克·霍弗．狂热分子——群众运动圣经 [M]．梁永安，译．桂林：广西师范大学出版社，2011．

[49] [美] 石约翰．中国革命的历史透视（第2版）[M]．王国良，译．北京：中国人民大学出版社，2011．

[50] [意] 维科．大学开学典礼演讲集：维柯论人文教育 [M]．张小勇，译．上海：上海人民出版社，2012．

[51] [加] 查尔斯·泰勒．自我的根源：现代认同形成的根源 [M]．韩震，等译．南京：译林出版社，2012．

[52] [美] 塞缪尔·亨廷顿．文明的冲突 [M]．周琪，等译．北京：新华出版社，2012．

[53] [美]罗伯特·查尔斯·塔克. 马克思主义革命观[M]. 高岸起, 译. 北京：人民出版社, 2012.

[54] [法]莫娜·奥祖夫. 革命节日[M]. 刘北成, 译. 北京：商务印书馆, 2012.

[55] [美]夸梅·安东尼·阿皮亚. 认同伦理学[M]. 张容南, 译. 南京：译林出版社, 2013.

[56] [美]亚伯拉罕·马斯洛. 动机与人格（第3版）[M]. 许金声, 等译. 北京：中国人民大学出版, 2013.

[57] [英]克里斯·巴克. 文化研究：理论与实践[M]. 孔敏, 译. 北京：北京大学出版社, 2013.

[58] [澳]尼克·奈特. 再思毛泽东：毛泽东思想的探索[M]. 闫方洁, 等译. 北京：中国人民大学出版社, 2014.

[59] [美]阿尔伯特·班杜拉. 社会学习理论[M]. 陈欣银, 李伯黍, 译. 北京：中国人民大学出版社, 2015.

[60] [美]洪长泰. 到民间去：中国知识分子与民间文学, 1918—1937[M]. 董晓萍, 译. 北京：中国人民大学出版社, 2015.

[61] [英]爱德华·泰勒. 原始文化[M]. 连树生, 译. 桂林：广西师范大学出版社, 2015.

[62] [美]萨义德. 文化与帝国主义[M]. 李琨, 译. 北京：生活·读书·新知三联书店, 2016.

[63] [德]阿斯曼. 回忆空间：文化记忆的形式和变迁[M]. 潘璐, 译. 北京：北京大学出版社, 2016.

[64] [美]路易斯·波尹曼, 詹姆斯·菲汉. 给善恶一个答案：身边的伦理学[M]. 王江伟, 译. 北京：中信出版社, 2017.

[65] [德]尤尔根·哈贝马斯. 交往行为理论（第1卷）[M]. 曹卫东, 译. 上海：上海人民出版社, 2018.

[66] [美]马克斯韦尔·马库姆斯. 议程设置：大众媒介与舆论（第二版）[M]. 郭镇之, 徐培喜, 译. 北京：北京大学出版社, 2018.

[67] [德] 卡尔·雅思贝尔斯. 历史的起源与目标 [M]. 李夏菲, 译. 桂林: 漓江出版社, 2019.

三、期刊报纸

(一) 国内期刊论文

[1] 何克祥. 红色文化与马克思主义中国化要论 [J]. 中共南昌市委党校学报, 2007 (1): 10-12.

[2] 陆勇. 高校思想政治理论课程校本教材的开发与利用 [J]. 扬州大学学报 (高教研究版), 2009 (5): 87-96.

[3] 韩延明. 中国红色文化的历史演进与社会主义先进文化建设 [J]. 临沂大学学报, 2010 (5): 1-5.

[4] 苏振芳. 论文化认同在思想政治教育中的作用 [J]. 思想政治教育研究, 2011 (5): 20-24.

[5] 郑海祥, 王永贵. 正确认识社会主义核心价值观与先进文化建设的关系 [J]. 思想理论研究, 2011 (23): 8-12.

[6] 陈力丹. 虚拟舆论场: 政府怎样发挥主场优势 [J]. 人民论坛, 2011 (8): 58-61.

[7] 王朝晖, 胡小强. 新时期"红色文化"影响力提升路径研究 [J]. 人民论坛 2012 (17): 158-159.

[8] 李爱娟. 基于网络创新环境的沂蒙红色文化传播及路径选择 [J]. 山东社会科学, 2012 (6): 154-156.

[9] 尚文静. 网络"广场效应"下的媒体舆论引导 [J]. 新闻爱好者, 2012 (3): 31-32.

[10] 欧阳淞. 关于大力弘扬党史文化的几个问题 [J]. 中共党史研究, 2012 (9): 5-15.

[11] 刘润为. 红色文化: 中国人的精神脊梁 [J]. 红旗文稿, 2013 (18): 4-9.

[12] 许耀桐. 马克思恩格斯创立科学社会主义 [J]. 科学社会主义,

2013（5）：33-34.

[13] 沈壮海.文化自信之核是价值观自信［J］.求是，2014（18）：41-42.

[14] 傅慧芳.当代大学生要树立正确的学习观——学习习近平关于学习的重要论述的体会［J］.思想理论教育导刊，2014（11）：101-104.

[15] 张丽.试论毛泽东革命和建设中的文化自觉［J］.陕西师范大学学报（哲学社会科学版），2014（6）：147-154.

[16] 董莉，李庆安，林崇德：心理学视野中的文化认同［J］.北京师范大学学报（社会科学版），2014（1）：68-75.

[17] 赵福超.中央红军传达《遵义会议决议》考证［J］.吉首大学学报（社会科学版），2014，35（S2）：18-20.

[18] 杨增崇.国际化背景的新变化与高校思想政治教育创新发展［J］.思想理论教育导刊，2015（1）：102-106.

[19] 王建南.加强高校党委意识形态能力建设的三个着力点［J］.思想理论教育导刊，2015（4）：27-30.

[20] 王易.科学引领多样化社会思潮是高校宣传思想工作的重要责任［J］.中国高等教育，2015（Z2）：44-46.

[21] 赵俊玲，周旭.信息行为研究中信息场理论发展评析［J］.情报科学，2015（4）：35-39.

[22] 李康平.中国革命文化基本理论问题研究［J］.马克思主义研究，2015（7）：122-127.

[23] 黄蓉生，田岐瑞.社会主义核心价值观的红色文化特性探析［J］.思想教育研究，2015（1）：54-58.

[24] 陈志勇.网络新媒体视域下以文化人在社会主义核心价值观宣传教育体系中的应用研究［J］.思想教育研究，2015（12）：27-74.

[25] 韩震.教育如何促进国家认同？［J］.人民教育，2015（20）：14-15.

[26] 陈桂蓉.关于社会主义核心价值观落细落小落实的几点认识［J］.思想理论教育，2015（2）：33-37.

[27] 张针铭，胡亚琳.大学生支教志愿服务活动的若干思考［J］.思想

教育研究, 2016 (7): 104-107.

[28] 董振华. 关于中国特色社会主义文化自信的几点思考 [J]. 科学社会主义, 2016 (5): 4-9.

[29] 梁化奎. 概念的张力和边界——"革命文化""红色文化""党史文化"辨析 [J]. 前沿, 2016 (11): 75-86.

[30] 秦洁. 革命文化: 中华民族最为独特的精神标识 [J]. 红旗文稿, 2016 (17): 13-14.

[31] 沈壮海. 担负好涵养文化自信的教育使命 [J]. 中国高等教育, 2016 (Z2): 9-10.

[32] 叶桉. 八一精神内涵的概括表述 [J]. 中国高校社会科学, 2016 (4): 29-36.

[33] 李长学, 王子凤, 胡振良. 中国特色社会主义文化自信何以可能 [J]. 科学社会主义, 2016 (5): 24-29.

[34] 田克勤, 郑自立. 坚定文化自信的三个基本维度 [J]. 思想理论教育, 2016 (10): 11-17.

[35] 刘建军. 高校培育和践行社会主义核心价值观的四个步骤 [J]. 思想理论教育, 2016 (3): 44-47.

[36] 刘波亚. 红色文化认同的政治逻辑 [J]. 甘肃社会科学, 2016 (4): 168-172.

[37] 张卫良, 龚珊. 思想政治教育的中华优秀传统文化认同机制探究 [J]. 思想理论教育导刊, 2016 (5): 128-130.

[38] 朱益飞. 大学生思想政治教育共同体的育人模式探究 [J]. 学校党建与思想教育, 2016 (3): 18-21.

[39] 徐永健, 李盼. 试论红色文化资源与大学生思想政治教育的内在关联 [J]. 思想教育研究, 2016 (12): 84-88.

[40] 丁俊萍, 王建南. 从古田会议决议看毛泽东思想建党和制度治党相结合的思想 [J]. 毛泽东研究, 2017 (2): 67-77.

[41] 人民论坛课题组, 陈琳, 于飞. 2017 中国公众文化自信指数调查

[J]．人民论坛，2017（17）：12-15．

[42] [德] 扬·阿斯曼．交往记忆与文化记忆 [J]．管小其，译．学术交流，2017（1）：10-15．

[43] 陈先达．文化自信既具有政治性又具有学术性 [J]．红旗文稿，2017（13）：40．

[44] 刘家桂．强化思政课教学中的中共党史教育 [J]．红旗文稿，2017（12）：23-25．

[45] 丁德科，王昌民．红色精神百年史述论 [J]．新华文摘，2017（1）：6-30．

[46] 杨骏，马耀峰．全球化场域的旅游与民族文化认同 [J]．甘肃社会科学，2017（1）：223-228．

[47] 刘红梅，孙其昂．论政府行为的思想政治教育性 [J]．思想政治教育研究，2017（8）：27-31．

[48] 靳诺．立德树人：高等教育的根本任务和时代使命 [J]．中国高等教育，2017（18）：8-12．

[49] 冯刚，王振．着眼大学生成长发展需求，构建培育践行社会主义核心价值观长效机制 [J]．思想理论教育导刊，2017（2）：80-83．

[50] 杨林香．高校社会主义核心价值观培育微传播与主渠道融合研究 [J]．社会主义核心价值观研究，2017（4）：31-37．

[51] 张侃．红色文化、国家记忆与现代国家建构的宏观思考——一个政治哲学的维度 [J]．福建论坛（人文社会科学版），2017（7）：31-37．

[52] 沈壮海，肖洋．2016年度大学生思想政治状况调查分析 [J]．思想理论教育导刊，2017（1）：108-111．

[53] 谢林见．教育内容数字化、工具通用化以及教材平台化——数字教材发展的定位及问题探讨 [J]．教育理论与实践，2017（32）：39-41．

[54] 王易，宋健林．论新时代思想政治教育规律研究的科学化 [J]．重庆大学学报（社会科学版），2018（4）：199-206．

[55] 周银珍．社会主义核心价值观：文化自信的灵魂 [J]．红旗文稿，

2018（5）：39.

[56] 侯惠勤. 伟大思想的磅礴之力：马克思主义的真理光辉和习近平新时代中国特色社会主义思想［J］. 思想理论教育导刊，2018（6）：4－11.

[57] 潘玉腾. 深刻把握高校党委全面领导的内涵和要求［J］. 求是，2018（4）：55－56.

[58] 黄楚新. 严防历史虚无主义解构主流意识形态［J］. 人民论坛，2018（2）：39－41.

[59] 沈壮海，董祥宾. 论新时代高校思想政治工作质量的提升［J］. 思想理论教育，2018（8）：11－15.

[60] 佘双好. 论新时代思想政治教育发展的新使命［J］. 思想理论教育，2018（5）：46－51.

[61] 王有凭. 基于"意识"视角的马克思道德思想研究［J］. 思想教育研究，2018（9）：47－52.

[62] 王海建. "00后"大学生的群体特点与思想政治教育策略［J］. 思想理论教育，2018（10）：90－94.

[63] 赖海榕，林林. 民族形成的理论解释：建构与自发［J］. 马克思主义与现实，2019（1）：114－120.

[64] 骆郁廷，李勇图. 抖出正能量：抖音在大学生思想政治教育中的运用［J］. 思想理论教育，2019（3）：84－89.

[65] 项久雨，王依依. 高校组织育人：价值、目标与路径［J］. 思想教育研究，2019（5）：115－119.

[66] 徐川，朱进东. 善用讲故事的方式讲道理［J］. 红旗文稿，2019（7）：25－27.

[67] 陈秉公. 认准课程定位，掌握思政课教学规律［J］. 福建师范大学学报（哲学社会科学版），2019（4）：27－29.

[68] 巩茹敏，林铁松. 课程思政：隐性思想政治教育的新形态［J］. 教学与研究，2019（6）：45－46.

[69] 林江. 牢记总书记对新时代中国青年的要求 [J]. 红旗文稿, 2019 (10): 20.

[70] 吴宏政, 辛欣. 思想政治理论课教学中的"以理服人"和"以情感人" [J]. 思想教育研究, 2019 (7): 12-14.

[71] 解科珍, 马抗美. 文化自信与历史虚无主义 [J]. 思想教育研究, 2019 (7): 62-67.

[72] 陈锡喜. 中国梦的意识形态底蕴再探究 [J]. 马克思主义与现实, 2019 (4): 43-48.

[73] 黄明理. 论新时代意识形态的批判精神 [J]. 马克思主义与现实, 2019 (4): 49-55.

[74] 李辽宁. 新中国成立70年来思想政治教育的发展历程、成就与经验 [J]. 思想理论教育导刊, 2019 (8): 118-123.

[75] 刘光明. 初心之光照亮复兴之路——学习习近平总书记关于初心的重要论述 [J]. 红旗文稿, 2019 (12): 21-23.

[76] 许丽, 许苏明. 坚守中华文化立场: 理论缘起、主体内容与现实进路 [J]. 思想理论教育导刊, 2019 (7): 61-64.

[77] 王永友, 胡义. 思想政治理论课教师树人之本: 政治底线、理论底子、能力底气 [J]. 思想理论教育导刊, 2019 (8): 65-68.

[78] 常宴会. 人工智能在思想政治教育中的应用前景和价值前提探析 [J]. 思想理论教育, 2019 (8): 79-83.

[79] 梁军, 陈丽娇. 视觉重构理论下红色文化数字化传播策略 [J]. 思想教育研究, 2020 (1): 140-143.

[80] 何化利. 构建面向"虚拟实践"的大学生思想政治教育初探 [J]. 理论导刊, 2019 (8): 116-121.

[81] 郭晶. 新时代文化自信的释义、溯源及实践理路 [J]. 山东社会科学, 2020 (3): 154-160.

[82] 李仙娥, 张笑然. 毛泽东关于中国共产党自我革命精神的探索及其当代启示 [J]. 理论学刊, 2020 (1): 51-58.

[83] 马福运. 革命文化对文化自信的精神作用及机理分析 [J]. 中国社会科学院研究生院学报, 2020 (4): 5-14.

[84] 曹洪滔, 王惠萍. 论习近平关于斗争精神重要论述的内在逻辑 [J]. 思想教育研究, 2020 (10): 21-26.

[85] 尚磊, 王习胜, 吴玉剑. 新时代高校思想政治教育管理规律初论 [J]. 思想教育研究, 2020 (9): 41-46.

[86] 刘浩林, 刘付春. 革命文化涵养共产党人初心使命的现实依据与逻辑进路 [J]. 南昌大学学报 (人文社会科学版), 2021 (5): 5-15.

[87] 王建华. 民主革命时期中国共产党文化反贫困的中国化道路 [J]. 马克思主义研究, 2021 (11): 137-146.

[88] 孟凡锐. 革命文化融入大学生心理健康教育的价值探索与路径分析 [J]. 公关世界, 2021 (20): 101-102.

[89] 彭冰冰. 论中国共产党精神谱系生成与发展的内在逻辑 [J]. 江西社会科学, 2021, 41 (12): 14-22.

[90] 吴海红, 齐卫平. 中国共产党"为什么能"的革命精神密钥探究 [J]. 江苏行政学院学报, 2021 (5): 76-83.

[91] 张悦. 中国共产党百年历史实践铸造的革命精神实质 [J]. 云南师范大学学报 (哲学社会科学版), 2021 (3): 13-21.

[92] 刘建荣. 红色文化的道德价值 [J]. 湖南社会科学, 2022 (3): 24-29.

[93] 胡剑, 张晓洪. 微传播时代革命文化话语体系建设研究 [J]. 青海民族研究, 2022 (2): 109-114.

[94] 高矗辉, 王思颖. 中国共产党革命精神融入高校思政课教学探讨 [J]. 学校党建与思想教育, 2022 (11): 78-80.

[95] 韩洪泉. 论中国共产党伟大建党精神 [J]. 上海交通大学学报 (哲学社会科学版), 2022 (2): 46-54.

[96] 王广义, 李世坤. 中国共产党人精神谱系之源头、演进和主题 [J]. 理论探索, 2022 (2): 18-25.

[97] 肖唤元，于洋. 中国共产党建党精神的生成逻辑、理论内涵及弘扬路径［J］. 理论建设，2022（2）：68 – 75.

[98] 李维意. 中国共产党革命文化的本质内涵、精神价值和自觉弘扬［J］. 河北大学学报（哲学社会科学版），2022（11）：8.

[99] 边媛. 面向数字人文的中央苏区档案数据多源整合的动因、条件与路径研究［J］. 档案学研究，2022（5）：102 – 108.

（二）国外期刊论文

[1] Rebecca Gordon – Nesbitt. The social value of culture：learning from revolutionary Cuba［J］. International Journal of Cultural Policy，2014（2）：155 – 169.

[2] Ian D. Thatcher. Creating a Culture of Revolution：Workers and the Revolutionary Movement in Late Imperial Russia［J］. Revolutionary Russia，2016（1）：120 – 122.

[3] Dan Edelstein. Red Leviathan：Authority and Violence in Revolutionary Political Culture［J］. History and Theory，2017（4）：76 – 96.

[4] Simon Creak. Abolishing Illiteracy and Upgrading Culture：Adult Education and Revolutionary Hegemony in Socialist Laos［J］. Journal of Contemporary Asia，2018（5）：761 – 782.

[5] Niccole Carner. Building national identity and cultural confidence in the National Theatre of Scotland's theatre for young audiences［J］. Youth Theatre Journal，2018（2）：138 – 146.

[6] Li Min, Zhao Baoxin, Ren Luwei. On the practical path of developing the contemporary value of revolutionary culture in the new Era［J］. Basic & Clinical Pharmacology & Toxicology，2020，127：156 – 156.

（三）报纸文章

[1] 彭国华. 自觉自信与视野胸怀［N］. 人民日报，2011 – 11 – 18（07）.

[2] 袁贵仁. 坚持立德树人 加强社会主义核心价值观教育［N］. 人民日报，2014 – 05 – 23（07）.

［3］戴木才. 全人类"共同价值"与社会主义核心价值观［N］. 光明日报，2015-10-28（13）.

［4］桑林峰. 永葆共产党人的红色气质［N］. 光明日报，2016-07-04（02）.

［5］吴四伍. 革命文化何以铸就文化自信［N］. 人民日报（海外版），2016-08-25（06）.

［6］成尚荣. 将社会主义核心价值观落细落小［N］. 光明日报，2016-09-02（02）.

［7］张首映. 文化自信是理论自信之根［N］. 人民日报，2016-09-30（07）.

［8］龚自德. 过雪山草地：铸就长征的不朽丰碑［N］. 光明日报，2016-10-03（02）.

［9］陈先达. 文化自信与民族自强［N］. 人民日报，2016-12-05（16）.

［10］蒋巍. 文化自信来自英雄的人民［N］. 人民日报，2016-12-29（17）.

［11］白纯. 革命文化是文化自信的重要资源［N］. 中国社会科学报，2017-02-09（01）.

［12］沈壮海. 为中华民族的文化自信注入新时代的充沛活力［N］. 人民日报，2017-03-22（07）.

［13］告别"空心病"：青年价值观再探［N］. 中国青年报，2017-04-17（02）.

［14］李永春，张新洲. 大力弘扬革命文化中的红色精神［N］. 中国社会科学报，2017-04-20（01）.

［15］岳音. 传承红色文化 彰显文化自信［N］. 中国社会科学报，2017-06-29（06）.

［16］王易. 文化自信有赖人民主体性发挥［N］. 光明日报，2017-07-07（02）.

［17］唐一歌，张哲浩. 红色博物馆焕发青春气息［N］. 光明日报，2018-

08-07（07）.

[18] 沈壮海. 筑牢文化自信的根基［N］. 人民日报，2018-08-14（07）.

[19] 孙劲松. 传统文化与革命文化、先进文化的关联［N］. 学习时报，2017-08-23（05）.

[20] 张凡. 别让对历史的铭记毁于"表情包"［N］. 人民日报，2017-08-24（05）.

[21] 孙兆东. 以"红色引擎"驱动国企高质量发展［N］. 光明日报，2018-07-15（05）.

[22] 王易. 把握培养时代新人的方法论［N］. 光明日报，2018-11-12（11）.

[23] 周玮. "红色文艺轻骑兵"播撒新时代文化种子［N］. 经济日报，2019-02-18（02）.

[24] 刘建军. 弘扬伟大奋斗精神［N］. 人民日报，2019-02-12（09）.

[25] 黄坤明. 以庆祝新中国成立70周年为契机 充分激发爱国热情 广泛凝聚奋斗力量［N］. 光明日报，2019-03-30（03）.

[26] 张凡. "文明如水，润物无声"［N］. 人民日报，2019-03-30（04）.

[27] 邹吉忠. 高校思想政治理论课教师的新使命［N］. 光明日报，2019-04-10（06）.

[28] 李政. 用正能量故事讲中国式青春［N］. 光明日报，2019-04-16（02）.

[29] 董瑛. 弘扬"红船精神"为时代明德育人［N］. 光明日报，2019-05-29（05）.

[30] 陈凤莉. 戴红领巾拍不雅视频 涉事女主播受严惩［N］. 中国青年报，2019-07-16（01）.

[31] 经济日报评论员. 让英雄精神光照复兴之路［N］. 经济日报，2019-09-30（02）.

[32] 王青亦. 人人都是文化的积极参与者［N］. 经济日报，2019-10-03（07）.

[33] 经济日报评论员. 实干担当诠释爱国情怀 [N]. 经济日报, 2019 - 10 - 09 (01).

[34] 李世辉. 从国际视野看新中国 70 年发展与经验 [N]. 经济日报, 2019 - 10 - 15 (16).

[35] 高岩. 传承红色基因 铸就国家栋梁 [N]. 光明日报, 2020 - 01 - 02 (05).

[36] 刘艳杰, 刘积舜. 涵养家国情怀 做好结合文章 [N]. 光明日报, 2020 - 01 - 06 (05).

[37] 白山. 中华民族共有精神家园的构成探析 [N]. 光明日报, 2022 - 06 - 15 (06).

[38] 侯衍社. 掌握历史主动, 在新时代更好坚持和发展中国特色社会主义 [N]. 光明日报, 2022 - 08 - 09 (06).

四、学位论文

[1] 余晓慧. 世界历史语境中的文化认同研究 [D]. 泉州: 华侨大学, 2011.

[2] 吴家虎. 革命与教化: 毛泽东时代乡村文化的一项微观研究 [D]. 天津: 南开大学, 2012.

[3] 刘红梅. 红色旅游与红色文化传承研究 [D]. 湘潭: 湘潭大学, 2012.

[4] 李霞. 论红色资源在思想政治教育中的应用 [D]. 长沙: 中南大学, 2013.

[5] 肖灵. 当代大学生红色文化教育研究 [D]. 南京: 南京师范大学, 2014.

[6] 周娜. 当代大学生中国共产党革命精神认同研究——以河北省为例 [D]. 石家庄: 河北师范大学, 2014.

[7] 周宿峰. 红色文化基本文化研究 [D]. 长春: 吉林大学, 2014.

[8] 刘明烨. 论革命歌曲与新民主主义文化思想的传播 [D]. 长春: 吉

林大学，2014．

[9] 胡芳．马克思主义经典作家关于东方文化建设的理论研究［D］．南京：南京师范大学，2014．

[10] 刘向东．文化多元语境下的国家认同建构——多元文化主义逻辑下族群权利与国家认同关系分析［D］．长春：吉林大学，2015．

[11] 刘琨．红色文化研究［D］．沈阳：辽宁大学，2015．

[12] 刘红．新民主主义革命时期中国共产党文化领导权思想与实践研究［D］．西安：陕西师范大学，2018．

[13] 王孔睿．云南大学生红色文化认同与爱国主义精神培养研究［D］．昆明：昆明理工大学，2015．

[14] 董强．当代大学生国家认同教育研究［D］．大庆：东北石油大学，2016．

[15] 陈思思．红歌与大学生理想信念培育研究［D］．南昌：江西农业大学，2016．

[16] 刘畅．当代大学生内化革命传统教育的研究［D］．长春：东北师范大学，2017．

[17] 常婷．高校红色文化教育的现状及提升路径研究［D］．太原：中北大学，2017．

[18] 邓崇卿．当代大学生革命文化自信培育研究［D］．南昌：江西师范大学，2018．

[19] 吴赛玉．大学生革命文化教育研究［D］．大连：辽宁师范大学，2018．

[20] 张艳杰．大学生革命文化培育研究［D］．天津：天津工业大学，2019．

[21] 李玉霞．新时代大学生文化自信研究［D］．延安：延安大学，2019．

[22] 谷玉莹．革命文化与当代大学生理想信念建构研究［D］．哈尔滨：东北农业大学，2019．

[23] 白永生．新时代高校文化育人研究［D］．桂林：广西师范大学，

2020.

[24] 郝万喜. 延安时期中国共产党革命文化及其当代价值研究［D］. 西安：陕西师范大学，2020.

[25] 周明星. "00后"大学生中国特色社会主义文化自信培育研究［D］. 成都：西南交通大学，2020.

[26] 王文山. 新时代大学生使命教育研究［D］. 武汉：中国地质大学，2021.

[27] 孙婷艳. 中国特色社会主义之"特色"探究［D］. 济南：山东师范大学，2021.

后　记

本书是笔者在博士学位论文的基础上修订完成。张爱玲曾说过："于千万人之中遇见你所要遇见的人，于千万年之中，时间的无涯的荒野里，没有早一步，也没有晚一步，刚巧赶上了。"这句话谈的是爱情里的幸运，但人生的其他很多事情，何尝不是如此呢？于我而言，能够顺利读博，能够遇上导师们，能够结识新朋友，能够学到新知识，能够到新的工作岗位，能够一步一步实现自己的梦想，同样是值得我终身铭记、感恩且要珍惜的莫大幸运！

行文至此，百感交集！2015年9月，当我决定考博、把这些想法告诉家人和领导时，得到的是他们的鼓励和支持！2016年7月，当我收到录取通知书、给潘玉腾教授发信息致谢时，他给我回复的简单却又鼓舞人心的话语，至今仍历历在目！2016年9月入学至今，当我遇到不明白的问题请教福建师范大学马克思主义学院的导师们时，得到的都是耐心且细致的解答！当我觉得疲惫，没有信心，甚至怀疑自己的能力时，我的同学、朋友和同事们暖心的鼓励和帮助给了我莫大的力量！这些记忆，看起来碎片且零散，但其实都一一串联着，保存在我内心最温暖的地方。回望这一路走过的足迹，虽然忐忑、焦虑、困顿、迷茫会时常在心底泛起，但总体上幸运且温暖！

俗话说"事不躬行不知难"，几年的求学之路，让我愈发感觉自身视野的狭窄、知识的匮乏和能力的不足，所以这条求学路上的引路之人非常重要。感谢我尊敬的导师潘玉腾教授！他总是在百忙之中，挤出时间不厌其烦地听我诉说我遇到的困难，然后耐心而细致地指导、鼓励和帮助我。可以说，从毕业论文的写作到现在书稿的修订，从确定选题到拟定提纲，从内容构思到思路调整，从句式打磨到文字推敲，无不是在潘老师的指导、鼓励和帮助下一步步完成的，书中的每一句都凝结着潘老师的心血和智慧。不仅如此，潘老师严谨的治学风格、沉稳的工作作风、低调的处事方式、平和的待人态度，也都深深影响着我，并且让我受益终身！在这里，向恩师致以最真挚的感谢！同时，也由衷地感谢师母周雪梅老师这一路上给予的鼓励和帮助！周老师善良贤淑，和她在一起，总是能得到关于育儿、工作和生活上困惑的解答！她的关爱犹如冬日的暖阳！

这一路上，还得到了诸多我敬爱的老师们的支持和帮助！要特别感谢福建师范大学马克思主义学院的博士生导师们，以及对毕业论文和专著书稿进行评审的专家们。他们的虚心务实、博学广识、勤勉严格，以及治学风格、工作态度和师德风范，同样令我终生难忘！感谢他们诚挚的批评和建议，这使我能够对书稿进行不断的修改与完善！也能够在这个过程中，收获经验和教训，并得到不断的进步和提升！在此，谨向我敬爱的老师们和专家学者们表达最真挚的感激并致以最崇高的敬意！

还要感谢我硕士学习生涯的导师巴新生教授，以及当我迷茫时帮我指引方向的领导、同学、朋友和同事们。感谢巴老师总是关心我的学习和工作境况，总是在我迷茫的时候，给予我鼓励和支持！在职学习的过程中，难免会遇到工作与学习之间的矛盾，感谢领导和同事们对我的理解和支持，对我工作的信任与肯定。感谢学习路上相伴的同学们，还有同师门的兄弟姐妹们，以及给我各种帮助的好友、同事和学生们，他们从分享资料到收发录入调查问卷，从解析困惑到给予鼓励，从帮忙提交表格到寄送重要资料，这一路上是他们陪着我一起迷茫又一起学习，一起难过又互相鼓励，一起困顿又共同成长！

还要由衷感谢我的家人。感谢我的公公！他退休后这些年一直在帮助我们悉心照顾小孙子和做家务，正是因为他的帮助，我才能安心地学习和工作！感谢我的父母、弟弟和弟媳！与学业及工作相比，他们始终最在意的是我的身体。每当听到他们的询问和叮嘱，我总是愧疚难当！还要感谢我的先生，为了支持我的学习，他在自己繁忙的工作之余主动承担了家庭内外的许多事务！还有我的儿子，从备考开始，每当和他说："现在需要安静哦，你可以自己玩一会儿吗？"大部分情况下，他都会乖巧而安静地走开。每当看到同龄的小朋友由父母带着到处游玩，而他只能在家陪我学习和工作，我就倍感内疚。

最后，还要感谢知识产权出版社能够出版拙著，感谢编辑罗慧老师，在专著出版过程中，她给予了大力的支持与帮助！

此外，在书稿的撰写中，本人参阅并引用了诸多前人的研究资料。这些资料凝结着前辈们对中国革命历史、对中国共产党、对理想信念、对革命文化、对初心和使命、对青年教育的理论认识和真情感悟。因此，对我而言，学习的过程就是精神洗礼的过程！也是让我愈发认识自身不足的过程！在此，谨向各位前辈表示最真诚的感谢！

美国作家海明威曾在《真实的高贵》一文中说："只有阳光而无阴影，只有欢乐而无痛苦，那就不是人生。"学术研究犹如人生，同样有阳光，也有阴影，有欢乐，也有痛苦，而且也只有在最泥泞的路途上才能印出最清晰的脚印！所以我始终相信，在通往学术殿堂的这条取经路上，大部分光景需要一个人踽踽独行，因此这也让我倍加珍惜和感恩成长路上遇到的恩师、领导、同事、好友、学生和家人们，由衷感谢他们一路的相伴、鼓励、指导和支持！当然我也深知，因为自身水平和能力的不足，拙著必然还有不少需要再完善和改进的地方，也真诚期盼能够进一步得到各界的批评和指正，能够继续保持思考和前行，能够继续在阳光、阴影、欢乐、痛苦相交织杂糅的取经路上，不断去接近一个更真实、更宽广、更充盈的世界！

欧阳秀敏

2019 年冬谨记于福建师范大学

2020 年春再改于三明学院教师公寓

2022 年冬定稿于三明博学家园